Proverbs of Ashes:
Violence, Redemptive Suffering,
and the Search for What Saves Us

灰の箴言

暴力、贖罪における苦しみ、救済の探究

[著]
リタ・ナカシマ・ブロック
レベッカ・アン・パーカー
[訳]
福嶋裕子・堀真理子

松籟社

灰の箴言——暴力、贖罪における苦しみ、救済の探究

PROVERBS OF ASHES:
Violence, Redemptive Suffering, and the Search for What Saves Us.
by Rita Nakashima Brock and Rebecca Ann Parker

Published by arrangement with Beacon Press through Tuttle-Mori Agency, Inc.

わたしたちの両親と祖父母に

「いつもはいい人です。でも時々、とても怒るとぶつんです。わたしは殴り倒されます。一度は腕が折れ、病院に行かなければなりませんでした。……二十年ほど前、司祭様に尋ねました。彼のアドバイスに従っていました。司祭様は、その苦しみを喜ぶべきだと、おっしゃいました。その痛みがわたしをイエス様に近づけるからです。……「イエス様を愛するのなら、打たれることを受け入れ、イエス様が十字架を負われたように、喜びをもって耐えなさい」と司祭様はおっしゃいました」

――ルシア

悪を行って叩かれるのを耐えたとしても、どんな誇りになるでしょうか？　しかし正しいことを行って、そのために苦しみを受け、それに耐えたとすれば、神の御心にかなうことです。このことのためにあなたがたは召されたのです。キリストもあなたがたのために苦しみを受け、その跡に従うようにと模範を残されました。……キリストの苦しみにあずかればあずかるほど、喜びなさい。

――「ペトロの手紙一」二章二〇―二一節、四章一三節

目次

凡例

・本書は *Proverbs of Ashes: Violence, Redemptive Suffering, and the Search for What Saves Us.* Rita Nakashima Brock and Rebecca Ann Parker, 2002. の全訳である

・本文中の［　］は訳者による訳注を表す。

・本文中の傍点は原文イタリック体の箇所である。

・本文中のゴチック体は原文イタリック体の段落である。

・聖書の引用は、既存の日本語訳も参照したが、英語の原文に忠実であることを優先した。

序章

リタ

「音楽！」コンピューターのキーを叩きながら、サンルームからレベッカが叫んだ。「終わらせるための音楽！」

「はい、はい。今すぐ」。わたしはCDを選り分けた。レベッカは本書第五章の、幼い時に性的虐待者と親密な絆を持った経験を書いていた。それは魂が麻痺するほど困難なことだ。女たちの声が助けとなるかもしれない。わたしはエミルー・ハリス、ドリー・パートン、リンダ・ロンシュタットの『トリオ』を選んだ。マンドリンの旋律が鳴り、女性の声が舞い上がり、親密で優美なハーモニーで「あなたを愛する痛み」がかかった。

サンルームからどっと笑い声が聞こえた。戸口からのぞくと、レベッカがお腹を抱え目に涙を浮かべて笑っていた。声をつまらせて「完璧ね」と言うので、二人で爆笑した。ジョギングのためにわたしは外出した。レベッカに苦悩に満ちた内容を書き上げてもらうためでもある。午後の早い時間に、彼女は執筆を終わらせた。

お祝いに、六〇年代のロックをボリュームいっぱいにかけて家中を踊りまわった。それから、長い時間ハイキングをして、ニューイングランドの森の近くの新鮮な空気を吸った。

翌朝、自分の人生を書いたことの意義について話しあった。わたしは、父とのつかみあいを誰にも話したことがなかったと語り、レベッカが一九八〇年代に自死を試みたことを振り返った。「死のうとしたのは、それが最後じゃないわ」と彼女はやさしく言った。「他にも何回かあるの。二年前の春に手首を切った」。レベッカはこのことを会話に紛れ込ませた。うちのダイニングテーブルに二人で座っていて、クエーカーレースのテーブクロスの上を本の原稿が埋めつくしていた。その重い発言を受けとめるのに一瞬、とまどった。

「そう」とつぶやきながら、言葉を探した。二年前の春とは、この本の二番目と三番目の草稿を仕上げる間だ。最初の自死の試みの後、その衝動はなくなったのだと思っていた。「どうしてそんなことになったの？」「何が起きたの？」

レベッカは、本書の第五章に書かれた物語を語った。神学校の学長としてのレベッカの気力と成功にわたしは敬服していた。その職務は誰でもストレスがかかるだろう。しかも彼女が幼い頃のトラウマの記憶を抱えていることは知っていた。しかし、それが今も深い影響を与えているとは気づかなかった。彼女は、自傷行為の背後にある衝動とそれに抵抗する方法を説明してくれた。彼女の人生に傷跡をつけた暴力の伝統を認めて、悲しくなった。耳を傾けながらこれまでの友情の変化に気がついた。目の前のテーブルに本のページが広がっていて、わたしたちは自分の経験と神学について、より正確な洞察を得ようと格闘してきた。核となる真実に近づくほど、自分の人生をさらに開示し、何を書く必要があるかを明確に判断するために互いに奮闘した。

わたしたちの友情は一九七八年に始まったが、神学修士の学生で、互いの人生の感情の痛みを知らなかった。暴力が人生にどのような傷跡をつけたかを語る勇気は持ち合わせていなかった。ずいぶん前からわたしは自分の傷つきやすさを否定し、行動を起こし、達成感を得ることで魂につけられた傷を忘れようとしていた。

自分の人生を贈り物として語るという自由を得たのは、貴重な友情のおかげである。だが自分の人生の隠された悲しみを互いに開示するために二十年を要した。わたしたちはゆっくりと、知的な共通性から世界の痛みと記憶を理解するため、感情の絆を深めていった。本書に書かれた物語のいくつかは、レベッカに話すうちに思い出したものだ。会話が澄んだ水晶のような空気をつくり出し、そこでは記憶が息づき、言葉になった。

レベッカ

一九八二年一月、リタとわたしは北カリフォルニアの冷たい陽光を浴びながら通り沿いのテーブルでコーヒーをすすっていた。エリー・ウィーゼルとジョン・カブの講演を聞くためにバークレーにいたのだ。修士を終えて以来、会っていなかったリタの話を聞きたくてたまらなかった。わたし自身はワシントン州のシアトルにあるユナイテッド・メソジスト教会の牧師の二年目で、リタは博士論文に取り組んでいた。

リタは絶えずわたしを驚かせた。学生のとき、リタは神学を学ぶだけではなかった。どうやら楽しんでもいたのだ。スキー旅行、温泉旅行、ディナー・パーティー、深夜のダンスについて聞いたことがある。リタは日本で生まれ、世界中を旅し、自由と大胆さで熱狂的に人生を受け入れ、わたしを唖然とさせた。反対に、わたしは真面目で内気だった。わたしの情熱は音楽と思索で、他は価値のないものだった。ダンスをしたことはなかったし、しようとも思わなかった。人生の大半をワシントン州南西の小さい町で過ごした。シアトルとポートランドとオレゴンが知る限りの大都会で、アメリカ合衆国の外で訪ねたことがあるのはカナダだけだった。

リタの人生は、わたしの経験の範疇の外にあった。しかしわたしたちは真剣に思索することにおいて共通していた。考えることが重要だと認めあった。しかも彼女の人生に対する活力に心動かされていた。そんな自由がわたしに可能だろうかと深く思い巡らしていた。

その日の午後、歩道に面したコーヒーショップで、リタが自分の神学のプロジェクトについて語るのを興味深く聞いた。「イエスについて異なる神学を構築しようと思うの。伝統的な神学は、イエスは死ぬことで世界を救ったと述べるでしょ。でもイエスを殺した人たちは、イエスを憎んでいた。憎しみと愛を混同するのは間違いよね。この神学は深刻な道徳上の疑問を引き起こしていると思うの」

「虐待と憎しみが生むものをわたしは見てきたわ。夏になると毎年、若者たちと一緒に過ごすのよ。主に南カリフォルニアとアリゾナ出身で、あらゆる社会階層が集まる。ビヴァリーヒルズ、ワッツ、ザ・バレー、サウスセントラル。夏のプログラムは人間関係のワークショップで、レイシズム、セクシズム、不正を終わらせたいという理想主義的な動機でみんな参加する。真実を語ること、癒やし、共同体を力づけることに取り組むの。でもそこで普通の子から虐待とレイプの話を聞くと心が張り裂けそうになる。わたしは、信仰心のある子の相談に乗るんだけど、イエスについての伝統的な考えに固執すればするほど、自分に起きた虐待を「良いことだ」と考えるのよ。理由がある試練で、その痛みのゆえにイエスに似たものとなるって言うの。子どもたちは自分が受けた痛みの重さを否定するのね。あの子たちはサバイバーなのに「普通」に見えることにびっくりするわ。傷ついているけれども、健やかであることへの驚くべき情熱を併せ持っているの。虐待やネグレクトや憎しみがあっても、互いに心を通わせる。虐待された経験のある他の人に出会って、自分の痛みを直視し、虐待に抵抗する策を子どもたちは考え始める。そうした子が家に帰ったとき、家族、学校、共同体の中で素晴らしい働きをするのよ」

リタは、健やかであること、愛し愛されること、深刻な痛手や失意に直面しても正義を求めるといった人間の情熱についての神学を執筆していた。オードリー・ロードの用語を翻案して、これを「エロスの力」と呼んだ――生きる力を吹き込む神の霊のことである。リタによれば、イエスは死ぬことで受肉した神ではない。神は愛であるというキリスト教の主張が真実なら、イエスは生きることで愛を受け、そして、与えたのであって、死ぬことによってそうしたのではない。愛とは個人的な所有ではなく、互いに気遣う関係性の中に息づく聖霊のことである。イエスのヴィジョンであるバシレイア［ギリシア語で「国」、聖書では神の国］、神の共同体のために、正義と相応しい関係性を求める格闘にイエスは身を投じた。そのヴィジョンを生きることがわたしたちを救う。

「何がほんとうに人生を救うのか、この問いを最近ずっと考えているの」とリタに言った。「教区で、神学校では考えもしなかった暴力について考えるようになったわ。牧師としての最初の一週間のうちに、教会の指導的なメンバーの息子が凶器を使った暴力とレイプで起訴されたの。四半世紀ほどこの世に生きてきて、人生について相当知っているつもりだった。でも、どうしたらいいのかまったくわからなかった。わたしは、性的・家庭内暴力の予防センターを運営するマリー・フォーチュンに助言を求めた。「あなたは彼の牧師なのでしょう？」と言われたから「ええ」と答えた。「では、あなたの仕事は彼を訪問することでしょう」。そうしたの。彼と家族を助けるために最大限のことをしたわ」

「今年は、教会員の中で三人のうつに苦しむ女性の相談を受けているの。三人とも、レイプされた、子どものときに身体的な虐待を受けた、近親姦の犠牲といった経験を話してくれた。それで「牧会カウンセリング」の授業の教科書とノートをすべて読み返したの。でも身体的や性的虐待といった言葉は一つもなかった。神学はこの現実をまったく考慮してないのよ。唯一、助けになったのはフェミニズムだけなの」

リタが驚いた。彼女はしょっちゅうフェミニスト思想を会話に持ち込んだが、わたしが話題を変えていた。神学部時代、共通の関心といえば、宗教、芸術、科学、特にプロセス神学だった。プロセス神学は実在を関係性によって説明し、相対性理論とアルフレッド・ノース・ホワイトヘッドの哲学を援用する。ホワイトヘッドは数学者、物理学者、哲学者で、その神学は変化と創造性と関係性を土台とした。フェミニズムはわたしたちに共有されていなかったが、突然そうなった。

「誰の本を読んでいるの」とリタが聞いた。

「メアリー・デイリー、スーザン・グリフィン、アドリエンヌ・リッチ、オードリー・ロード、ローズマリー・リューサー、アリス・ウォーカー、ロビン・モーガン。これで全部。フェミニストの本を読んでいると、とたんに現実に足を踏み入れて、新鮮な空気が充満する部屋に入ったみたいね」

リタ

あの日、友情の大切な方向性が決まった。レベッカのずば抜けた知性と一体化した愛らしくて寛容な精神にわたしは惹かれる。しかしフェミニスト思想への情熱を共有していないことをさびしく感じていた。わたしにとってその思想は世界を理解するために極めて重要だった。しかしたくさんのことを彼女から学んだ。神学部時代、レベッカのアパートでプロセス神学と芸術について語りあって何時間も過ごした。

レベッカの太平洋岸北西部を思う感覚、そのホームシックに興味をそそられた。旅人のようなわたしの人生には異質なものだ。レベッカは、夕暮れを覆う空のあわい、やわらかに消えいく紺碧の光のショールのような海について語った。肌にあたるしっとりして冷たい大気、ピュジェット湾に落ちるやわらかな雨のことを話した。カスケード山脈を兄弟たちと一緒にバックパックで歩いたというレベッカに影響されて、わたしはバックパックに目覚めた。

レベッカはわたしが日本で見知っていた人たちを思い出させた。思いやりがあって、協調的で、優しく親切で、寛容な人たち。レベッカといるとなつかしくて気分が安らいだ。彼女は、そうなりたいと思うような、しかし到底及ばない善良な人だ。神学部の安普請の寮、軽量コンクリートブロックの壁とリノリウムの床でも、レベッカの住む所は暖かく感じた。部屋は洗練され、活気にあふれた会話と思いやりが彼女の知的なたたずまいと結びつく。

だがバークレーのコーヒーショップでの一日、わたしたちは自分の人生において極めて重要なことを話し始めた。暴力に遭遇し、それが壊滅的な結果をもたらすことについて論じ始めた。二人ともフェミニストの視点で神学を再考することに取り組んでいた。暴力によって傷つけられた人に語りかけたかった。神である親が、子の死を要求することを中心的なイメージとする限り、キリスト教は、親しい者からの暴力の犠牲となった人に対する癒やしを約束できないと確信した。救いを再定義する神学が欲しかった――罪人を赦すだけでなく、罪の犠牲となり痛手を負った者を癒やす神学。わたしたちは一緒に本を書く話をした。

レベッカ

個人的な体験と真剣で知的な探求を融合させた神学の著作の模範となるものは少ない。アフリカの神学者アウグスティヌスの『告白』は最良の例だが、その先例にならう神学者はまれである。しかも友人と一緒にそれを試みた者はいない。わたしたちは一九九七年六月に草稿を練り始めた。最も悩ましい教義、贖罪の教え――人類は十字架でのイエスの死によって救われる――に対する学問的に筋の通った議論を展開する著作について考え始めた。その論理を支えるために、自分の人生における物語、また知人たちの物語を用いることにした。わたしたちは起きたことを三人称で語った。

自分を議論の要点にはしたくなかったからだ。

　三度目の草稿を終えて、何か変だと気づいた。プロジェクトの完成のために最善を尽くしているのに、確信がなかった。思索の実例として物語を用いた。しかし思索が最初ではなく、人生が先にあった。議論に深い影響を与えたのはわたしたちの人生だ。教え、牧会し、社会変革のために働き、またいかに暴力が個人を動揺させるかを直視するといった日々の格闘から神学的な問いが生まれてきた。よそよそしい学問的な客観性という仮面は、神学的な問いと主題の生き生きとした性質を隠してしまう。初期の草稿を読んだ友人たちは「物語が重要ね。それが思索を支えているのよ。物語を語って」と口々に言った。

リタ

　しかし物語を語ることは、学問的な文章の影に隠れるわたしたちの匿名性を保てないことを意味した。人生で悪戦苦闘していることを開示することになる。わたしたちは面くらった。自分の人生を開示する準備がどれだけできているだろうか。自分に密接に関連する人たちについて、どれほどの真実と尊敬をこめて語れるだろうか。そのような本を書くことで感情的に打ち負かされるのではないか。わたしは自分の弱点や失敗や痛みを軽々と打ち明けるような人間ではない。特にレベッカにとって、虐待の忌まわしい記憶を公表すると、保護される場所も避難する先もなくなる。友人にそんなことを頼めるだろうか。学問的な言語、客観性の盾なしに何ができるだろう。

レベッカ

キリスト教が暴力と共犯関係にあることを示す最善の方法は、率直に語ることだとわたしたちは考えるようになった。暴力の神学的な正当化が、自分と大切な人たちにどのように影響を与えてきたかを述べる必要がある。十字架上でのイエスの死も、自分の自己犠牲の行為もわたしたちを救わなかった。しかし何かがわたしたちを救った。人生がどのようにして救われたか、経験したこと、見たことを語りたい。

このようにして、あなたが手にしている本が誕生した。友愛によって織り交ぜられた二つの物語を二人の声で語る本だ。物語が暴力に抵抗し、いのちを肯定する神学的なヴィジョンを証しする。

リタ

わたしたちの人生を織り交ぜることは、経験の相違点と文化的背景を消し去るものではない。差異は物語に自明のことである。レベッカの物語で弧を描くのは、生死をかけた格闘であり、その軌道は暴力からの回復へと進む。わたしの場合、そのような道筋は間接的だ。わたしの生はある一つの文化の中で始まり、他文化に移植された。人は関係性と歴史によって形成されるが、その始まりはわたしの場合日本だった。アジア的なものがいつもそうであるように、世界に存在することを語るわたしの物語も家族とその関係性から成り立っている。

東アジアの人間とアングロサクソン系アメリカ人では現実を見る視点が違うことがある。たとえば水族館を説明するとき、東アジアの人間は水の色や質また全体的な環境を語ることが多い。全体論的な見方は、そのもの自体よりも関係性に優位を置く。西洋人の直接性や明確さは、アジア人の視点からすると偏狭で不正確である。間接性はコミュニケーションの一形態として、多くの情報を全体的に保持する。

レベッカとわたしは人生経験も異なるし、文化的様相において自己提示の仕方も異なる。違った旅路が共通の神学的ヴィジョンへと導かれたのは象徴的である。わたしたちの洞察が、多様な経験と背景を持つ人々にとって価値があるものとなるかもしれない。

わたしたちはこの本を一緒に書いた。互いを気遣うことで書くことを前進させた。一日を始めるにあたり詩を朗読し、健康的で美味しい食事を準備し、心が折れそうなときには森を散策し、困難な一ページを終えるために励ましあい、音楽を流し、書けなくなったときは集中して議論し、一日を終えるときは愉快な気分転換を試みた。

友情が本書を可能にした――互いの友情と、本書で語られるそれぞれの人生における意義深い友情。互いに耳を傾けること、支え合うこと、勇気をもらうことがなければ執筆は不可能だった。そうしたいと思ったとしたらの話だが、一人で書いたら感情の揺れにつぶされたことだろう。この本を書くことでさらに友情が深まり、このプロジェクトの価値はわたしたちにとって計り知れないものになった。この本を執筆することで、わたしたちが希望する新しい神学を生き、一人では思いつくことさえなかった神学の地点にたどりついた。

新しい神学がここから始まる

西方キリスト教の中心には十字架の物語がある。それは、父なる神が世界を救うために子の死を求めたというものだ。この神学的主張は暴力を正当化するとわたしたちは考え、異なる神学的ヴィジョンを求める。

どんな言葉が真理を語るのか。どんな香油が癒やすのか。どんな箴言が、情熱と喜びの炎に火をつけるのか。どんな霊性が正義への飢えを呼び覚ますのか。これらの問いの答えを自分のためだけでなく、共同体と社会のために探求する。互いの人生を開花させ、意義あるものにするためにどのような生き方が求められるのか。暴力が共同体を粉砕し、人々を孤立させ、心を打ち砕くとき、どのようにして人生を修復できるのか。決定的な答えに到達するために問うのではない。生きることの基本だから問いかける。

虐待と暴力に苦しめられた者と共に、戦争によって感情能力が制限されてしまった者、憎しみと侮蔑を内面化させ自滅し、他人を傷つける者と共に、わたしたちは働いてきた。自分自身の人生の現実とわたしたちは闘ってきた。

聖書の預言者と教師たちは、宗教の破綻や偽りの主張と繰り返し闘った。ヨブは衝撃的な喪失と病に苦しみながら、その時代の敬虔な教えに抗議した。友の教えはヨブの苦しみを深めた。「あなたたちの格言は灰の箴言だ」とヨブは抵抗した。イエスは、人々を抑圧する神殿の権威者たちに異議を申し立てた。「あなたがたは、わたしの父の家を強盗の巣にしている」。ユダヤ教とキリスト教は、人生が善いものであることを断言する。また人々に自由と喜びを望む、いのちの創造主がおられると主張する。わたしたちの宗教的伝統は、いのちを育むことや正義が支持されないとき、問題に立ち向かうことを命じる。

またこの宗教的伝統は、恵みを証しするように求める。恵みは、予期しない方法で人生の只中にやってくる。わたしたちは、癒やし、勇気、修復された愛――救いを見てきた。そうした恵みの経験から、わたしたちは新しい神学に到達し、暴力に抵抗して生きる道に気づいた。悲惨な現実を否定することなく愛と真理のうちに生きる方法を理解した。力を用いる方法、他者が開花するために手厚く接する方法、ありのままであること、いのちを選ぶ方法を学んだ。

その中心にわたしたちは炎を感じた。驚愕の瞬間に生じる深奥のなかに、いのちを護り、裁き、常に再構築する力を感じた。聖書の詩人に同意して、わたしたちはこの炎を「聖霊」と呼ぶ。「臨在」する力。この炎を垣間見た者たちが、いのちに畏敬の念を抱く姿を見てきた。ワーズワースが「わたしを喜びにかき乱す臨在、……はるかに深く融合させられるなにか」と呼んだものを思わせる。この臨在がいのちを養い、癒やす。それは神秘として感じられ、互いへの誠実さとして示される。この臨在が正義を求める。

わたしたちは、聖霊についての知識と臨在についての気づきを深め、いのちを与える共同体を経験した。健全な共同体はその最善において、いのちの持つ力を正しく行使し、健やかな経験、ふさわしい関係性、また美へと人々を導く。このことが起きると共同体は、人々に自分自身であることと、世界が聖なるものであること、いのちを気遣う倫理を持続させることを教える。

暴力は臨在を否定し、聖霊を窒息させる。暴力はいのちについての知識とその内在的な価値を奪う。暴力は、美への気づき、複雑さへの気づき、身体の気づきを盗む。暴力は傷つきやすさ、依存、相互依存を無視する。暴力的に行動する人は、自己と他者を蔑み、聖霊が息づく空間を破壊する。

わたしたちは正義のために行動し、ありのままであることによって暴力に抵抗し、それを是正できる。互いに対して、美に対してありのままであること、物事の核心にある炎、いのちの息を与える霊にあって存在することによってそれが可能になる。

灰の箴言、炎の閃き

本書の三つのパートは、西方キリスト教の典礼の季節に対応する。レント〔受難節〕は、受難週と復活祭で終わる。受難節は、典礼の実践として信仰者がその額に灰でしるしをつけられる灰の水曜日に始まる。このしるしは、神の臨在の炎を失ったことを意味する。受難節の間、日中が長くなるにつれて、イエスの教えと行動によって引き起こされた葛藤を描写する聖書箇所が礼拝で朗読される。イエスに対する暴力の脅威が強まる。キリスト教の共同体はイエスの十字架の意味を見つめるようにと勧められる。

第一部「レント」では、喪失、暴力、崩壊の経験が語られる。わたしたちの知り合いがどのようにして愛のネットワークを喪失し、自己犠牲によっていのちを否定する神学を教えられたかを描写する。イエスの死についての神学的主張が灰の箴言となったことを指摘し、異なる神学に向かう。

ペンテコステ〔聖霊降臨節〕は、いのちを与える共同体が誕生したことを祝う季節である。ペンテコステの祝いの日、復活節の五十日目、使徒言行録二章が朗読される。聖書は、奇跡的な異言の賜物――聞くことと語ること――という恵みを表現する。この特別な賜物は、イエスの死を悲しむ人々に炎を垣間見せる。ペンテコステの言語は身体の変容について語る――神の息と聖なる火が悲嘆にくれる人々を満たし、新しい共同体が生まれた。聖霊が人々をよみがえらせた。

第二部「ペンテコステ」では、癒やしを経験し、変革のために連帯した共同体の中でわたしたちが学んだことを語る。経験を通して、どのようにしていのちを与える共同体といのちを肯定する神学が生じたかをつまびらかにし、一緒に旅をしてきた人たちを記念する。かれらが人間として存在することを示し真実を語ることが、暴力の中でいのちを支え、回復へと向かう力であることを教えてくれた。

エピファニー〔顕現節〕は、炎の閃きに気づく季節である。エピファニーの数週間、聖書箇所は、神の存在の炎を垣間見ることで人々がどのように正義と解放のための行動に奮い立たせられたかを語る。モーセは燃えているのに燃え尽きない柴の前に立ち、「履物を脱ぎなさい。あなたは聖なる地に立っている」という声を聞いた。神はそこでモーセに出会い、奴隷となっている人たちを自由へと導くために彼を遣わした。クリスマスの十二日後の顕現日は、神の存在のしるしを長きにわたって待った人々によって子なるキリストの誕生が祝われる。博士たちは、赤子イエスの前にひざまずくために砂漠を旅した。高齢のシメオンとアンナは、その子を生涯、待ち続け、喜びと共にその子を両腕に抱いた。シメオンは「今こそわたしは安らかに去ります。約束されたことをこの目で見たのですから」と歌った（「ルカによる福音書」二章二九―三〇節）。しかし喜びの季節は、子どもたちのために泣くラケルにつきまとわれる。ヘロデ王が自分の権力に対して脅威と見なし、罪のない子らを虐殺したのだ。

第三部「エピファニー」では、予想もしなかった子ども時代への旅で、想像をはるかに超えた愛を見つけたことが語られる。旅は、性的虐待がもたらす破壊力に耐えたレベッカの痛ましい記憶の回想、ならびにリタの会ったこともなかった父親とその家族との邂逅を含む。どちらの物語も、隠されていた秘密とわたしたちを支え続けた臨在が明かされる。それらの経験は、物事の中心で燃え続ける炎へとわたしたちを導く。暴力さえもその炎を消しさることはできなかったと確信する。

各章のはじめに聖書の言葉が置かれている。それらの箇所は、苦闘の中から人生を啓蒙の場として理解し、発見することを助けた聖書の伝統を示す。聖書は、神を知り、いのちを畏怖する証言を多様な声で綴ったものである。人間的な記録の書として、聖書は究極のことがらを把握するには不完全だが、常に聖書において――ちょうど人生が不完全であるように――わたしたちを支える神秘を垣間見せられる。

わたしたちが受けた暴力と癒やしと神学的な発見の旅を共に歩く読者に願うのは、あなたがあなた自身の人生を照らす光を垣間見るエピファニーを経験すること、その意味を内省するためにその時代と場所において立ち止まり、あらゆる困難にもかかわらず、いのちを選び、愛することである。

第一部　レント——灰の季節

第一章　炎を避けて——レベッカの物語

エルサレムの娘たち、わたしのために泣くな。自分と子らのために泣け。その日が必ず来る。その日、かれらは言う。「不妊の女は祝福される」れる。子を産まなかった胎、乳をあげたことのない乳房は祝福される」……緑に覆われている木にさえ、そう告げるなら、枯れ木には何が起きるだろうか？

「ルカによる福音書」二三章二八—三一節

「彼が殺したの。キッチンナイフで。三人の子どもの前で。赤ん坊は眠ってた」とパットが言った。パットは向きを変えて窓を見たが、その表情は石のように硬かった。お茶の入ったマグカップを固く握りしめていて、手の中で砕けるのではないかと思った。友人が凝視する湯気に曇る窓にわたしも目をやった。街の目抜き通りの端のぬかるみ、塩気の多い沼の上でかもめが弧を描いて鳴いていた。ボロボロの古い船渠、ガソリンスタンド、教会の駐車場の砂利道が雨に濡れ、疲弊して見えた。ワシントン州のサウスベンドでは見慣れた景色だ。この街は、太平洋の広くて浅いよどみ、ウィラパ湾の沿岸と共に成長してきた。かつては牡蠣と木材が地元の経済を支えたが、今ではさびれ、多くの失業者がいた。百年近く製紙工場の煙と海からうちあげられる腐ったゴミの匂いがしていた。

パットの家であるメソジストの牧師館は、教会に隣接する丘の高いところにあった。丘にはベイ松、ヒマラヤ杉、ヒロハ楓が生え、木々の下にはハックルベリー、サーモンベリー、シダが繁茂していた。森と湾と浅瀬と絶えまない雨を背景に、小さな街の共同体は脆弱に見えた。

この土地をよく知っている。わたしの故郷だ。わたしの人生はこの湾の反対側で始まった。そこではグレーズ川が同じように泥の多い入り江に流れこみ、ホーキアムとアバディーンの大きな街があった。そこの住人たちが忍耐強く、温厚で、素朴なのを知っている。灰色と白色の下見板張りの家々のガラスをはめ込んだ風よけの玄関の奥、おがくずが燃えるストーブに暖められた部屋で、湯気の立つコーヒーカップと心地よい会話と笑い。子どもの頃、そうした家々から牧師に来てほしいとの頼みがあると、父と一緒に訪ねた。記憶の中で家々にはコーヒーと燃える木の匂いが立ちこめ、必ず入り口に背が高いゴムの長靴、水が滴るレインコート、格子模様のウールのシャツが散乱していた。

教会の男たちがアサリ採りに出かけ、戻ってくるとホーキアムの牧師館の大きなポーチの流し台でアサリを洗うのを見るのが大好きだった。砂のついたシャベル、チャプチャプと音を立てるバケツ。かれらが嬉しそうに大声をあげて、ふざけあっているのが安心感を与えた。潮の香りのする雨風と共にドアが開いて活気にあふれる人々が、レインブーツの重い足取りでやってきてガサガサと音を立ててアサリを流しに注ぎ入れる。

しかしすべての家が心地よいと考えるほどにわたしはばかではない。家の奥で子どもたちに性的な行為が強いられ、妻が殴られ、声をあげようとして沈黙させられ、脅され、支配されることがある。これは変わっていない。

パットとわたしは中学生の頃からの友人で、今では二人ともユナイテッド・メソジストの聖職者である。わたしは彼女を訪ねるために、隣の教区のシアトルから三時間ほど運転してくる。お茶を飲みながらの会話は友情を暖める儀式であり、牧会の実践でもある。牧師は孤独な職業だ。共に語りあい、心中を打ち明けあうことで孤独を和らげ、自分が選んだ仕事への洞察を得るのだった。

パットは、アノーラ・ドール・リードを助けようとした。パットが語った殺人の件である。「サウス・ベンドに来たとき、家庭内暴力の犠牲者のための社会支援は皆無だったわ。最も近い福祉事業所でも車で二、三時間行くしかなかった。すぐにシェルターを必要とする女の人には遠すぎて。コミュニティで助けられないかと動き始め、そのサポートで、安全な居場所を必要とする女性たちにこの家を提供することを内々に知らせ始めたの」

パットの選択は理にかなっている。古代からの原則だからだ。教会の地所は、聖所であり避難所である。困難な状況にある者——家を失ったり、飢えたり、霊的にあるいは身体的に傷つけられたり——そのような人は安全な場所を求める。宗教がそのことに失敗しているとしても、人々は教会が、怯える者への庇護、追い詰められた者の隠れ場所、不正な迫害を受けた者の避難所であることを期待する。牧師として教会に仕える者は誰でも理解している。教会は教会であるべきだと期待した人が玄関先に現れるのだ。教会とは聖なる場所、神の憐れみと力を得、人の親切を頼むことが可能な場所。牧師の任務は、避難所を開けておき、聖なる場所を維持することである。

パットは、家庭で暴力をふるわれた女たちのケアと支援のために働いていた。窓から振り向きうつむいたパットはお茶を見つめ、「止めないでいるのは、とてもむつかしい」と言った。「避難しにきたほとんどの女性が、自分に暴力をふるった夫や恋人のもとに帰っていくの。彼女たちは、それを宗教的な義務だと思っている。わたしはアノーラにも助言した。自分の人生を守り、自分自身の面倒を見て、結果として子どもたちを守ることこそ宗教的な義務だと話したの。でも、わたしの言葉もこの避難所も十分じゃなかった」。パットは湿って少し老朽化した牧師館を手でぐるりと示した。

「彼が彼女を殺したのよ」と再度、言いながらわたしの目を真っ直ぐに見た。彼女の瞳に悲しみと怒りと懇願を認めた。なんとかしなければならない。ただ座っているわけにはいかない。彼女のまなざしが問いかけた。同情的な傍観者になる以外のことができるだろうか？　世界が暴力にさらされているのに、牧会とは寄り添うことだけなのだろうか？　われわれの任務は、告別式をあげ、悲しむ家族を慰め、母親の殺人者でもある片親しか残されていない子どもたちのために祈るだけなのだろうか？

パットはそれ以上のことをした。人々と協力して、虐待を受けている女たちのためのサポートグループを立ち上げた。いのちにかかわる暴力に抵抗するための情報が必要だからだ。

アノーラはサポートグループに何回かやってきた。パットは彼女をサポートし、助言を与えた。アノーラの夫が暴力をふるったとき、警察を呼ぶようにグループで励ました。彼女は告訴をためらったが、活動家の検事がその夫を裁判に持ちこんだ。パットは出廷するアノーラに付きそい、夫について証言する彼女の傍に立ち続けた。「彼はわたしを床に打ちつけました。わたしの上になって、手をねじり、言うことを聞き、彼がしてほしいことをするようにと言いました」と法廷でアノーラは述べた。ゴードン・ジェイムス・リードは有罪判決を受け、五百ドルの罰金と十日間、郡刑務所に入ることを申し渡された。

「夫が刑務所にいる間にアノーラは耳にピアスをしたわ」と言って、パットはほほえんだ。「彼女にとっては抵抗の表現だったのね。これはわたしの体だって。彼はそんなことは絶対にさせなかった。彼女は満足していた。彼が刑務所から出てきたので、アノーラは夫を受け入れ、子どもたちと一緒に暮らすべきか否か、決断しなければならなくなった」

「彼女は彼を家に入れたんでしょ」。悲嘆にくれてわたしは言った。「なぜ？」

「神の前に、それが正しいと思ったのよ。彼女が通う教会では、完全な家族は神の御心として祝福されるから。父、母、子は愛すべき家族となるべきである。アノーラは、この家族設定を神の御心だと信じた。神様がうまくいくように計らってくださる。神の御心を行うことのほうが自分の身の安全より重要だ。神の御心に誠実であることに痛みや暴力が伴っても、さらなる益がある。善良な女性とは個人的な痛みを喜んで受け入れ、家族にとっての善のみを考えるものだ。知ってるでしょ。「与えることにこそ、いのちの価値がある」。「これがあなたの担うべき十字架だ」。あなたもわたしもそう聞かされたように、アノーラも同じように聞かされたのね。神がその盃から飲むようにと命じたとき、イエスは苦しみの盃を拒絶しなかったでしょ。彼女は善いキリスト者であろうとして、イエスの足跡に従った」

パットはアノーラに自分のいのちを聖なるものとして受け入れ、虐待のために差し出さないようにと助言した。しかしアノーラは教会が教える徳のイメージにしがみついた。「七年間、結婚を守ってきました」と彼女は法廷で述べた。「その間、夫はわたしの頭に三回も四回も裂傷をつけました」。アノーラは、イエスのように、自分も傷つけられることを神が望んでいると信じた。夫は自分の行為を弁護してそのメッセージを補強した。「俺は、俺たちが結婚していて、子どもがいて、家内はなんでも持っていて、それなのに家内がそれを壊していることをわからせてやろうとしただけだ」

アノーラは夫に家に戻ることを許したが、その決断のゆえに苦しんだ。彼女は母教会の牧師に相談した。パットと同じく彼も、アノーラに自分と子どもたちを大切にするようにと勧めた。その晩、帰宅した彼女は、ゴードン・リードに家を出て行ってほしいと頼んだ。彼は烈火のごとく怒り出し、赤ん坊用のハイチェアで妻を床に打ちつけ、何度もナイフで刺した。

その夜遅く、四歳の娘は警察にこう話した。「マミーが悪いので、ダディは殺したの」。五歳の息子は何が起きたかを話した。「止めようとしたんだよ。だけどダディが「そこをどけ」って言って。ダディは「頭にきた」って言って、「マミーは悪い女だ」って。ダディはハイチェアでマミーを叩いた。マミーは血が出て、叫ぶこともしなかったの。するとダディはナイフを取り出した」

「ダディがマミーを殺している間ずっと、僕たちは泣いてたの」と息子が言った。

ゴードン・リードはアノーラを十本のナイフで十八回つき刺した。警察が遺体を発見したとき、その首には大きなキッチン・ナイフが刺さったままだった。彼は二十年の刑を渡された。

「彼女の母親が告別式に出席したとき」とパットは語る。「アノーラが最高に美しいピアスを身につけて葬られるようにと願ったの。思うに、それは「娘は犠牲者だっただけではない」と言いたかったのかもしれないわね」

「パット」とわたしは言った。「アノーラをもっと助けるとしたら、自己犠牲の愛以外の教えをキリスト教が伝えるべきだったと思うの。イエスのように神の御心に従い、忠実に従順にいのちを捨てることを教えなければ良いのに」

「でも」とパットは言った。「それこそが教会が教えることでしょう。そしてアノーラ・リードは死んだ。ゴードン・リードに責任があるわ。彼が殺したのよ。でも教会がアノーラにいのちを惜しまず与えることにこそ価値があると教えていなければ、彼は殺さなかったかもしれないというのも否定できないわね」

パットとの会話からしばらくして、女性の霊性についてある協議会で話した。宗教的な居場所が、女たちを成熟させるのではなく、危険にさらす場所であることを指摘した。自由といのちが満ちあふれているのではなく、女たちに危険をおかすようにさせる。代替となる宗教観念を構築する必要がある。それは暴力と虐待の原因から、いのちを回復させる思想であるべきことを提案した。

発表後、ルター派の女性の聖職者が挙手し発言した。「日曜の朝、聖餐式のテーブルを用意するためにわたしは早めに教会に行きます。うちの伝統では会衆がやってきて、礼拝が始まる前に牧師が聖餐台の前に立ち、黙祷をささげます。数回前の日曜日、目覚める直前の夢でわたしは聖餐台の前で準備の祈りを唱えていました。突然、長方形の聖餐台が石棺に変わったのです。蓋が開いて、中を見ると祖父の骸骨があったのです。わたしは恐怖と憎悪のうねりを感じました。それと同時に愛が津波のように押し寄せてきました」

「これが教会に対して抱く気持ちなのです。教会を愛しています。そこは数世代にわたってわたしの家であり、家族の家なのです。それに典礼の美しさを愛しています。しかし同時に、恐ろしく間違っているとも感じるのです。聖餐式を執り行うとき、神が人間のいのちを犠牲にささげてほしいと願っているというイメージと観念を再現しているのでしょうか？　そうすることは正しいのでしょうか？　このことが人々にいのちを授けるのでしょうか？　会衆が来る前に、わたしは聖餐の典礼を執行することに神の赦しを求めて祈ります」

パットとわたしも似た矛盾につき当たりつつあった。教会の基本的な教えが、防ごうとする暴力に貢献するとき、良心に省みて、どうやって教会に仕えることができるのだろうか？　しかし同時に聖なる場所を押し広げ、世界のどこにでもある場所に神的な存在、超越的な憐れみ、癒やしと希望に通じる門戸を提供するという聖所の責任をどうして放っておくことができるだろうか？　これは自分が選んだ仕事で、古い言葉と儀礼をただ繰り返す以上のことが要求された。

パットを訪ねた数か月後、教会の執務室のドアが静かにノックされ、わたしは読書を中断した。日曜の礼拝のために選んだ祈りに急いでしるしを付けて『祈祷書』を閉じ、ドアを開けた。褐色の顔をした、背の低い女性が戸口に立ち、シアトルの冷気に負けないように服を着こんでいた。

「こんにちは、牧師さん。ルシアと言います。一ブロックほど先に住んでいて、バスに乗るたびに教会の横を通るのですが」と方向を示した。「お名前を教会の看板に見たのです。女性の牧師さんですね。たぶんですが、あなたが女の人なので問題を理解して助けてくれるのではと思いまして」

「もちろんです。どうぞ、お入りください」と、答えた。ルシアは本棚の隣の古いソファに座った。本棚は、詰めこまれた神学書の重みでたわんでいた。彼女はほほえんだが、優しそうでもあり、悲しそうでもあった。

「しばらく、このことを誰にも話さなかったのですが」とルシアは話し出したが、ほほえみが消え、深い悲しみがその目に宿った。「でも今は、子どもたちのことが心配なのです。問題は夫のことです。彼は時々、わたしをぶつんです。いつもはいい人です。でも時々、とても怒るとぶつんです。わたしは殴り倒されます。一度は腕が折れ、病院に行かなければなりませんでした。でも、腕が折れた理由は言えませんでした」

わたしがうなずくと彼女は深呼吸をして続けた。「二十年ほど前、司祭様に尋ねました。彼のアドバイスに従っていました。司祭様は、その苦しみを喜ぶべきだと、おっしゃいました。その痛みがわたしをイエス様に近づけるからです。「イエス様が苦しまれたのは、わたしたちを愛されたからです」とおっしゃいました。「イエス様を愛するのなら、打たれることを受け入れ、イエス様が十字架を負われたように、喜びをもって耐えなさい」と司祭様はおっしゃいました。わたしは従ってきましたが、もうわからなくなりました。夫は今は子どもたちを打つのです。教えてください。司祭様が話されたことはほんとうなのでしょうか？」

ルシアの深く黒い瞳が、わたしのヘーゼル色の瞳を探るように見た。目を逸らしたかったが、できなかった。話そうとしたが、口に綿を詰め込まれたような感覚で言葉をつげなかった。

わたしはリベラルなキリスト者である。神が従順を要求するとは信じていなかったし、イエスの十字架上の死が救いをもたらすとも信じていなかった。わたしはアノーラ・リードを忘れていなかった。むろん、アノーラの神学的な理解が、わたしのそれとかけ離れていることはわかっていた。

しかしちょうどこの前の日曜日に、愛のために苦しむことについて説教したばかりだった。イエスの生涯は愛の本質を啓示し、その愛が我々を救うと説教したのだ。愛はすべてを耐えると述べたのだ。関係性を絶ってはいけない。たとえ相手があなたを傷つけても、つながりを保ちなさい。自分のことを気遣う前に、他の人の必要を優先させなさい。

沈黙の瞬間、ルシアのまなざしがその答えを知っているように見えた。ルシアの疑問に真摯に答えるなら、わたしは神学を再考しなければならない。それ以上に、自分の人生の選択に直面することになる。長くためらった後、自分の話す声を聞いた。

「それは真実ではありません」と、わたしは言った。「夫があなたを打つのを受け入れることを神様は望んでおられません。自分の人生を断念するのではなくて、自分の人生を生きることを神は望んでいます。神様はあなたに、自分のいのちと子どものいのちを守ってほしいのです」

ルシアの目が踊った。「わたしが正しいんじゃないかって、思ってたんです」と言った。「でも、おっしゃってくださったので助かります。ずっと考えていたことを実行すべきだとわかりました」。

彼女は、コミュニティ・カレッジで頼みにできる技能を身につけようと計画していた。仕事を得たら、子どもたちのために新しい家に引っ越すのだ。

彼女がそのプロセスを踏んでいくあいだ、連絡しあった。最終的に、夫が助けを請うた。ルシアは夫が子どもたちと週末を過ごすことに同意した。「子どもたちは父親を取り戻しました」と、彼女は述べた。「わたしは自分の人生を取り戻したのです」

ルシアのことを喜び、その進歩を見守った。それは彼女の苦闘と力量を賞賛するような感覚だった。彼女は、自分のいのちを助けない神学、彼女を暴力に縛りつける神学を手放した。時折、危機的な状況では必要な言葉をかけることもあった。しかし自分を犠牲の神学から解放するための旅はさらに長いものだった。苦しむ愛がわたしにつきまとった。

ルシアに出会った春、わたしは懐妊した。家族をつくることを提案したのは夫だった。二人とも大学院を修了し、夫は作曲に専念しており、わたしは教区に落ち着いていた。適切なタイミングに思えた。六か月も試してきたのだ。

復活祭の翌日に妊娠していることがわかった。八重咲きの桜が咲きほこり、春の雨が桜の芳香を湿った大気にしのばせた。体中に新しいいのちを感じ、計り知れない贈り物に思え、心は喜びで満たされた。

夫にニュースを告げたとき、その顔から血の気が失せた。わたしたちはお気に入りのレストランで向かい合わせに座っていた。彼の手を自分の手に重ねていたが、彼が手を離し、フォーマイカ［耐熱性合成樹脂］のテーブルがわたしたちの間に広がった。「父親になる準備はできていない」と言った。「僕にはできない。君と一緒にいたいか、わからない。僕たちの結婚が続く唯一の道は中絶をしてくれることだと思う」。その言葉は、まるで身体に加えられた一撃のようだった――即座の、正確な、予期しない。

「それはわたしが決めるべきことだわ」と言った。わたしが立つことができる唯一の場所だと主張したのだ。

続く数週間、選択肢を熟考した。結婚を失い、シングルマザーになるという将来はあまりにも負担が大きすぎる。シングルマザーで、教会の牧師の責務に耐えられるとは思えなかった。自分の使命を手放したら、社会福祉に頼ることになる。一番困るのは、夫に捨てられたという恥に直面することだ。おそらく死んでしまうだろう。周囲の人たちが同情してくれたり支援してくれたりするとは思えなかった。数年後に思い返せば、それらの思い込みは間違いだったとわかる。頼めば、家族は迷うことなく助けてくれただろう。教会も味方になってくれただろう。しかし当時のわたしはそうした見込みを取り消した。

痛みを隠すことは人生の最初の時期に学んだ。三、四、五歳のとき、家の近くに住んでいた隣人がわたしをてなずけた。彼はわたしに性的ないたずらをし、何度もオーラル・レイプを強要した。その体験の不安、恐怖、痛み、そして虐待者との間に結ばれたひどく不快な絆がトラウマとなり、誰にも言えなかった。男はわたしを脅して、黙らせた。隠された虐待を抱えて生きることが、かえって両親の愛とケアに依存する結果となった。わたしは両親を必要としたが、理由を話すにはあまりにも怖かった。聞き分けのよい幸せな子どもとして両親から熱愛されたかった。両親に助けを求めることはできないので、両親のようになろうと努めた。二人とも、他の人を優先させる親切で寛容な人たちだ。わたしの親が怒ったり、動揺したり、怯えたりしているのを見たことがない。両親につながっていること、また家族の中心である教会につながっていることで、わたしは両親の生き方を内面化させた。両親の近くにいることで恐怖から守られた。

わたしは性的虐待について忘れた。人間関係を維持するために自分の一部を削除することを学んだのだ。それが、善い人がすることだった。

窮地にあるとき、わたしは家族や教会に求めることはしなかった。双方から、個人的な要求のための場所はないということを学んだ。善い人間は、他の人を気遣う。善い人間が傷ついたり、怯えたり、混乱したり、困窮したりするとき、その弱みはひっそりと心に抱え、覆い隠し、人に迷惑をかけずに解決すべきだった。

五月の下旬、ライラックの紫色の花が重く垂れる頃、わたしにとって唯一の子どもになったであろうものを医者に取り除いてもらった。それは一九八二年で、わたしは二十九歳だった。中絶の医学的条件は安全で、合法だった。

中絶を選んだのは、恥と喪失と自死の恐怖から自分を救うため、父親不在で子どもをこの世に送り出すことから救うためだった。この結婚を救い、父親を救うためである。夫は、彼が恐れている何かから私が夫を守ることができると言った。

これは自発的な犠牲だと思った。夫に対する愛と未来への希望を保つために。しかし子どもを失った傷は深く、わたしはその痛みを秘密にした。友人のうち二人だけが中絶について知っていた。一人はわたしが話したからで、もう一人はそう推測したようだった。このことは家族にも、兄弟にも、祖父母にも話さなかった。わたしは教区の牧師として、仕事があることに感謝して公的な活動を続けた。日々の教会での任務はありがたかった。病院や家々を訪問し、出席すべき会議があった。平日の婦人のための聖書研究会、聖歌隊の練習、教会のニュースレターのコラムの執筆——そうした仕事が助けとなった。

しかしわたしたちの未来は、望んだようには運ばなかった。夫とわたしは中絶について話さなかった。結婚の亀裂を修復しようとしたが、数か月の内に彼は街の向こう側のアパートに引っ越した。数年後に、わたしは夫の少年時代についての断片的な情報をつなぎ合わせてみた。彼は、父親がひどく自分をこきおろした以外は十二歳か十三歳のことをほとんど覚えていなかった。姉たちは、彼が泣きながらベッドに行っていたと話した。彼が十四歳のとき、母親は息子を全寮制の学校に送ることにした。それは父親の影響を受けることを避けるためだったという。全寮制の学校で彼は孤独でホームシックにかかった。ある教師が彼を選び出して、性的な行為を求めた。この教師は、十五年後にわたしの夫となった彼に、性的妄想に満ちた手紙を送り続けた。夫は再三にわたる手紙を開けることもなく、屑籠に放りこんだ。

そうした断片は意味をなさなかった。この結婚を、混乱した信仰、ゆがめられた絆、性的な虐待の長い歴史という文脈で理解できなかった。わたしは現在の自分の苦悶のみを見た。彼を失うという悲しみ、人生にポッカリと空いた大きな穴。傷ついた若者とわたしは親密な絆を結んだが、その理由が自分も似たような傷ついた存在だったからだと理解するためには長い時間がかかった。わたしは、自分の身に起きた虐待を思い出し、その悲しみと恐怖に直面し、新しい自分を構築する必要があった。自己犠牲を善とする観念によって形成されるのではない、新しい自分である。しかしこの課題はかなり後に、自分の準備ができたときに取り組むべきものだった。降り積もった悲しみが、自分史をより深く熟考させるように強いた時である。

みじめだった。初めて喜びをもって迎えた子を失ったと切実に感じた。苦悩と屈辱の中に残されたわたしは、そうした感情を家族、友人、宗教的共同体から隠した。日中は仕事をこなしたが、夜は苦悩にさいなまされた。死にたかった。犠牲という選択肢がやすやすと存在したことに悩んだ。中絶を選ぶことはわたしにとって犠牲を払うことだった。懐妊は祝福だった。それを手放すことは喪失だった。

わたしは犠牲のジェスチャーに精通している。教会の典礼規定は暗記している。それは自分の一部を削ぎ落とし、平安と安全が修復され、恥を回避すること。

そのプロセスを絵のように描くこともできる。まず頭を下げる。目線を下に向け、その存在者の意志と必要に自分を従属させる恭順を示す。口を閉じて、話さない。ひざまずく。自分の頭を、両手を差し出す。または死刑執行人が静かに持っている刃に胸や腿をさらして待つ。彼は弧を描いて、切る。わたしは傷を覆って退く。

明らかにこの儀式はホラーだ。想像の中で、どこから死刑執行人はいとも容易く現れたのだろう？　中絶という選択は道徳的に誠実な判断ではなくて、そうするように訓練された儀式の遂行だったとしたら、一体どういうことになるのだろう？　なぜ犠牲のジェスチャーは容易で、身体が慣れ親しんだもので、セクシュアリティと結びつき、なぜ役に立たないのかを理解しようとわたしは試みた。なぜ、わたしはどうすべきかをよく心得ているのか？　友人の女たち、わたしが牧師として相談にのる女たち、わたしの説教を聞く会衆の中の女たちは、なぜ犠牲のジェスチャーをよく心得ているのか？

犠牲が生きる道だと教えたのはキリスト教だと気がついた。わたしをレイプした近所の男については忘れたが、神学がイエスの死はこの世界にとって神の愛する子の犠牲であると提示するとき、至高の愛とは犠牲だと教えたことをよく覚えている。犠牲をささげる、あるいは犠牲とされることは、高潔なこと、贖罪を意味する。

しかしそれが真実でないとしたら？　何も、あるいはほんのわずかしか救われないとしたら？　犠牲の結果は痛みにすぎないし、いのちの減少にすぎないし、魂の分裂にすぎないし、屈辱と恥にすぎないとしたら？　生を断ち切ることは、愛と勇気と信頼と信仰の道ではなくて、いのちを破壊するにすぎないとしたら？　犠牲の行為とは、その儀式において、ある人々が損失を負い、他の人々は責任と道徳的期待から保護されるのだとしたら？

中絶を決心したことは、あの状況では最善だった。胎児に対して父親が持つべき道義上の責任をわたしは夫に要求しなかった。父親に捨てられた子を家族、宗教的共同体、社会がサポートしてくれるという信頼がわたしにはなかった。結婚、あるいは自分の孤立感の中にある試練についての深い洞察をわたしは持ちあわせなかった。わたしは子どもが欲しかった。しかし自分が切望するものを犠牲にして、いつくしむべきいのちを手放した。

この選択を後悔していない。中絶が最も倫理的な選択となる状況があると信じるし、わたしの中絶は安全で合法なものだった。その状況で、後悔するのは、道徳的な想像力と自由を欠いていたことである。わたしは自己犠牲の霊性を深く内面化し、選択肢を広げることなく儀式に従ったのだ。

儀式の帰結は悲しみだった。何もあがなわれなかったし、救われなかった。わたしは喪失を感じた。失われた妊娠と夫の不在を嘆いた。また自分でもわかっていないが、より古い、前から存在する喪失を嘆いた。中絶によって内面の空虚さに気がついた。冷静さの不在、自己防衛の不在、自由の不在。自己犠牲から逃れる場所を自分の身体のどこにも持っていなかった。自分の内側には避難所がなかった。


自問の真最中に受難節となった。受難節の最初の主日の福音書の朗読で、イエスは弟子たちに言った。「わたしたちはエルサレムに上って行く。預言者たちによって人の子について書かれているすべてのことが実現する。彼は異邦人に渡され、嘲られ、侮辱され、唾をかけられる。かれらは彼を鞭打った後、殺す。そして三日目に復活する」（「ルカによる福音書」一八章三一―三三節）。福音書は付け加える。「しかしかれらは何も理解しなかった……かれらは言われたことを把握しなかった」（「ルカによる福音書」一八章三四節）。

福音書のこの箇所についてのわたしの理解はバッハのカンタータによって造形されていた。この曲をチェリストとして何度も演奏した。カンタータで、イエスがアリアを歌うところから始まる。イエスはエルサレムに顔を向けて歌う。「行ってはいけない。行ってはいけない」と弟子たちが応じる。イエスが危険な道を歩まないようにと懇願するのだ。しかしイエスはかれらを非難する。そこでチェロとハープシコードが軽快な歩調、ほとんどダンスのような音色を響かせる。優美な喜びのデュエットだ。ソロの歌い手が宣言する。「喜びに満ちた歩みをもて、我、汝に従う」。イエス役の歌い手が、調和に満ちた喜びを踊る。最後のコラールは、すべての会衆によって歌われる祈りである。「我らに力を与え給え、共にエルサレムに行くために」

この音楽が大好きだ。弟子たちがイエスに行かないでくださいと哀願するとき、愛される者が救われますようにという願いを感じる。弟子たちの抵抗を愛の声と理解して、わたしはかれらを応援する。イエスが行かなければならないと応じるとき、対峙しなければならないことに何であれ対峙する決意を感じ、その力強さに感動する。これは愛の形である。模範的な女の信従者が、イエスと一緒に喜ばしいデュエットを歌い、エルサレムまでも十字架までも従うと約束するとき、わたしもそうありたいと願う。愛のゆえに苦しみを担うことに不承不承の自分を克服さえできれば！

しかし今回はすべてを疑問に付した。わたしはルシアに愛のゆえに苦しみを担うようにとは言わなかった。彼女の司祭はそうするようにと言い、そのすべては弱まることのない痛手となった。わたしはパットと共に、アノーラ・リードが善いキリスト者であろうとして死んだことを嘆いた。アノーラも、イエスのようにエルサレムに顔を向けたのではなかったか？　彼女は嘲られ、激しく批判され、そして殺された。幼い子どもたちは、アノーラの十字架の足元にいた証言者たちだ。かれらの父親が、彼女を十字架につけた。彼は刑務所にいるが、子どもたちの保護者でもある。かれらの母親を殺したことが、父親の親権を剥奪することにはならなかった、ちょうど父なる神がその息子を十字架へと引き渡したことが否定されなかったように。

自分の結婚を救いたいという切実な願いが、身体に宿ったいのちを犠牲にささげる結果になった。その悲しみが離れない。

何が問題だったのか？　アノーラもルシアもわたしも間違いをおかしたのか？　教会の教えは正当で善いもので、わたしたちの理解と方法に不備があったのか？　そうは思わない。わたしたちは教会の神学を自分の人生にそのまま活かした。バッハの音楽と神学は骨の髄にしみこんでいる。福音書に基づく讃美歌や宗教歌や聖餐式の典礼が人々の一部になっている。自発的な犠牲をささげることは至高の愛である。福音書のコラールがイエスのために奏でられ、沸き起こり、消え去るとき、その強拍にわたしは感動した。そしてわたしも讃美をささげる。「主よ、汝と共に我も十字架につけられますように」

子ども時代の経験が、他者のために生き、自分のニーズを無視するような理想化された自己を培うのに役立った。中絶を選んだとき、この自己を維持するために戦った。悲しみの余波と格闘するとき、わたしは理想的な善良さを保とうとした。これらの戒めと理想がわたしを孤立させ、苦悩が深まった。

その後まもなく、聖職者仲間のエリザベスが、四歳の時から父親に性交を強要されたとわたしに語った。父親は、子どもの彼女をレイプし続け、近親姦が終わったのは大学に行くために家を出たときだった。エリザベスはこのことを苦しみながら打ち明けた。自分が生きてきた孤立を破りたかったのだ。わたしはその痛みを思って悲嘆にくれ、宗教的信念が助けになったかと聞いた。

彼女は答えた。「わたしは父を神様だと思うことにしたわ。「わたしの父のような神」ではなくて、「わたしの父は神様である」と考えたの。そう言うことで、父は慈悲深く、愛に満ち、苦しんでいると信じたのね。父の苦しみを和らげるために、父を満足させ、喜ばせ、できるかぎりのことをしたの。注文の多い二人の神の間で、わたしは引き裂かれた。一人はとてつもなく偉大で、永遠の存在。でももう一人は、親密で、傍にいて、すぐに満足させる必要のある存在だったの」

「自分を罪深いと思った。自分の体を性的にコントロールできないし、黙っていることができるほど信頼できる訳でもないの。イエスの十字架について理解し始めると、父親に対する「裏切り」を、弟子たちのイエスに対する裏切りと関連づけるようになったの。わたしが秘密を明かせば、父は十字架につけられてしまう」

友人の子ども時代の信仰についての説明は、イエスの死を贖罪の出来事として解釈することの痛々しいまでの不毛さを理解するのに役立った。エリザベスは、親に暴力をふるわれた傷ついた子どもだった。教会は、イエスが父なる神の要請により死ぬことに同意し、父を尊敬したように、よい子は父親を尊敬するものだと彼女に教えた。同時に、教会の教えは彼女自身を罪人と見なすように教えた。虐待に反抗することは父親の人生を脅かすからである。黙っていることで、彼女は「十字架につけられる」ことから父親を守った。彼女の沈黙が父親を「救い」、彼女を継続する暴力に閉じこめた。

この神学に黙っていることはできない。神学において家族である人々とわたしは議論を始めた。教会の教えは公的なものであり、按手を受けた牧師として公職に就いているのだから、公然と論じた。

西方の典礼暦では、受難節には六つの主日があり、聖週間と復活祭の祝賀に至る。受難節の第一主日に会衆は、エルサレムに顔を向けたイエスと共に十字架への旅を始める。

十字架上でのイエスの死が、なぜ神の計画の一部なのかを理解しない弟子たちと一緒にガリラヤからエルサレムまで歩くようにとわたしは勧めた。弟子たちの側に――問いを発する側に――立ち、不安と疑いの中にある弟子たちに同伴するようにと提案した。「わからない」ことで自分自身を、あるいは会衆を叱責する代わりに、教会が信じるように求めていることをよく検討し、その真価を調べるようにと頼んだ。そこに、いのちを与える真理があるならば、正直に尋ねる誠実な探求者におのずから収穫が与えられるであろう。

受難節の間、贖罪の教義を形成したキリスト教神学の主要な道筋が提示される。贖罪とは、十字架上のイエスの死がわたしたちを救うというものである。それぞれの解釈の価値と意味を探求したが、疑問を手放すことはできなかった。わたしはそれぞれの解釈を分析してみた。「この神学は、ルシアやアノーラ・リードやエリザベスが直面した暴力に抵抗する助けになるだろうか?」もちろん自分の煮えたぎるような嘆きも疑問の一部である。わたしはそれを公的な精査の目にさらすことに躊躇した。それに、自分の感情的な要求の対処を会衆に求めるのは職業的に無責任だと考えた。しかし自分の体験が、その疑問に情報を与えていた。わたしは個人的な解決のためにひっそりと苦闘し続けた。

受難節第一主日：イエスが代価を払う

「このように神学の物語は語られます」とわたしは会衆に述べた。

はじめに人間はエデンの園で、神との完全な調和のうちに暮らしていました。しかしアダムとエバは神の戒めに背いたのです。神は、罪のゆえにかれらが引き起こした損害の返済を求められました。わたしたちはその罪を受け継いでいます。罪の報いは死です。神はわたしたちを愛しておられ、罰することは望まれません。しかし神の栄光が侮辱されたのです。神は、愛と正義が要求することの間で引き裂かれました。この問題を解決するために、神はその独り子イエスをこの世に遣わしました。わたしたちの負債を支払い、全人類が受けるに値する罰をイエスが担うためです。

十二世紀のカンタベリーのアンセルムスが、代理の贖罪の神学を初めて系統立てて文書で述べました。『何故、神は人となられたか』でアンセルムスはこう述べます。「神に自分自身を捧げる上で、神の栄光のために死に至るまで自己を放棄する以上のことはありません」

十六世紀、ジャン・カルヴァンはこの神学を発展させ、神の憤怒と罰をさらに強調しました。『綱要』で「キリストの体は、我々の贖罪のために与えられたのみならず、彼はさらに卓越した代価を払いました。とがめられ、見捨てられ人間として霊的な苦痛を苦しむことによって……キリストは神的な過酷さに耐えました。キリストは、神の手によって「打たれ、苦しめられ」、報復のために激怒する神のあらゆるしるしを体験したのです」と述べています。

わたしたちの身代わりとなるためにイエス様は苦闘されました。イエスは祈りました。「父よ、この盃をわたしから退けてください」。しかしイエスは父を愛しておられ、その要求を引き受けられました。それが悲惨な死を意味しても。アダムとエバは不従順でしたが、イエスは従順でした。「わたしのではなく、あなたの御心がなりますように」。十字架上で、イエス様はわたしたちが受けるべき罰に耐え、わたしたちは自由とされたのです。

この神学を会衆に要約しながら、教会の人たちの表情を説教壇から眺めた。一定の人々にとって、これがキリスト教の核心であることをわたしは理解している。これが、かれらが愛され、赦され、自由にされたというメッセージだ。社会はかつて、そうした人々の自尊心の最後のかけらをもみ消した。侮辱、不正、残酷さによって、また教会指導者の言葉によって、自分は「屑にすぎない」と納得させられていた。贖罪における身代わりの理論が、かれらを奮い起こし、自信を取り戻させた。

その理論がかれらの人生にも価値があると語ったのだ。

この信仰を混乱させ、また、けなすわたしは何者だろう？　しかし説教をそこで終わらせるわけにはいかない、やむにやまれぬ気持ちだった。慎重に次の一歩を進めた。困難な土地を耕すために強く押している鋤のように説教壇を感じた。そこには不規則に地雷と薔薇の茂みが植えられていた。いのちを危険にさらす爆弾が隠された土地ではなく、いのちと美を養う土地であってほしいと願った。説教を続けた。

わたしは願うのですが、あなたがたには無限に価値があるという自覚を失わないでください。償うことのできないほどの耐え難い罪は存在しません。人生につきものの不正や屈辱のゆえに自分自身を屑のように見なすべきことはないのです。一人ひとりが神に愛された神の子です。この自覚が打ち砕かれるとき、神の憐れみが傷ついた心を癒やし、導くのです。しかしこの約束と信頼に違った道を通ってたどりつかなければなりません。

カンタベリーのアンセルムスがこの神学を記した一世代後、アベラールが「ローマの信徒への手紙」の解説でこのように問いました。「御自身の御子を殺した神の罪を誰が赦すのだろうか？」そう尋ねたのです。「代価として無実の者の血を誰かが要求するなんて、なんと残酷で邪悪なことだろうか。あるいは、罪なき者が殺されることを神が喜ぶなどとは。ましてや神が、この世との和解のために御自身の御子の死に喜んで同意することなどあるべきではない」

残酷な神のイメージに対する攻撃は、数世紀にわたって表明されてきました。一八〇五年、アメリカン・ユニヴァーサリストの説教者ホセア・バルーは『贖罪に関する論説』でこのように述べました。「偉大なるエホヴァが、ご自身の被造物によって気分を害され、イエスの死によってあるいは際限なき人類の苦悩によって、怒りをなだめられるという信仰は、数世紀にわたり宗教に反対する人の書物以上に、キリスト教に損傷を与えてきた。その間違いは、世界におけるキリストの宗教のいのちと霊において致命的である。そのすべての原理が、神のうちに生きると信じる者たちを怖がらせ、神の似姿に造られたと告白する者たちが、より残酷になった……」

虐待によって神はなだめられ、神は服従を欲しているとほんとうに信じているのですか？　神学がどのようにして人間の残酷さを正当と認めるのかを精査するとき、この問いは急務のものになります。

もし神が父親のような拷問者として仮定されるのならば、地上の親たちが暴力を行使して教えることが理にかなったもの、必須とさえなります。子どもたちは、自らを苦痛に服従させることを愛の形として理解するように指導されます。わたしたちの共同体で、閉じられたドアの向こう側で、配偶者や児童が虐待を受けています。虐待者は自分の行為を必要なこと、愛の規律として正当化するのです。「彼女をぶったのは、愛しているからだ」。「おまえのためを思えばこそ、やってるんだ」。神が服従を望んでおられると信じる児童や配偶者は、身体的あるいは性的な虐待を善いキリスト者であろうとして我慢します。

神への服従を徳と定義する神学は、抵抗という徳を抑圧します。夫にめった打ちにされた妻は、イエスが神にそうであったように、従順であるようにと助言されるでしょう。結局、エバが自身の不従順によってこの世界に罪をもたらしたのです。善良な妻とは、夫に服従し、夫は神に服従するのです。

「神への絶対的な服従は、危険を支持しない。なぜなら神は善であり、わたしたちに暴力的であるようにとは求めない」と言う人たちもいます。しかしこの弁明は、神が望んでおられることを人々が常に正しく理解していることを条件とします。わたしたちは誤りを犯しがちです。ある人たちは、聖書は誤りなき神の意図の啓示を提供すると主張します。しかし聖書は複雑で、多重な声が集められた文書です。聖書の教えとは、テクストそのものには存在しない画一性を押し付けることで調整されたものです。神の御心の唯一の啓示など存在しません。わたしたちは解釈の責任を引き受けなければなりません。従順は徳ではありません。それは責任の言い逃れです。宗教とは責任を行使させるものであって、わたしたちの内なる力を否定するようにと教えるものであってはならないのです。

不服従を罰する神は、抵抗することが聖なることであり、協力を拒むのが正しいとき、従順で忍耐することをわたしたちに教えるでしょう。

神についての異なるイメージに訴えて、説教を終えた。革命的な不服従と霊的な抵抗を喜ぶ神を理解する必要がある。イエス自身がそうだったのではないか——不正に立ち向かい、暴力によって高圧的となった帝国と衝突する危険を冒した預言者ではなかったか？

わたしは自問した。もしアノーラ・リードが抵抗を支持する神を信じていたなら、暴力を受け入れ我慢する代わりに、夫の暴力に逆らって抗議したのではないだろうか？　もし彼女の夫が神を、従順を強いる執行人だと見なさなかったなら、妻に暴力で従順を強制したりしなかったのではないか？　かれらの人生にはもっとチャンスがあったのではないだろうか？

受難節第二主日：自己犠牲の愛

第二週、こう述べた。不服従とは、人間の本質的な罪と普遍的に見なされるべきものではありません。

十九世紀のリベラルなプロテスタントは、怒りに満ちた、罰を与える神のイメージに動揺しました。贖罪における身代わりの理論を拒否し、十字架について違った理解を展開させました。『社会的福音の神学』でウォルター・ラウシェンブッシュは、罪と救いの概念に「霊的な影響として、最初に形成されたときの君主制の趣があまりにも強い」と論じました。「絶対君主制における第一の義務は王の意向に屈することである。神学の定義は、神への反逆をあらゆる罪に共通の特徴として叙述する。それは、独裁的な政府があらゆる侮辱を反逆と見なす用意ができていることを思わせる……宇宙は、星を散りばめた天蓋の頂点に神が立ち、我々はその下にいるような独裁的な専制君主のものではない。それは、我々の間に神が共におられる霊的な民主国家である。

ラウシェンブッシュは、罪を、人間のケアの絆に対する裏切りと定義しました。罪の根源は、神への服従を拒否するという反逆的な拒否ではなくて、根深い利己心にあります。罪は、隣人のニーズと幸福を無視し、自己中心的な欠乏を無頓着に満たそうとすることです。「自分の利益と野心を、仲間の繁栄と神の国よりも優先させるとき、我々は神に反逆し、神の御心を否定している。しかし神の国は我々を結びつけるものなのです」。利己心は個人的な欠点以上のものです。それは個人の限界を超えた悪で、社会体系のうちに制度化され、一定の個人は利益を得ますが、多くの者に不利益を生じさせ、虐げることになります。

利己心が人間の欠点の核であるのならば、その治癒は、他の人への愛情に満ちた気遣い、利己心の超越にあります。「救いとは、魂の自発的な社会化である」。個々人は、自己犠牲という新しいいのちに参入すること、自己について考えることなくただ他者への愛に生きることで救われます。寛容さを制度化すること、富を公平に分配する社会体系を創造すること、共同体の連携を維持することによって、社会は救われるのです。わたしたちが利己心を捨て、神と共に民主国家を建てるとき、天におけるように、地上に御国は来るでしょう。

自由なキリスト者にとって、イエスが罪の代価を支払ったことは重要ではありません。イエスが他者への愛に満ちた気遣いを体現し、隣人を愛するようにと招かれたことが重要なのです。イエスは当時の高圧的な支配者たちに立ち向かい、自分のいのちを危険にさらすことを恐れませんでした。他者を助け、擁護するために自己を犠牲にする愛ほどに偉大な愛はありません。

十字架上のイエスの死は、利己心の罪を克服するものでした。御自身のいのちを救おうとは微塵も思われませんでした。むしろ、福音書が告げるように、「自分の命を救おうとする者はそれを失い、誰でもわたしのために、また福音のために自分の命を失う者は、それを救うのである」(「マルコによる福音書」八章三五節)。

イエスの弟子は、その御跡に従うようにと招かれています。イエスと共に、自分の十字架を担い、私利私欲を捨てて他者を気遣うという重荷に耐えることを喜ぶべきなのです。イエスの助けと霊的な励ましのゆえに、どのような苦痛も、他者に仕えるという献身をまどわすことはありません。このようにして、わたしたちは全人類への神の愛を具現化するでしょう。

わたしが説教していたのは、自分の人生で聞かされていたメソジスト教会の神学である。子ども時代の大半、父と祖父がこのことを説教し、生き方で模範を示した。それは母も祖母も同じだった。かれらは驚くほど感動的に一貫して私利私欲のない献身を実践した。社会的・福音的キリスト教は、社会に対して癒やしと向上を約束し、この道を歩む者たちの人生に喜びと意義を与えた。これが、まさにわたしが理想とする善のイメージとなり、それに従うことに格闘した神学だった。この神学が、自主性について教え、わたしの人生を社会的な活動の伝統に結びつけた。

家族の姿に見つけた喜び、勇気、行動を手放したくなかった。わたしの母の父、アーンスト家の祖父は、誰もが敬愛するような人生への活力を持っていた。彼は家の中でボール遊びをし、子どもたちと床で取っ組み合いをして笑った。日曜の朝に説教するとき明るいテノールの声に力がみなぎり、説教に織り込まれるユーモアに会衆は笑いどよめき、その力強いヴィジョンに涙した。善き戦いを戦うために、神の国を地上に打ち建てるために人々を力づけた。クー・クラックス・クランにチャンスを与えないような御国。金持ちが宮殿に住み、飢えた者がパンを求めて叫ぶようなことがない御国。不屈の精神と確固たる信念を持って祖父は小さき者を気遣い、強い者と戦った。祖父は、屈託のない精神、妥協を許さない知的な探求、社会参加への情熱を歴然と示した。

アーンスト家の祖母も活気にあふれた人だった。幼い頃に教会で彼女の隣に立ち、使徒信条を唱和したことを思い出す。祖母はこう唱え始めた。「我は、父なる神を信ず、天と地の造り主、またイエス・キリストを信ず」、そこで彼女は口を閉じ、最後のフレーズになったときに再び唱和に加わるのである。「聖徒の交わりを信ず」。牧師の妻でありながら、みんなと同じにしないことに子どもでも深く印象づけられた。ある日曜日に聞いてみた。「おばあちゃま、どうして「処女マリアに宿り、陰府にくだり、死者の中よりよみがえり」って言わないの？」

「おや、まあ」とせわしげに我慢できないという風で「だって、理にかなってないでしょう」と言った。祖母は、スカートの裾をかがるように宗教に接した。表に縫い目が見えるようにかがることを教えた。その教えは明白だった。「縫い目がそろわないのに信じるなんて、そういうことをしてはいけないのよ」

父も同じようなことを教えた。わたしが十二歳のときに堅信礼のクラスがあり、父が先生だった。

棕櫚の主日の直前、生徒は一人ひとり呼ばれて、教会のメンバーになるかどうかを聞かれた。わたしは慎重に考えて、教会員にならないと父に告げた。母がわたしのために、堅信礼を含めて復活祭のための黄色いドレスを縫い終えていることは知っていたが、その事実は無視した。その上、自分の娘が異教徒のままであることを選んだために父が狼狽することも考えなかった。

しかしながら父は満足していない様子をまったく見せなかった。父は礼儀正しく述べた。「教会員にならない権利をあなたは持っています。しかしその理由を聞きたいと思います」

わたしは説明した。「まず、神様が人間を地獄に送るということを信じません」。リベラルなメソジストの薫陶の中で育ったわたしに、神が人を地獄に落とすと宣告することを肯定し断言する土壌はなかったが、わたしはどこかでこの考えを感じとり、それに反対したのだ。「神様がおられるのなら」とわたしは続けた「少なくとも神様は、わたしのお父さんやお母さんのように善い御方のはずです。わたしの両親は、永遠の地獄に誰かが落ちると罵るようなことはしません」。父はいかにもわかったような顔でうなずいた。

「その上」と、わたしは続けた。「わたしは、イエスがただ一人の神の子だとは信じません。誰もが神の子だと信じます」

父が尋ねた。「あなたが信じると述べたことを信じる人たちが、なんと呼ばれているか知っていますか？」。「いいえ」と答えた。わたしの異端的な考えに名前があることに驚いた。

「ユニテリアン」と父は言った。そして付け加えた。「神学において、わたしはユニテリアンです。

あなたの考えに賛同します。あなたはユニテリアンかもしれませんが、ユナイテッド・メソジスト教会のメンバーになることもできます。あなたがふさわしいと信じることを許容する余地があるのです。メソジストの創始者ジョン・ウェスレーは「同じように愛しあうために、同じように考える必要はない」という公理について頻繁に説教しました」

「まあ！」。わたしはそれを知って嬉しかった。「だったら、教会員になります」

それは六〇年代初頭だった。父は会衆に公民権運動に参加するように励まし、白人地区を撤廃する戦いで成功した。ヴェトナム戦争が悪化すると、父は戦争反対を説教壇から語った。わたしたちは大きな軍事基地のそばに住んでいた。父の立場は、教会の中の多くの軍関係の家族との間に論争をひき起こした。カンボジアへの爆撃にアメリカが関与していることを国務省が否定したにもかかわらず、軍関係者の妻たちから自分の夫が爆撃していることを父は聞き知っていた。違法な戦争で死んでいった夫や父親のための告別式を父は執り行った。家族の嘆きは、政府の二枚舌によって増し加わった。父は黙っていなかった。

父が敢行した社会的証言にわたしは心動かされ、父が子どもたちに教えたことに納得した。誰もが贈り物を与えられている。他者への自己犠牲的奉仕において、その贈り物を用いることで生きる喜びを見出すのだ。十代の頃、自分の人生の使命は何かという問いに取り組んだ。わたしは音楽を深く愛し、チェロの練習に時間をつぎ込んだ。しかしこの世界の苦しみの重さを思うと、芸術に捧げる人生は正当化されないのではないかと悩んだ。わたしは美学を学び、その燃えるような問いへの答えを哲学的に探した。美とは問題にすべきものなのか、それとも贅沢なのだろうか？　この探求はアルフレッド・ノース・ホワイトヘッドに行き着いた。その形而上的な著書、『過程と実在』は、美学を生の中心に据えていた。それは知的な探求への情熱を呼び覚まし、わたしは大学院でジョン・カブの指導の下、プロセス神学を学んだ。このことがやがて、わたしを聖職者の道に導いた。

わたしの思想を形成する、社会的証言、他者への奉仕、信仰における知的な責任という価値にわたしは深く傾倒していた。家族の宗教的伝統における勇敢な行動主義が、間違いに対して遠慮なく話すようにと命じた。勇敢であれ、という伝統を今こそわたしは必要とした。わたしの神学的な伝統の限界に立ち向かわなければならなかった。あらゆることのために勇気が与えられていたが、わたしの嘆きはわたしを解放するためには十分ではなく、そのために苦悶した。

夜に、悲しみのためにヒステリー状態になって牧師館の広間を行ったり来たりした。母親としてのわたしの腕はむなしく宙にさまよった。喜んで迎えられたはずの子は生まれなかった。他の人のことを思ってその子を手放した。愛のための犠牲はどれほど行っても十分ではなかった。わたしの結婚は、犠牲にもかかわらず、うまくいくようには見えなかった。

幾晩も、眠れずに祈った。「神様、一日のことは一日で忘れさせてください。どうか、この一晩、わたしを助けてください」。最悪に感じる時は「どうぞ、このひと時、助けてください」。祖父母と両親が形作った理想的な自分というものを失いたくなかった。愛する者はどのような苦痛にも耐える。わたしは、夫の愛情と思いやりを獲得しようともがいた。彼が示した侮辱と拒絶と裏切りを実感するにもかかわらず、愛し続けることができるようにと祈った。

「神様、何があっても耐え忍び、どんなことがあっても愛することをあきらめないだけの力をください。イエス様が教えた道に従うことができるように、恵みをください。赦すことができますように。忍耐ができますように。愛の誓いを守れるように助けてください」

ある夜、この祈りをしているとき、答えを受けとった。まるで神の声がしたかのように、沈黙の訴えの最中に答えがやってきた。その答えは単純で明白な「ノー」という言葉だった。

この「ノー」は驚きだったが、その意味を理解した。わたしの内なる、あるいはわたしを超えた何かしらの権威が、自己犠牲の愛を拒否したのだ。沈思し、祈りの内に、いのちの源が導く行方を知りたかった。

日曜の朝、わたしは会衆を注意深く見つめ、岩だらけで不規則に地雷と薔薇の茂みを持つ土地に説教という鋤をさらに押し進めた。

社会的福音の神学と同じ価値があるものとして、宗教が支持するすべてを支持する必要はありません。宗教は、女性の人生における中心的な罪が利己心ではないことを考慮できないでいます。まったく逆の可能性があります。女性にとっての罪とは自己意識がないことなのです。

女性は自分自身ではなくて、他者をケアするようにと文化的に条件づけられています。自分自身のニーズ、気持ち、野心、考えは善くないと信じているのです。この自己放棄のうちに、性差別的な社会構造に浸透している文化的な所定の役割を、女性は演じます。男性のニーズと考えは大切ですが、女性のニーズと考えはそうではないのです。キリスト教神学は、イエスの自己犠牲の愛を模範として提示し、性差別が神的に是認されていると信じるようにうながします。女性は、隠された社会的な処罰の脅しによって、自己犠牲の徳に縛りつけられているのです。女性たちはレイプに沈黙し、虐待を受けたことを否定し、人生が些細なことやあるいは他者への関心事によって消耗されることを認めてしまうのです。女性は人生を自分のものだと主張したことがないのです。女性は自分の身体の中に自分がいないかのようにして生きているのです。

中断して深く息を吸った。すべての会衆のまなざしがわたしに集中していた。わたしの言葉は、会衆の男にとっても女にとっても身に覚えのある経験を描写していたが、そのことを説教壇から聞くことには慣れていなかった。それらの言葉がどれほど自分の人生で現実味を持っているかをさらけ出す勇気はなかったが、説教を続けた。

女性が自分の身体の中にいないとき、親しい関係性は空疎なものになりかねません。セクシュアルな親密さにおいて、夫や恋人は不在を抱きしめているように感じるでしょう。女性自身が、自分が存在していると感じられないでしょう。そのような関係は喜びであることをやめ、はっきりと意識されない喪失となります。

聖書は、性差別が人間の堕落を生じさせることを示唆します。エデンの園を追放されたアダムとエバは、相互性の喪失という呪いを受けました。女は自分のセクシュアリティを痛みの起源として経験し、男が女を支配するのです（「創世記」三章一六節）。神からの原初の離反は、支配と従属の社会的体系の内に現れています。

わたしたちは神の怒りから、あるいは利己心の罪から救われる必要はありません。ですが、ジェンダーの社会化から救われる必要があります。それが、女たちに自己を放棄させ、男たちに従属者の奉仕を当てにすることを教えるのです。人間の絆における支配と従属の力関係が、罪の中心です。何がこの罪から救うのでしょうか？

十字架上のイエスの自己犠牲は、支配と従属を終わらせたでしょうか？　いいえ。イエスの十字架は支配の帰結であって、治癒ではありません。抑圧的なシステムがイエスを殺し、黙らせ、イエスに従おうとする者たちを脅しました。支配は今もこの世界で起きており、多くの人生から親密さと喜びを奪っています。

説教は多くの者の身につまされた。わたしの痛みも覆い隠されてはいたが、公共の場に参加した。

週の半ば、婦人の聖書研究クラスは、いつものように正午に開催された。子どもたちがまだ幼いときに、女たちが始めた会だった。しかし今や彼女たちも七十代、八十代で、集会も小さくなっていた。毎週の水曜日、四十年以上、弁当持参で教会に来て、聖書を共に読み、意見を交わしてきた。牧師は常に集会に出席した。

今週、サンドイッチの包みを開けながら、気まずい沈黙が流れた。婦人の一人がわたしのほうを向き、話し出した。「話しあったのですが、説教について言いたいことがあります。女が抑圧されていること、女たちに起きていることは暴力やレイプだと話すのはやめていただきたいのです」

「なぜ？」わたしはあっけにとられた。

急にいっせいに婦人たちは泣き出し、次々に話し出した。マリオンが言った。「子どもの頃、わたしは祖父母に育てられました。祖父は祖母をひどく叩くのが常でした。祖父が祖母を追いかけまわすので、祖母は死んじゃうんじゃないかと思いました。二人の間に割って入って、止めようとしたこともあります。そうしたら祖父はわたしを叩き始めました」。マリオンが怒りと嘆きを語る表情を見て、その緊張した声を聞いていると、その暴力は今朝、起きたかのようだった。

次にヴィオレットが話した。「結婚の日々、毎日、レイプされたわ」。わたしは驚き、「どういうことなの？」と尋ねた。彼女が言うには「結婚生活で、わたしが決定権を持つことは許されなかった。わたしの意見、願い、考えが尊重されたことは一切ありません。夫はわたしの願いに反して行動します。わたし自身の願いなどないのよ。それは、レイプだわ」

ジューン・エレンが語り出した。「怒っているとき、夫は一言もわたしに話しかけないの。ときどき、その理由さえわかりません。今、夫は腹を立てているわ。毎日、夫のために朝、昼、夕に食事をつくり、夜は夫と一緒に寝ます。でもわたしに一言も話さない。一か月もこの状態が続いています」

婦人たちの話に耳を傾けた後、わたしは尋ねた。「どうやって、そんな状態で人生を送っているの？　お互いに話したり、助けあったりしたことはないの？」彼女たちは互いに見つめあい、頭をふった。「そんなこと話したことないわ。初めてお互いに話したんだもの」

女たちは成人期のすべてを互いに知り合いとして過ごしてきたが、虐待の記憶と日常の屈辱の経験を隠しとおしてきた。教会学校で教え、婦人会を運営し、アフリカ、インド、中国の農業プロジェクトのために募金を集め、この都市の困窮者のために食糧と衣料の助け合い運動を組織し、教会の経済を支え、週報を作成し、聖歌隊で共に歌いながら――自分の日常的な痛みについて互いに話したことは一度もなかった。わたしの説教が、女たちの黙って苦しむ能力を混乱させたのだ。

「みなさんは、ご自分の経験について黙りとおすために、協力してほしいとおっしゃるのですね」。わたしはそう告げた。「ほんとうにそうしてほしいの？」彼女たちは、黙っていることがどんなことかについて語り出した。その会話の終わりに、女たちは泣きながら笑っていた。互いへの愛情と思いやりの暖かな空気が部屋を満たした。彼女たちは向き直り、こう言った。「女たちの人生に何があったかを説教すべきだわ」

受難節第三主日：十字架につけられた神の民

日曜日に会衆は、礼拝のために再び集まった。受難節の慣習として礼拝堂には何の装飾もなかった。紫色の布が質素な祭壇に垂れていた。礼拝の直前、わたしは式服を素早く身につけた。最初に、白い麻の説教用のアルバ［足元までの長さの衣服］、次に紫色の絹の生糸のスカプラリオ［袖のない長い外衣」）――優雅なエプロン――教会員がわたしのために縫ってくれたものだ。その中心に、釘と織り交ぜた荊の冠の刺繍がほどこされていた。説教するとき、その刺繍が胸の辺りに重なった。

先週、イエスの死を従うべき模範、自己犠牲の愛と見なすリベラルな神学について語りました。しかし自己犠牲は女たちを損なってきました。わたしたちは他者に愛情を注ぐことができず、自身が快適であること、自分を理解すること、自己の能力を成長させる権利を主張できないのです。これは、女性の人生にも男性の人生にも善いことではありません。すべての者を非人間化します。

解放の神学も、リベラルな神学と似たアプローチをします。しかしリベラルな神学が、自己犠牲の愛を強調するのに対して、解放の神学は抑圧と不正を終わらせるために戦うことを強調します。これは人生を非人間化する抑圧的なシステムに勇敢に立ち向かうことを意味します――たとえ暴力的な対立の危険を冒しても。

イエスは単純に自己を犠牲とする人間ではありません。この方は、革命的な活動家でした。イエスによって革命的な熱情が奮い立たせられるのは新しいことではありません。十五世紀、小作人にして神学者のトーマス・ミュンツァーはウェストファリア（現ドイツ）で武装した反乱を指揮しました。封建制度は一握りの者に便宜をはかり、大勢の者を貧困に追いやりました。ミュンツァーは、小作人の運命に従い高圧的な領主に奉仕しながら死ぬか、あるいは封建的な領主を打倒するために戦うか、だと述べています。小作人として従うことは「悪魔の殉教者」になり、戦うことは「キリストの殉教者」になるのです。

解放の神学者のすべてが、武装した反乱を主張するのではありません。しかし解放の神学者の誰もが、抑圧に抵抗する者が衝突の危険を冒すことを認めています。

ラテン・アメリカの解放の神学者たちは、キリストの殉教者を世界の希望、生きたキリストの臨在として語ります。ジョン・ソブリノは『解放者、イエス』において、抑圧的なシステムに対して苦闘する者たちの自発的な苦しみをこの世界のための「滋養」と呼びます。彼はこのように書いています。「(十字架につけられた人々は、) この世界そのもの、その罪深さ、しかしまた世界の赦しに気づかせてくれる。……十字架につけられた人々は、……とてつもない規模で十字架につけられたという事実によって、キリストの臨在を何よりも明瞭にする。……かれらはキリストの臨在を示す。なぜなら神の小羊のように、かれらがこの世界の罪を担い、そうすることですべての者に光と救いを与えるからだ」

いのちをおとしめるすべてから人々を解放するために、イエスのわざに参与するようにとわたしたちは呼ばれています。この任務において勇敢でなければなりません。解放の神学が喚起する戦いに賛同します。しかし暴力を承認し理想化すること、十字架につけられた神の民を栄光化することに依然として落ち着かない気持ちのままです。

自発的な苦しみと非自発的な苦しみという区別が問題を混乱させます。どちらの場合でも、暴力の加害者は同じ状態のままです。加害者は、抗議する者や抵抗する者であるという理由で人々を罰します。加害者は人々を搾取し支配します。自発的に戦う人たちは、暴力と苦痛に苦しみますが、自発的でない人たちもそれは同じなのです。結局、かれらは同じ理由で苦しみます。不正なシステムから利益を上げる権力者たちは暴力と抑圧と搾取を続けるのです。

抵抗は、抑圧的なシステムを中断させることができます。また広範囲な抵抗であれば、システムを打倒することもできます。抵抗は、変容力のある行動です。しかしそれは変革を引き起こす抵抗者たちに負わされた虐待ではありません。抑圧者の暴力ではなくて、直接行動が人々を救います。

活動家と革命家に向けられた暴力は、称賛ではなくて嘆きを呼び起こさなければなりません。反動と弾圧による痛みを肯定することは、加害者の存在を覆い隠します。殉教者の死を世界への滋養とたたえる言葉によって加害者が見えなくさせられてはならないのです。勇気ある抵抗と希望がこの世界に滋養を与え、変えるのです。これがあがなうこと、変容することなのです。

受難節第四主日：道徳的影響論

次の日曜日、解放の神学が十字架の力をどのように見ているかを明確にするために、十三世紀に戻った。

解放の神学は、いささか古い贖罪神学を擁護します。アベラールの道徳的影響論です。アベラールは次のような概念に反論します。つまり神は侮辱された封建領主で、その名誉は自分の息子の殺害により回復されるというものです。代わりに彼は、人間が自分の罪も、神の憐れみも、どちらも理解していないことを問題にします。神の子の死は人間に、残酷さと真正面から向き合うようにさせます。キリストの死を熟考することで、人は深い自責の念と悔い改めを心に抱くでしょう——とりわけ、キリストが敵に向かうよりも、暴力に屈する姿を見ることにより。悪に対して悪を差し控えるほどの偉大な愛は、神の憐れみと思いやりを啓示します。アベラールによれば、このことを理解すると、人間は神を拒否することをやめて、神の憐れみを受け入れようと心を開くのです。

合衆国での公民権運動の戦いの間、マーティン・ルーサー・キング・ジュニア博士は、争いを避ける平和なデモ参加者が暴力的な敵意に遭うことを知りました。敵意がこめられた投石や矢を自分の体で受けとめなさい、しかしやり返してはいけないとキング博士は述べました。敵は自分自身の間違いを理解するようになり、悔い改めるだろう、と。

抑圧者と不正なシステムに釈明を求める戦略として非暴力の実践は有効です。不正に立ち向かい、変革のために人々が危険を冒すという自発性から重要な変化が生じます。しかし公民権運動の間、暴力は続き、キング博士の暗殺もそこには含まれますが、人々を苦しめました。加害者の暴力を悔い改めに導くために、暴力を受け入れるという「道徳的影響論」の神学にわたしは困惑しています。この神学は、個々の暴力的な加害者が、他者の苦しみにより心を動かされるだけの共感と良心を持っていると想定します。また、この神学は悔い改めと神の憐れみを受け入れるために、個々の犠牲者を神の代理人と考えます。これは、加害者の悔い改めが、犠牲に苦しむ者よりも重要だということになります。

わたしの心の奥深くには、苦痛を与える男に、そのやり方を改めてくれるようにと懇願する女の姿があった。夫に苦痛を見てほしいと思っていなかっただろうか？　それは夫が与えた苦痛だ。その苦痛を見て、中絶の要求に応じたわたしに優しくなってくれるようにと期待したのではなかったか？　そうならなかったとき、自発的な中絶と喪失の悲しみに耐えるわたしがどれほど夫を愛しているかを夫は理解するだろう、と思わなかっただろうか？　この愛のゆえに離れることなく、夫は一緒にいてくれるのではなかったか？　わたしの美と善を見て、熱愛してくれるはずだったのでは？

愛についてのこの見解が頑迷であることは痛々しいほど明白だった。苦しむ殉教者の底流には敵意と傲慢さが流れている。彼女はより良く、道徳的に優れている。彼女は正しく、憤然として苦しむ。彼女はみじめにやつれ果て、彼が謙遜な心と情熱的な喜びで抱きしめてくれるのを待ちこがれる。たとえ彼が共感を示したとして、なぜみじめさが二人の絆にならなければならないのか？

やれやれとひそかに思った。これは病気だ。これは思い通りに操縦しようとする、まわりくどい方法だ。この戦略は他者の罪悪感を引き出し、負い目を負わせる以外に、わたしが何の力も持っていないことを前提とする。この方法は、人を苦痛で縛る。これは自由の戦略ではなく、束縛に転位する。うまくいくはずがない。

会衆に向かって、わたしはこう述べた。

裏切りと暴力によっていのちが破壊されるとき、宗教は、いのちに対する真実な尊敬を養う必要があります。暴力の加害者は人間性を喪失しています。それは犠牲者も同じです。社会変革への戦略は、痛手を受けた者が受けた抑圧の結果に取り組まなければなりません。加害者の回心のために犠牲者たちを奉仕者と見たり、その忍耐のゆえに犠牲者に栄光を帰したり、ほめたたえたりするのは十分ではありません。

犠牲者のために怒ったり、嘆いたりすることなしに、わたしたちは安易に自己犠牲に価値を見出そうとします。解放の神学はしばしば苦しみと犠牲の栄光化に逆戻りします。レオナルド・ボフは『キリストの受難、世界の受難』［*Passion of Christ, Passion of the World*］で記しています。「イエス・キリストのために神に向かって我々を開くことは、親のために子がそうするように、神のために自分を捨てることを意味する。ここに正真正銘の本物の犠牲がある。人間のいのちは存在論的に犠牲の構造を持つ。……人間存在は……他者に明け渡すことによってのみ、人間らしく生きることができる。……キリストが卓越した犠牲であるのはこの意味においてである。この御方は極みに至るまで、他者のために生きられた。その死のみならず、その全人生が犠牲だった。完全な譲渡である。この御方は、殺されなかったとしても、血を流さなかったとしても、犠牲だったであろう。犠牲とはそのようなことではない。犠牲とは自己を贈り物とすること、生と死の総合的な贈り物だ」

この神学は、虐待を受けている子ども、または打ちのめされている配偶者を無防備なままに放り出すことになります。神学は、自分自身であることと同時に他者のために生きること、両方のいのちが聖であることを教える必要があります。もし誰かの人生が、その関係性のゆえに搾取されたり、傷つけられたりするなら、倫理的な関係を回復させるための行動がとられ、損傷が補償されるべきです。そのとき初めてわたしたちの関心事は、被害者と加害者に平等に向けられるでしょう。そうでなければ、被害者にとっての加害者とは常に配慮の対象となります。逆に、被害者は決して自分自身の配慮の対象ではないのです。

神学は、暴力によって破壊されたいのちに癒やしの手を差し伸べる必要があります。サバイバーは癒やしを必要とします。単にシステムを変えるだけでなく、その人自身が自由にされる必要があります。

神学者たちは、犠牲者の苦しみが世界を癒やすと言いますが、苦しみの中にある犠牲者を誰が癒やすのでしょうか？　どのようにして犠牲者のいのちが回復され、あがなわれ、かれらの悲痛な苦悶が和らげられるのでしょうか？

受難節第五主日：魂の暗い夜

十字架の意味について語る、キリスト教神学の別の方法があります。死と復活において、イエスはいのちの道を示されたというものです。この道は、苦しみと絶望を通してわたしたちを新しいいのちに導きます。

キリストと共に死に、共に生きることについてパウロは語ります。イエスが十字架上で死なれたように、霊的な旅においても神からわたしたちを引き離すあらゆることに対して死ぬようにと要求します。プライドに対して、自分のやり方がベストだという確信に対して、執着に対して死ななければなりません。霊において新しくされる前に、霊的な死が必要です。

聖書クラスの婦人たちのことをわたしは思った。

ときおり、わたしたちは一つの信念を持って長い期間を過ごすことがあります。たとえば、自分の人生における痛みや虐待については話さないのが最善の策だ、というような。自分の信念にしがみつき、それに従って生きています。しかし何か些細なことがこの信念に挑戦し、そんな生き方は最善でないことに気がつくのです。わたしたちはこれを手放すと人生が粉々になるという自分の古い信念を擁護します。しかしそれにしがみつけないこともわかっているのです。人生がそれを手放すようにと願い、それゆえ手放すのです。自分を導いてくれた観念、生き方にしていたものを断念します。すると壊れて、死んでしまうように感じるでしょう。怒りと怖れと恨みがこみあげてきます。しかし手放すことで、より善いことへと心を開いたことに気づきます。恵みが与えられ、さらに豊かで自由で喜びにあふれた人生を歩いていることがわかります。復活を体験したのです。

十字架の神秘主義においてキリスト教は、死と復活の霊的なプロセスがキリスト者の霊性の大小の型であることを教えます。神秘主義者と聖者の人生においてこの霊的な死とは、時として長い苦闘――魂の暗い夜です。その暗い夜に極限に至るまでの人生の痛みに遭遇します。神がおられるという感覚を失い、絶望にもがくのです。

それを望むかどうかにかかわらず、人生は、わたしたちの幾人かをそのような場へと連れ出します。父親に殴られる、学校からの帰り道でレイプされる、軍隊に徴兵され、目の前で自分の親友が爆破されます。トラウマを抱えることになるのです。暗い夜に迷いこむのです――人間の暴力のすさまじい苦悶の中に。この霊的な死の場所からいのちを見つけようと苦闘するのです。「我が神、我が神、何故、わたしを見捨てられたのか」（「詩編」二二編二節）と叫ぶのです。

ある人たちは意図的にキリストに従い、人間の大きな苦しみの場所へと赴きます。霊的な献身として自発的にエイズ病棟で働き、難民を支援するために交戦地帯に出向き、ホームレスの世話をし、カルカッタの路上で見捨てられて死に行く者と共に暮らすのです。

死と復活の霊性は、キリストが死者の中から起こされたことを根拠にして、苦悩の旅が慰めに変わること、非存在が存在に、死がいのちに変容することを約束します。「嘆き続ける夜があっても、朝には喜びが訪れます」（「詩編」三〇編六節）

わたしはためらった。投げかけたいいくつかの問いがあるのだが、この神学のいのちを与える側面を取り去りたくなかった。

わたしは鋤を前へ押した。

この神学には霊的で倫理的な力があります。神はわたしたちと一緒に死の陰の谷を歩いてくださることを認めます。物事の深い所で、わたしたちがそのプロセスに信頼し、本質を見ることができるでしょう。「光は闇に輝き、闇は光に勝たなかった」（「ヨハネによる福音書」一章五節）。このことに信頼して人は現在の苦しみを受け入れ、人間の心を苦悶させるあらゆるものに直面して、仕えるという態度を表明します。

しかしこの神学は、いのちに仕えることができない場合があります。この神学は歴史的な暴力を霊的な真理と誤用することがあるのです。十字架上でのイエスの死は、霊的な照明ではありません。それは抑圧的な帝国による公的な処刑でした。この暴力の残忍さが神秘化され、霊的な肯定命題に吸収されてしまいました。

暴力の現実が霊的な教えに変質されるとき、何が起きるのでしょうか？

みなさんはそのように聞いたり、言ったりするのではないでしょうか？　自死した息子の母親がいたとします。彼女を慰めようと、こう言うのです。「このことには神様の目的があります。わたしたちを強くするために苦しみが与えられます。今はそう思えなくても、この経験に感謝するときが来るでしょう。このことを通して神様はあなたの信仰を強めてくださるのです」

そのような言葉は、嘆き悲しむ母親から子を失ったという現実を取り去ります。悲劇は、母親の教化のために神が計画された霊的な試練へと名づけ直されます。神が拷問の発信者になり、わたしたちを傷つけ、しかも慰める——倒錯した愛を送る御方になってしまうのです。

イエスの十字架が霊的な変容のプロセスの比喩、または神様の不変の実在の神秘的な照明となるとき、暴力が聖なるものとして正当化されます。この状況では、苦痛という刑罰は聖なる行為として上書きされます。暴力が、霊的な鍛錬として正当化されるのです。

この神学は意図的に痛みを培養するに至ります。たとえば十五世紀のジェノヴァのカタリーナは摂取すべき食物を拒絶することで、地上的欲求に死に、神への完全な信頼に生きることを学べると信じました。魂と身体の対話で、食物は重要なもので、パンを食べることをやめると身体に必要なものを忘れ、貧者のニーズに無感覚になってしまうと彼女の身体は反論します。彼女の魂は、パンを食べると、神への完全な信頼が取り去られると告げます。身体を救っても魂を失うなら、どんな善いことがあるでしょうか。魂がこの論争に勝利しました。カタリーナは餓死します。

苦しみに霊的な意味を与えると、神があらゆる苦痛の張本人にされてしまいます。その苦痛により、神は人を教化し純化するというのです。キリストと共に死に復活させられるという理解は、内的な浄化のために自分自身の一部を十字架につけたり、聖なる目的のために他の人を十字架につけたりすることへと簡単に移行します。

十字架の神秘主義は、暴力が人々を変容させるための神の手段、偉大な霊的至福への献身だと教えます。霊的な栄光のもやによって人間の暴力の現実を曇らせるのです。

神様は、人間の暴力の創造者ではありませんし、虐待と拷問を認められません。自分自身に苦痛を課すことは高潔なことではありませんし、他者にそれを課すことで教化や変容は起きません。鞭を惜しめば子を駄目にするのでもありません。子どもや自分自身をたたくことは、信仰が篤いことではないのです。

もっと公平に痛みに取り組むべきです。嘆きと喪失の中にあるとき、神様がわたしたちを試しておられる、あるいはわたしたちにまだ理解できない祝福を与えようとされていると言って、自分自身を慰めるべきではないのです。神による正当化なしに、痛みに向かい合うべきです。

人間の虐待と暴力の現実を覆い隠すことなしに、全身全霊で嘆くこと、そして前に進むことを学ぶ必要があります。

魂の暗い夜にはそのような困難さがあります。慰めも、保護も、暖かさもない夜です。T・S・エリオットは『四つの四重奏』で次のように表現しました。


わたしは、わたしの魂に言ったのだ。静かにして、闇が来るままにしていよ。

神の闇なのだから。

……希望なしに待つのだ。

希望は、間違ったことを希望するのだから。愛なしに待つのだ。

愛は、間違ったことを愛するのだから。しかし信仰がある。

信仰と希望と愛は、すべて待つことにおいて存在する。


説教の後、教会は静かだった。わたしは聖杯布を元に戻した。礼拝後、いつものように人々はわたしと握手したが、当惑していた。教会の強力なメンバーの一人で、神学書に精通し、社会的な活動家であり、祈りの人であるその人は言った。「あなたが示唆したように行えるという確信を持てません。あまりにも多くのことを削ぎ落とすように求められて、つらいです」

教会の別のメンバーは、いつものように思いやりにあふれていたが、怒っていた。いつものように親切に暖かくわたしの手を握ったが、このように言った。「心から語るべきだと言うのはわかっています。でもこの世界のあらゆる暴力と痛みについて聞くために教会に来たのではありません。わたしは苦痛から一息、逃れるために教会に来るのです。もうここには来ません。家の近くには別の教会がありますから。その教会で、慰めと励ましの言葉を聞けると思います。あなたのことも、この教会のことも祈りに覚えます」

最近、教会に来始めた人は、わたしと話せないかと尋ねた。夕方の新来会者のためのクラスでもう一度、彼に会った。「この教会が気に入っていて、メンバーになろうかと考えていました。しかしあなたはあらゆることを疑問に付します。あなたは何を信じておられるのですか？　わたしは頼りになる信仰が必要なのです。わたしが立っている絨毯を引き剥がすような信仰ではなくて」と彼は言った。

教区民の反応にはつらい思いをした。自分の課題を不公平にも押し付けているのだろうか？　かれらの宗教的な理解力を強めるのがわたしの責務だったのに、それを一つ一つ取り去ってしまったのだろうか？　わたしは極端すぎたのか？

司教メルヴィン・トルバートが教区の牧師たちに与えた勧告を思い出した。「教会の人たちを愛しているなら」と彼は言った。「真理を語れ。かれらを怒らせることを怖がって、手加減してはいけないよ。かれらが献金を控え、ここを去るとおどしても――自分の立場を堅持するんだ。わたしが援護する。献金も教会員の数も、真理を語るという義務ほどに重要じゃないんだ」

受難節第六主日：十字架につけられた神

受難週の儀式が始まる前に、もう一度日曜日が残されていて、わたしが精査したい十字架の神学が、もう一つあった。

イエスの十字架は、わたしたちの苦しみの中に神が共におられることを示しています。これが、十字架につけられた神の神学が述べることとです。十字架上で、神は人間存在の十全な意味を経験されました。人間であることには、屈辱、裏切り、身体的な苦痛、見捨てられること、孤立、希望がくじけることが含まれます。十字架において、神はついに人類と十全に一つとなられたのです。これが贖罪〔at-one-ment, 一つになること〕です。神は人間の悲しみの心臓部分をご存知なのです。なぜなら神が「死に至るまで、十字架の死に至るまで」、わたしたちと完全に結ばれたからです（「フィリピの信徒への手紙」二章八節）。

この神学的主張は、人間、特に暴力と虐待に苦しむ者に神的同伴者を提供します。抑圧された者と共に神がおられることを告げます。神は最悪の事態をご存知なのです。神が経験されなかったことで、人間に起きたことは何もないのです。

わたしが天に上るとき
あなたはそこにおられる
わたしがシェオル［陰府］に横たわるとき
あなたはそこにおられる
曙の翼を持ち
最も遠く離れた海の境界に行っても
そこでさえあなたの御手がわたしを導く（「詩編」一三九編八―一〇節）

悲しみに打ちひしがれるとき、または虐待から逃れる道を見つけようとするとき、十字架につけられた神の神学は深く語りかけます。それは、痛みを、そこから何かを学ぶべき神からの祝福だと述べることで最小限に抑えることはしません。わたしたちの苦しみが誰か別の人を助けるとも、誰かの贖罪になるとも述べません。暴力の現実を否定することなく、それと取り組みます。神は暴力を神秘化したり栄光化したりしません。わたしたちの苦悶を十全にご存知なのです。

しかしこの神学は慰めを与えるにもかかわらず、どこかよそよそしいのです。神の不変の実在を人間にわからせるために、イエスは十字架上で死ななければならなかったのでしょうか？　ユルゲン・モルトマンはその著書『十字架につけられた神』でそのことを論じています。十字架上での神の憐れみといつくしみの行為は、受肉した息子に父親がすべてを注ぎ出すことで、神の完全な自己殲滅となったと述べます。このことにどんな希望があるのでしょうか？　愛とは他者との完全な同一化という理由で、神が聖金曜日に死んでしまわれたとしたら、神と共に死に閉じ込められた人間存在をどんな力が自由にするのでしょうか？　愛とは、ほんとうに自己の境界を消滅させることなのでしょうか？　愛の究極の表れとは自己を殺すことにあるのでしょうか？

この神学はまだ区別化されていないわたしの苦悩の、息のつまるような死の激痛となった。身に覚えがあることだが、名づけることがなぜかできなかった。それに名前をつけることができたのは数年先で、少しばかり長く生きて自分の人生に直面したときだった。当時は、十字架につけられた神は解放者でもあがなう者でもないことだけはわかっていた。

ハドリー・バスクがわたしをランチに招待した。説教を聞いていて、応答したかったのだ。ハドリーは会衆の中で未信者の一人である。彼はアーティストで、ダウンタウンのホームレスのための緊急避難所で働き、教会の中では活動的だが、どんな神学も受け入れなかった。わたしはハドリーを面白いと思った。彼と話すと、学ぶことがあるからだった。

「俺は朝鮮戦争で戦争捕虜となった」と彼は話し始めた。「収容所に二年いたぜ。冬はひどかったな。北朝鮮の冬は格別、寒かった。雪も降った。地面が凍ったのさ。薄い板の、隙間風の入る兵舎で薄い毛布一枚で寝なければならなかった。冬に、守衛が兵舎の中で炭火を起こした。俺たちの目の前でかれらは炎の前に立ち、暖を取るんだ。そうしたければ、毛布にくるまって炎のそばで寝ることもできた。守衛たちは気にしなかった。

どの捕虜が希望を失ったかいつでもわかったよ。炎のそばで寝る奴だ。そこは暖かいからな。寒さに震えながら夜通し過ごさなくて済む。しかし暖まることで、抵抗する力が弱まる。炎のそばで寝た奴は病気になった。肺炎だか、流行性感冒だか、神のみぞ知るだ。しばらくは生き延びたが、それまでだ。死んじまうのさ。

生き残った俺たちは——炎のそばでは決して寝なかったね」

テーブルを挟んでわたしはハドリーを見た。沈黙が流れた。レストランの喧騒がわたしたちを囲んだ。炎から離れて眠るとどんな風に感じるかはわかっていたつもりだが、それが生き残る道だとは知らなかった。

わたしは会衆に、炎のそばで眠るのをやめるようにと語った。あらゆる十字架の神学が暴力を神秘化し、偽りの危険な慰めを与えるものだというのが論点だった。わたしの内なる炎は、たゆまぬ関心を持ってこの世界の暴力と真っ向から取り組んだ。神学は暴力を覆い隠し、人々にそれに耐えるように教えた。キリスト教が暴力の現実を否認することに愕然とした。

古い典礼にあるように「全世界の罪のための完全な犠牲」として十字架上のイエスを見上げることはできなかった。そこに愛を理解することはできなかった。死と復活の心理的なプロセスの内面化された模範を見ることはできなかった。信仰者の霊的な教化のために、神が課した痛みを見ることはできなかった。十字架上のイエスをそのように見ることは、結局、女たちと子どもたちに犠牲的な暴力を強い、苦しみと痛みを安定化させ、喪失を認めないことだった。パートナーに一千回の犯罪を強いることとなしに、悲しみの人［イエスのこと］を見つめて神に感謝をささげることはできなかった。

イエスの実際の歴史的な出来事は甘いものでも、救いとなるものでもない。イエスの時代、ローマ人が全パレスチナを占領していた。ローマ帝国は小作人に重税を課し、小作人が放棄した土地を没収し、少数の支配者層の要求と欲求に奉仕するためにエルサレム神殿を取り込んだ。エルサレムのローマ人とその内通者たちは、ガリラヤの小作人たちには評判が良くなかった。かれらはいろんな方法で抵抗した。ガリラヤでユダヤ教の教師だったイエスは、ローマ人の搾取と文化的支配に対して教えと癒やしで抵抗した。彼の周りに共同体が生まれた。

ローマ人は、地元住民をおどすことで抵抗を鎮圧した。十字架は最も残忍な死刑の方法だ。衆人環視の中、恐怖によって教訓を学ばせるのだ。十字架につけられる者は、義務や奉仕から逃げ出した兵士や奴隷、あるいは国家の敵、特に政治的暴動や抵抗を煽動した者たちだった。イエスは起訴された通りに有罪に見えた。エルサレム神殿に対するイエスの示威行動は、ピラトによって暴動と解釈された。ピラトは、公的なプロジェクトのために神殿の宝庫の蓄えを使った。ポンティオ・ピラトは残酷なことで悪名高かった。ピラトと同時代のフィロンは、ピラトを「激怒し、不埒に傷つけ、いつも裁判なしで処刑を繰り返した」と描写する。イエスは、むち打ちの拷問の後、暴力によって死んだ。むち打ちは肉体に深い切れ目を入れ、犠牲者は十字架上で数日間、血を流し続けて死に至る。多くの場合、犠牲者は十字架に縛りつけられるが、イエスは釘で打ちつけられた。十字架に吊るされる最悪の方法だ。セネカは以下のように述べている。

すみやかにことされるのではなく、爪先に至るまで無駄に痛みを感じながら、あるいは自分のいのちを一滴ずつ失いながら死ぬのを好む者がいるだろうか？　呪われた木に縛りつけられ、長い時間、吐き気をもよおしながら、ひどく変形させられ、肩や胸の醜いみみず腫れに苛まれ、延々と続く激痛の最中に息を引き取ることを自発的に受け入れる人がいるだろうか？　十字架にはりつけられる前に、死ぬことへの弁明を必ず行うだろう。

イエスは比較的すみやかに亡くなった。それは傷が深かったためであろう。

イエスがいないことは痛切に感じられた。イエスに従った者の多くは、悲しみと恐怖にとらわれて散っていった。一握りの女たちが、遺体の世話をするために彼が葬られるのを見た。彼女たちは深く嘆いた。数年にわたり、リタとわたしはイエスの死の意味を熟考した。イエスの死を救いのための歴史的な必然だったと述べることは、政府によるテロリズムは善である、拷問と殺人は神の意図であると言うに等しい。イエスを愛し、その不在をさびしく思う者、イエスの死を望まなかった者たちが誤りで、イエスなどどうでもいいと見なす敵が正しいことになる。ローマ当局が倫理的に正しいことをしたと考えることはまったくできない。自分のために誰かが拷問を受けたり、殺されたりするのを感謝したり、喜んだりするだろうか。西方キリスト教の支配的な伝統は、イエスの苦しみとその共同体から目を背け、十字架上の人間を見捨てたのだ。

贖罪神学には国家の暴力が伴い、それを私的な暴力、父なる神と子なるキリストの間の個人的で霊的な取引として再定義した。贖罪神学は、この私的な暴力がいのちを救うと述べる。この再定義は、国家の暴力を私的な暴力で置き換え、私的な暴力を聖なるもの、救済と見なす。私的暴力は罪に決着をつける。私的暴力の聖なる仮面の下に、国家の暴力が姿を消す。

受難節の日々が終わりに近づき、聖金曜日がやってくる。教会での聖金曜日の礼拝の準備をわたしは始めた。聖歌隊は、「哀歌」にちなんだ、ジェズアルドの曲「おお、すべての人よ」のリハーサルをしていた。

道行くすべての人よ

なんとも思わないのでしょうか？
わたしの悲しみのような
そんな悲しみがあれば、ご覧ください。（「哀歌」一章一二節）

その合唱曲は、直視し、嘆くようにと求めている。これがわたしたちに必要なことだ。灰の箴言でその苦悩を和らげることなく、悲しみの人を見つめることが必要なのだ。その苦しみはユニークなものではない。イエスの悲しみに似た悲しみはあるだろうか？　その通り。至る所に。あまりにもたくさん。

聖金曜日の礼拝は、古いテネブレ［受苦日］典礼の闇による儀式に沿ってシンプルにすることにした。祭壇には七つのろうそくを灯せる枝つき燭台を設置した。夕方、礼拝堂を照らすのはこの燭台だけだった。

イエスの十字架を語る聖書箇所が朗読された。裏切られ、見捨てられ、侮辱され、拷問にかけられ、苦悶の叫びをあげ、あきらめ、ついに、死に至る様子を聖書は告げる。だんだんとろうそくを消していく。それぞれの聖書箇所が朗読され終わると、燭台の灯りが一つ消される。福音書の朗読と一緒に、現代の公的また私的な十字架の恐怖のテクストも朗読された。ホロコースト、児童の虐待死、わたしたちの共同体での女たちへのレイプと殺人、カンボジアの戦場、環境破壊による生物の死。

イエスの愛の犠牲に対する感謝の祈りはしなかった。神の恵みといつくしみも賛美しなかった。自分の十字架を担い、イエスに従い、自分自身を犠牲としてささげる約束もしなかった。音楽は悲しみと嘆きを表した。苦悩する預言者エレミヤの声にわたしたちは唱和した。

わたしの頭が水の源であったなら
わたしの目が涙の泉であったなら
昼も夜もわたしは泣くでしょう
わたしの民の虐殺を！　（「エレミヤ書」八章二三節）

炎も灯りもない闇が降りてきた。古い伝統では、希望を象徴するものとして、祭壇の後ろに燃えるろうそくを一本だけ隠しておく。この世界のゴルゴタに、思いやり、いのち、神的な臨在、聖霊の光が残されているだろうか？　最後のろうそくを消した。わたしたちは一緒に夜の中に出て行った。言葉もなく。炎を離れて。

第二章　喪失に取りつかれて――リタの物語

バビロンの川のほとりに座り
シオンを思い出しては泣いた
そこの柳に琴をかけた
わたしたちを捉えた人たちが
歌を求めたからだ
わたしたちを苦しめている人たちが浮かれ騒ぎたくて
「俺たちにシオンの歌を一つ歌ってくれ」と言った
外国にいるというのに、どうして主の歌を歌えるだろうか

「詩編」一三七編一―四節

　私がスクールバスに乗ろうと一歩足を踏み入れたとたん、二本の三つ編みのあいだの後頭部に刺すような痛みを感じた。後ろを振り返った。すぐ後ろに背の高い、太った白人の少女が立っていた。その真っ赤な顔は赤い縮れ毛で縁どられ、細く青い目は怒りに燃え、きつく結んだ口は嫌悪をあらわにしていた。振り上げた拳に握られたとがった鉛筆が、私の目に向けられていた。

「二度と私より先に乗るんじゃないよ、薄汚いジャップめ！」と彼女は怒りをこめたささやき声で言った。

　少女の怒りと暴力に驚いた私は、急いで目をそむけ、バスから降りた。そのような屈辱的な行為の標的にされたことが恥ずかしく、少女に対し――少女が自制心というものをほとんど持ち合わせていないことに――ややばつの悪さを感じた。私はトイレで頭の血を洗い流し、静かに自分の教室に入っていった。

　一九五七年、私は二年生の最初の日を楽しみにしていた。一年生のときは別の学校に歩いて通っていた。バスに乗るのは初めてだった。少し大人になった気分だった。

　私はその日一日中、自分の身に起きたことについて考えた。あんな怒りを買うようなことを自分がしただろうか。前にいた少年を見習ってバスに乗っただけなのに。順番に乗って、暴力を引き起こすような人は他にいそうもなかった。敵意を抱くような人間がいることをどう説明したらよいのか考えあぐねた。学校まで歩いたらどのくらいかかるかを考えた。道に迷うかどうかも。私はカンザス州フォートライリーにある自宅のアパートから、丘の上にある学校までの道を知らなかった。

私の学校への期待感は薄れた。代わりに不安と困惑が生まれた。日本人であることの何が悪いのか？　他の子どもたちを見習ったことが自分への暴力を引き起こしたのだとしたら、どうすればよいのか？　日本人であることに別の隠れたルールでもあるのだろうか？

翌朝、母のアヤコは、私の髪の毛をとかしていたときに、頭の傷のことを尋ねた。私は恥ずかしかったうえに屈辱を感じていたので、ほんとうのことを言えなかった。校庭で転んで頭を打っただけだと言った。母に心配をかけたくなかった。起こったことを、そして困惑や不安、悲しみをどう説明したらよいのか、言葉が見つからなかった。そうした感情は私の心の奥底に留まり続けた。

私はバスに乗ることにした――学校まで歩くことはできなかったからだ。あの太った白人の少女と鉢合わせしないよう、用心した。他の誰かより前にバスに乗るときには、乗る前に必ず後ろを見ることにした。席が空いているかぎりは、バスの運転手、メルヴィンという名の親切な黒人運転手のすぐ後ろの席に座った。彼なら私に悪いことが起きないようにしてくれるだろうと思ったからだ。毎朝バスに乗るときには、おはようございますと彼に挨拶をした。一日が終るときには、「また明日」と互いに挨拶を交わした。

名前がないという問題

　学校で子どもたちはときどき私をチンクやジャップと呼んでは、両目の端をつりあげてからかった。かれらの嘲笑は休み時間が地雷源だった。やがて私は、たちの悪い子どもが誰であるかがわかってくると、かれらを避けた。けれど、それは難しかった。私は日本が恋しくてしかたがなかった。生まれてからの五年間を日本で暮らしていたからだ。そこでは私を虐待する人間はいなかった。どうすれば七歳の子どもが、いつやってくるかわからない、わけのわからない敵意から身を守れるだろうか。

　その答えが見つかるまで長い年月が必要だった。私は憎しみの矢から自分を守るのに、ブロンズの肉体を作り上げた。軽蔑のとげ、つまりは軽蔑という屈辱なんてどうってことない、憎しみを抱いたりはしない、と自分に言い聞かせた。いずれは凍る、消化されない塊のように、私の痛みは心の奥底に沈殿していた。私は嘲笑を誘うようなことは何もしていないし、自分を辱めるようなこともしていない、と自分に言い聞かせた。自分の傷つきやすさを軽蔑した。自分の盾の後ろから外を見るかぎり、自分の中の痛みを否定することができた。自分の弱さを軽蔑できれば、恐怖や絶望、ホームシックに陥らずにすんだ。

　今でも傷つくと、その盾の後ろに身を隠すことがある。冷静さを装うことができるからだ。他者に付け入らせないように、感情をひた隠しにする。冷淡になることも冷酷になることもできる。自分の痛みを黙殺し、最初はまず怒りに訴える。怒りによって他者を責め、ブロンズの表面から痛みをそらす。私の他者への共感能力は消える。そうしてカンザス州で日本人であるという子ども時代を乗り越えたが、あの太った白人の少女に負けたと思うこともあった。

神学者になってしばらくしてから、私の宗教への興味やイエスになされた暴力への関心が、子どものときに経験した人種差別に基づいていると気づいた。結論として、キリスト教の神学的伝統では、トラウマを強化するように、イエスの人生を解釈しているということがわかった。私は子どものときに受けたトラウマ的な出来事によって孤立していた。宗教的伝統では、イエスはたった一人の救い主、神とのプライベートな関係をもった唯一の救い主として孤立している。イエスは両肩に救済を背負った、他を寄せつけない、ユニークな存在として描かれている。イエスの他者との関係は、他者がイエスを必要としているのに、イエスのほうは他者を必要としていないかのように、父権主義的に描かれている。救われるには、イエスと一対一の関係を持ち、イエスが私を必要としていなくても私のほうがイエスを必要としているようでなければならなかった。

私は自分の経験から、そうした孤立した関係には恩寵のようなものはない、とわかっていた。イエスを相互の関係から切り離すことは、暴力のトラウマを癒すことなく抱え続けることだった。私の神学的関心は、脆弱さや相互依存性、率直さが愛を表し、これらの愛の絆が神の臨在を表すにはどうすればよいかにあった。もしイエスがそのような絆を持たず、孤立していたとしたら、恩寵を表すことはできないはずだ。

私の家族は感情を表さないという点で、太った白人の少女と同じだった。アメリカ人の子どもたちが示した軽蔑の念は私を当惑させたが、それは母も同じだった。母は日本人であることに誇りを持っていたが、その誇りには反感の影がうっすらとさしていた。私が七歳のころ、母と二人でカンザス州ジャンクションシティの通りを、この小さな町のたった一軒のアジア食料品店をめざして歩いていた。この店は近くの米軍基地の兵隊のアジア系の妻たちを顧客として繁盛していた。いかにもアジア系とわかる女性と娘が角を曲がって、私たちのほうへ近づいてきた。自分たちとそっくりの親子を見て私は小躍りした。「お母さん、見て、日本人よ！」と私は嬉しそうに言った。「朝鮮人よ」と母はピシャリと言った。「薄汚いジャップめ」と言われたときと同じ声のトーンで。どうしてその違いがわかるのだろうか、そんな敵意を抱かせる理由が朝鮮人にあるのか、私はいぶかった。

一九五〇年代の私には、人種差別を拒否する言葉はなかった。私の家族はアジア人への人種差別を理解してはいなかった。話題にすることもなかった。自分で説明することもできなかった。高校に入って、人種差別について学び始めたけれど、それは黒人対白人の問題で、奴隷制に関連するものと教えられた。私は自分をアメリカというイメージの中に置かなければならなかった。父のロイは白人だったので、人種差別を白人の問題として関連づけた。私は人種差別に立ち向かう責任を受け入れた。黒人に代わって人種差別に反対した。人種差別を、アジア系アメリカ人や、自分に対して向けられるものと理解することはなかった。

私は一度、父と大げんかをした。学校で会った黒人の男子とデートをしたときのことだ。十七歳ぐらいのときだったと思う。そんな少年と会ってはならん、と父は強く言い放った。玄関のドアと私のあいだに立って、聖書から、「自身と同じ種族にしたがえ」という創世記［一章二四節］の一節を引用した。

「お父さんはどうなの」と私は言った。「人種の違う女性と結婚したじゃない」。父は一瞬驚いたようだったが、そっけなく「それとこれとは違う。お母さんは黒人じゃない」と言うと、立ちふさがるのをやめた。私はデートに出かけた。

私は人種差別についても、私や母についても、父の反応が間違いであることがわかっていた。父は私と母が同じ人種のふりをし、私たちが栄誉ある白人であってほしいと考え、白人のように振舞うことを望んでいた。けれども、うわべだけ取り繕っても、それが嘘偽りであることは、アメリカ人の学校での私の経験が物語っていた。父がいくら否定しても、自分が白人だという感覚は持てなかった。白人であることがどんな意味を持とうとも、私の外見が白人でないことは明らかだったし、世間は私を非白人と見なしていた。

初めて会った人が私の顔をまじまじと見て、「君は何？」「どこから来たの？」とうんざりするような質問をしてくる、という不愉快な体験をすることもよくあった。それがどういう意味か私にはわかっていた。つまり、私の外見は、見たことのない、よそ者の、馴染みのないものだということは明らかだった。私は心底、同じ人間になりたかった。なのに、皆はどうして、同じ人間ではない、と私に言い聞かせなければならなかったのだろうか。

私の混血の外見はあいまいだった。私は何か特別な外見をしていたわけではなく、「アメリカ人」ではなかっただけだ。自分でもよそ者に見えるのだから、どうして皆を責めることができるだろうか？　私は金髪で背が高くなりたいと願っていた。それが私の考える「アメリカ人」だった。鏡の前を通るたびに、鏡に映る自分の姿に驚いた。一日中、毎日、目に入るのはほとんど白人の顔だった。鏡に映る浅黒い顔は、自分でも驚くような顔だった。私は違いを強調するようなエキゾチックな民族衣装ではなく、母の手縫いの、雑誌『セヴンティーン』から抜け出たような、型通りのフェミニンな服を着ることによって、アジア人の外見を帳消しにした。服装のセンスはあるとは言えなかったが、すべて「アメリカ人」の少女が着るだろうと思うものを着た。

思春期になると、白人の男の子たちが「芸者」に言及して、マッサージはできるかと尋ねてきたり、いかにもそれらしく流し目で、白人の女の子にはできないエキゾチックなことをやってくれないかと言ってきたりした。そんなふうに注目されるのは嬉しくもあり、同時にまた、別に自分に興味があってのことではないと分かっていた。男の子たちの行動は異性愛の思春期のデートを奇妙で、複雑で、冒険に満ちたものにしていた。そんなかれらの私への興味をまともに受けるつもりはなかった。大学に入ると、ようやくこうしたゲームから解放された。私の専門分野が宗教学だと言うと、白人の男の子たちのまなざしは曇り、どこか別の方向に向いてしまうのだった。きっと私が修道女になろうとしていると思ったにちがいない。私にはそのつもりは毛頭なかった。けれど、私自身が暴力に対して宗教的な答えを得たい気持ちと相まって、白人男性の、獲物を狙うような態度から身を守る必要はなくなった。

孤立と郷愁

私はアメリカでうまく専門職に就くことができた。宗教的なコミュニティも得られた。優れた男性数人と恋愛もした。けれど、いつも何かが足りないし、自分が存在していないような気がしていた。アメリカで歓迎されていないような居心地の悪さが、ブロンズの肉体に隠れた、弱い自分をさらけ出した。自分の守る殻という孤独をめったに吟味しなかった。でも、実際は心の飢えを感じ、捉えどころのない、漠然とした、それでいながら自分に欠けている何かを切望していた。神学の道を選んだのも、自分に欠けているものが見つかると思ったからだ。

自分の痛みや孤立感は日本を失ったせいだと考えた。日本人であるということが、アメリカでは説明できない敵意の的となった。私はその痛みを傷つけられないですむ盾のうしろに隠した。自分がアメリカ人としての自己と考える、自信にあふれた、苦痛などものともしない自分を演出した。

その盾の影には日本人の自分、ほんとうの自分がいた。けれど、人生の大半にわたって、自分の孤独を誤解してきた。私が経験した人種差別という暴力は私が日本人だったからで、自分が孤立した理由を日本のせいにした。他者の憎むべき行為のせいではなく、自分が他人と違うから孤立しているのだと考えた。

もし私が日本の総じて感情を表に出さない文化圏にいたとしたら、たぶんストイックなまでに痛みをこらえることを、家族に理解してもらえただろう。もし私の沈黙や、陽気な振る舞いを理解してくれる人がいたら、こんなにも孤独を感じ、誤解されていると思うこともなかっただろう。けれど、母と私が同一言語を流暢に話すことはもはやなかった。

人種差別は大きな心の痛手となったが、痛みは、他と違うということからも生じた。日本人として育てられたことは、しばしばアメリカの文化とは相容れなかった。子どものころ、アメリカ人の遊び相手にいっしょに外で遊ぼうと誘われると、まずはその誘いを断った。するとアメリカ人は私を置いて出かけてしまった。日本では、礼儀正しい人間ならば、まずは誘いを受けないのが普通だった――最初から誘いを受けるのは自己中心的で無礼なのだった。遠慮と思慮深さから、最初はノーと言わなければならないし、二度目の誘いでもノーと言わなければならないこともある。このように断る過程は、誘う側と誘われる側が社交の礼儀や相互理解を維持するためにある。もしもその誘いが社交辞令で、不都合や個人的な犠牲を意味するのであれば、二度目に断るとき、その誘いを、残念そうに引っ込めることができる。私は子どもの時分、自分が嫌われてると信じこんでいたので、心底から誘われているとは思えなかった。

どうしてアメリカでは二度目や三度目の誘いが無いのだろうか？　しばらくすると、自分が仲間外れにされることにうんざりした私は、最初の誘いを受け入れるようになった。けれど、そうすることは恥ずかしかった。相手に好かれているのか、それともがまんして自分と付き合っているのか、はっきりわからなかった。私は孤独で不安だった。自分は無礼で自己中心的だと感じた。不安を隠して、陽気で快活に振る舞った。痛みと困惑に苛まれた私は、ひそかに日本への郷愁、自分を愛し理解してくれた人たちの個人的な思い出にすがりついた。

じいちゃんとばあちゃんへの道

私が子どものころの日本は暴力によってずたずたになっていた。第二次世界大戦の終るころ、日本人市民は皆、国のために尽くし、破滅と屈辱から国を再建することが期待された。終戦のときに十七歳だった母は、体育の教師になりたかった。けれど、赤十字の訓練と英語のレッスンを志願して、博多湾に近い、内海に面した福岡市の米軍病院の看護婦になった。

祖父母の家は福岡駅から電車で二十分ほどのところにあった。藁ぶき屋根の農家で、盆地から山並みが見える、大野城の村のはずれにあった。玄関口まで砂利道が敷かれ、春になると桃色や赤紫色のツツジが咲き乱れていた。その道は風雨にさらされた引き戸の前の御影石の敷石のところまで優雅なカーブを描いていた。私は二歳半までそこで暮らしていた。五歳になるまで、両親が福岡で働いているあいだ、じいちゃんとばあちゃんが私の面倒を見てくれていた。

ばあちゃんは佐賀出身だった。つらい農作業がたたり、五十歳かそこらで腰が曲がっていた。私は最初の五年間、ばあちゃんと過ごすことが多かったため、福岡訛りの母とは違う、祖母の佐賀弁をしゃべっていた。

午後になると、ばあちゃんはよく四人の孫を近くの遊び場に連れて行った。ブランコに乗せて背中を押したり、注意深く見守ったりしてくれた。三人の男の子と私はいたずら好きだった。ばあちゃんはからかわれると大喜びしたので、私たちはばあちゃんを驚かせることをいろいろたくらんだ。ばあちゃんと私だけで、三人のいとこを連れずに出かけることもあった。いとこがいないとき、私はばあちゃんに滑り台をすべってみないかと勧めた。ばあちゃんはもったいぶって、下駄を履いたまま滑り台の階段をゆっくりと登り始めた。てっぺんにたどり着くと、灰色の着物をまくれ上がらないようにたぐり寄せ、滑り台下でちゃんと着地するように努めた。ばあちゃんの着地はいつも見事で、嬉しそうな笑みを浮かべた。私はとんだりはねたりしてばあちゃんを褒めながら、きゃあきゃあと笑い転げた。ばあちゃんは私のお気に入りの遊び相手だった。腰の曲がった姿や笑みを真似しては、家中を何時間でもばあちゃんのあとを追いかけた。

じいちゃんは村に店を持ち、家には庭があった。浄土真宗のお寺で、在家の説教者も務めていた。詩人でもあり、口達者の女ばかりの家にあっては、口数の少ない、思慮深い人だった。私は毎晩一番風呂に入るじいちゃんとお風呂に入った。私は一番年下でたった一人の女の子で、しかも祖父母の家に住んでいるたった一人の子どもだった。夕食が終ると、ばあちゃんがお風呂を温めた。風呂おけは大きくて深い金属製で、中には木の腰掛けがあった。台所に近い、母屋の裏の外壁に面した、木造の小屋にその風呂おけはあった。ばあちゃんは風呂おけを裏庭の井戸水でいっぱいにしてから、風呂おけの下で火を起こした。母が私の体を洗ってから、湯気がたっているお湯につかっているじいちゃんに私を渡した。じいちゃんは私を膝にのせ、頭まで沈まないようにしてくれた。体を温めながら、私たちは話をした。

かなり長湯をしてから、風呂あがりに綿の浴衣を着た。じいちゃんは帯の上、上半身に私をすべりこませると、そのまま庭に連れて行き、何やらぶつぶつしゃべりかけてきた。私の体はお風呂のせいで熱かったが、じいちゃんの胸のあたりの肌も熱かった。両腕のあたりに、私のピンク色と白の浴衣の隣にじいちゃんの濃青色のやわらかい浴衣が触れるのを感じた。私の髪の毛は濡れていた。じいちゃんが庭を歩き回ると、低い、しゃがれ声が頭の上から聞こえてきた。秋の夕暮れの空気は涼しく、風呂あがりには気持ちが良かった。下を見ると、じいちゃんが育てたきれいな菊の花が見えた。菊のツンとした匂い、それに、季節終りのバラの花の匂いもした。

菊を見て、ちょっと不安を覚えた。一度、秋の庭を一人で歩いたとき、毛がはえたみたいな菊の茎と垂れ下がった葉を見た。それは、下のほうから見るとぞっとするほど毛が密集していた。でも、今は上から菊をながめ、じいちゃんのがらがら声を聞いているうちに眠気が襲ってきた。ほとんど起きていられなくなるまでは、話を聞きながらときどき相づちを打ったり質問をしたりした。じいちゃんが何をしゃべったかは覚えていない。じいちゃんの言語をもうしゃべらなくなっているからだ。でもじいちゃんの深みのある声や、私の体に密着しているじいちゃんの体、花の先っぽ、石鹸や花の匂い、涼しい夕べの空気は覚えている。

毎晩、障子を隔てた隣の部屋にじいちゃんとばあちゃんがいて、自分は母の隣の布団で眠りに落ちるときの静けさを覚えている。夜の静けさは存在感がみなぎっていた。涼しい綿の上掛けにくるまれて自分の肌のぬくもりを感じ、隣に横たわっている母の寝息を聞き、祖父母の近くにいると感じた。静けさに包まれた自分が安全で愛されていると感じた。

広間でじいちゃんと一緒に遊んでいるときも同じような静けさが感じられた。じいちゃんが折ってくれた折り紙で遊んでいる私を時折じいちゃんがじっと見ていた。両手で影絵を作って壁に映し、踊らせることもあって、私は大喜びした。そんなときには、じいちゃんがしゃべるとき以上にその存在を感じた。言葉は地面の表面でカサカサと音を立てている葉音のようなものだったけれど、静けさは愛の重要なネットワークで――深く、堅く、不可解で――捉えどころのなさがある一方で、触知できるものでもある。

じいちゃんの庭は皆に喜ばれた。毎春、近所の人々がふらっと入ってきては門のあたりのツツジをながめ、夏には玄関の周囲を飾っている黄色いバラをめでていた。じいちゃんがばあちゃんと結婚するときに、バラを植えたいと思っていたが、ばあちゃんはバラには棘があるからと嫌った。じいちゃんは棘のない、つるバラを捜し、ばあちゃんのために植えた。今では玄関を伝って、屋根のほうまで這い上がっている。じいちゃんが大事に育てている数多くの植物の中で、そのバラはばあちゃんの大のお気に入りだった。

バラは入口の門からカーブしている小道の端に見えた。日本の伝統的な家々には、腹をすかせた、もしくは怒った幽霊に追いかけられないようにと曲がりくねった小道があった。敵意に満ちた幽霊は家族の誰かにひどい悪運をもたらすとされた。家族の運を守るためには用心しなければならなかった。毎朝、ばあちゃんは家の入口の門のところに幽霊がそれ以上入ってこられないように、小さな皿に盛った食べ物をきちんと置いていた。家の中に招かれる幽霊は、私たちを守り、慰めてくれる先祖の霊だけだった。色褪せた先祖の白黒写真は、漆塗りの仏壇の、小さな戸と引き出しのついた、ぴかぴかのマホガニーのキャビネットに祀られていた。その廟は、暗く肌寒い家の真ん中の部屋の畳の上に置かれていた。ばあちゃんは毎日、その前に正座し、小さな真鍮の鐘で先祖の霊を呼び、みかんやお餅、おはぎといった、とっておきの食べ物をお供えしていた。なぜか、私たちの御先祖さまは、カーブした小道で引き留められることなく、玄関を通り抜けたようだ。

なぜ腹をすかせた、怒った幽霊はカーブを曲がることができないのだろうか？　道の向きが変わることがわからないほど馬鹿なのだろうか？　目が悪いのだろうか？　獲物を追いかけるのに夢中で、道の輪郭がわからないのだろうか？　これらのお化けはわけのわからないほど腹ペコで怒っているにちがいない。常識では考えられないほど逼迫しているにちがいない。仏教では、手放せない痛みは私たちを苦しめるのだから、まっすぐ痛みに向かい、おだやかになるまで苦しみを我慢しなければならない、という教えがある。自分勝手な欲求にしがみついていると、自意識が痛みを避けようとするため、欲求は満たされることがない、と教えている。膿み続け、癒えることのない痛みという重荷を背負っているから、私たちは苦しむのだ。怒りや痛みは、自分で自分をがんじがらめにしてしまう。心の内と周りに流れる世界を一瞬ごとに経験するのを妨げてしまう。このような囚われもまた、幽霊の本質であるにちがいない。死者も生きている者とそんなに違わないのだと思う。

私が三十年以上学んできたキリスト教では、幽霊の力を理解することができない。キリスト教はイエスの幽霊に取りつかれている。イエスの死は解決しなければならない、暴力という不正な行為である。そのような死に私たちは取りつかれている。キリスト教ではその死の恐怖と苦悩を話す代わりに、それを勝利のようにしてきた。魂が解放されるようにとその死の痛みをまっすぐに見つめ理解する代わりに、イエスは生きていると主張し続けている。イエスをわたしたちの幸福のために用い、私たち自身の重荷から解放させようとしている。イエスという幽霊に向かって、イエスを解放する代わりに、私たちの面倒を見てほしいと求め続けている。イエスに取りつかれることで、イエスの名前において暴力を噴出させてしまっている。十字軍も異端審問もホロコーストも、罰の必要性も、救われない者たちの裁きも、他者に苦痛を与えることが私たち自身の苦痛を和らげると言わんばかりに。私たちは自分たちを自由にするカーブを描いた小道を見つけていない。見つけられれば、暴力による死というトラウマから解放され、心が癒えるであろう。

お地蔵様の道

福岡市の両親の家には、カーブを描いた道はなかった。薄い木製の玄関扉を開けると、家の前には土を踏み固めた広い路地があった。私たちは三年間そこに住み、たくさんの幽霊が玄関をくぐり抜けた。死者や腹をすかせた者たちは私たちに取りついて、私たちを追いかけて海を渡ったにちがいない。

唯一私たちを守ってくれていたのは、家の前の路地の突き当たりにあった、古い板塀の曲がり角に収められた小さなお堂だった。その曲がり角のあたりには、花崗岩でできた十インチほどのお地蔵様があった。お地蔵様は子どもや旅人を見守る仏教の聖者だ。それは赤ん坊の頭のように、体よりも大きなつるつるの頭が乗ったボウリングのピンに似ている。三つの平たい石の上に静かに鎮座し、羽板で作られたお堂の扉の後ろで待っている。真っ赤なよだれかけを身に着けたお地蔵様は、今にもお供えのミカンかお餅を食べようとしているかに見えた。そして、奉納されたロウソクに照らされている。私は毎日、母や父とその前を通った。父も母も私の手を引いて、大濠公園に行って遊んだり、花を見たり、市場やデパートに行って買い物をしたり、デパートの屋上遊園地で遊んだりした。日本人の母は身長が五フィート二インチで、アメリカ人の父は六フィートで赤毛だった。と言っても、頭のてっぺんはすでにはげかかっていたけれど。ロイは、私の手を引くのに少しかがまなければならなかった。

お地蔵様のよだれかけには、親よりも先に亡くなった子どもたちの霊を隠す意味があった。死んだ子どもたちの霊は仏教の煉獄を渡らなければならない。霊は小さく、また弱いので、助けが必要だった。ものごとには順序というものがあり、子どもの霊は死んだ親の魂の助けが必要だった。親よりも先に亡くなると処罰の対象となった。死んだ子どもたちの霊はお地蔵様のよだれかけにくるまれて、悪魔から逃げ、天国に行くことができた。

想像しうる限りのいろいろな形と大きさのお地蔵様が親の仲介役として、第二次世界大戦後の日本の田舎に点在していた。お地蔵様は聖者として父母たちの苦悩を表し、生者と死者、無防備と保護のあいだで揺れ動きながら子どもたちを抱きかかえていた。京都近くのあるお寺には何千というお地蔵様が集められ、田んぼのような大きな四角く区切られた地面に並べられている。今日、大きさも形も異なるお地蔵様がいっしょに置かれたさまは、石に刻まれた悲しみの集積といえる。

危険な地域へのお地蔵様の旅は、旅人らに人気を博した。日本の聖クリストファーとして。力強い旅人の聖者として、お地蔵様は私の家族が引っ越すたびについてきた。沖縄の那覇、カンザス州のフォートライリー、ミシシッピ州エイモリー、ドイツのラントシュトゥール、カリフォルニア州のバーストーへと。

お地蔵様の最初の大きな挑戦は私が五歳のときに起きた。アメリカ人の父が移動を命じられ、福岡を去り、海を越えて沖縄に行くことになったのだ。母と幼い妹と私はアメリカ軍の基地で核家族になり、日本語しかしゃべらない私は、アメリカ人の幼稚園に入れられた。数か月で日本語を忘れた私は母国語を失ってしまった。母はひどく訛った英語で私に話しかけるようになった。

両親が働いているあいだ、沖縄の女性たちが私と妹の世話をしてくれた。午後になるといつも正面の窓際で、母が看護師の白いユニフォームを着て家に歩いて戻ってくるのを心待ちにしていた。母を見つけるや否や、玄関に急いで走り寄ると、ハグをした。

沖縄に引っ越して数か月後、両親が大野城の祖父母に電話をかけた。じいちゃんとばあちゃんと話をしないかと電話のところに連れていかれたが、二人の話はちんぷんかんぷんだった。二人も私の声の調子を心配した。じいちゃんとばあちゃんは、船に乗って私たちを訪ねてきた。

私の家族は旅に不慣れだった。祖父母は田舎の小農民で、地元でさえも電車で旅をすることはめったになかった。九州を出たこともなかった。一番大きな旅は、佐賀で結婚したあと、三時間離れた大野城まで行き、所帯を持ったときだった。そんな祖父母が大枚をはたいて、はるばる海を越えてまで不慣れな場所、太平洋戦争の最もひどい激戦の一つに見舞われたこの沖縄まで行ってみようと思ったのはどうしてなのだろうか？

じいちゃんとばあちゃんが到着すると、二人は見知らぬ老人で、理解ができない人たちだった。ただぼんやりと知っているような感じはした。私はどのようにふるまえばよいのかわからなかった。二日目に、じいちゃんは真っ赤な風船を見せてくれた。私が風船を掴もうとすると、じいちゃんは風船を引っ込めて、日本語で「ください」って言うんだよ、と言った。私は英語で「バルーン、バルーン！」と言った。「バルーン！」と叫び続ける私に対し、じいちゃんは風船を渡さないようにした。

　突然、私は日本語で「ふうせん」と言い、母国語でじいちゃんに話し始めた。私たちの共通語で返すと、じいちゃんはふたたび私の最愛の人となった。それからの五日間、祖父母と私は別れたことがないくらい、親しくなった。でも二人が帰ってしまうと、私はもう二度と日本語をしゃべることはなくなった。

　一九六二年、私が十二歳のとき、じいちゃんは白血病で亡くなった。高額の輸血で命をつないだあと、じいちゃんは子どもたちを呼んで、これ以上輸血しても仕方がないと言った。輸血は体に負担であるだけでなく、経済的にも負担だった。じいちゃんは、長く充実した人生を送ったので、それ以上命をつなぐために家族を破産させることはない、もうこれ以上治療を受けない、と宣言した。じいちゃんは家で亡くなった。ばあちゃんはじいちゃんの死から七年長く生き、私が大学一年のときに胃癌で亡くなった。私の日本の記憶を留めるものは、再び会うこともかなわず、いなくなってしまった。

　私は人生を安定したものにする日本文化、すなわち、どうやってものを知り、何を見、どのようにしゃべり、誰を愛し、何に希望を持ったらよいのかを教えてくれる日本文化から切り離されてしまった。私の家族は頻繁に引っ越しをした。六歳で私は沖縄からカンザス州のフォートライリーへ、乾燥した草原地帯とアメリカの学校へと移送された。中学一年のときにはミシシッピ州エイモリーにある、人種隔離された白人の中学校に入った。父はドイツでの任務へ私たちより一足先に行かなければならなかった。その中学校で、白人ではない生徒は私だけだった。ちょうど、ミシシッピ大学で人種暴動が勃発したころだった。暴動が起こっているあいだ、理科の先生は週末、その大学でミシシッピ州兵の仕事もしていた。ある月曜日のこと、先生は暴動を撮影したスライドを私たちに見せた。スライドには、横倒しになって燃え上がる自動車や、黒人を攻撃する犬や、暴動鎮圧の武装をした州兵の姿が映っていた。先生は誇らしげに「頭を強打されるニガー」の写真の説明をした。この中学校にいるあいだ、ずっと私は不安でならなかった。

ミシシッピ州で一年を過ごしたのち、母と妹、幼い弟とともにドイツのラントシュトゥールにいた父と合流し、そこで三年間を過ごした。高校の最後の二年間は、父の最後の赴任先で両親が定住することになるカリフォルニア州バーストーで過ごした。そこで私は砂漠の美しさと質素さが好きになった。大学と大学院の修士課程を終えると、私は南カリフォルニアを去り、スイスのバーゼルにある大学院で二年間、組織神学を学んだ。そこでスキーにものめり込んだ。新しい土地で表面上は順応し、よい成績を収め、新しい友人にも恵まれ、知らない土地や文化と折り合いをつけていた。でも、私の内なる孤立感は深かった。

このような不安の連続こそが私のアメリカでの体験だった。多くのアメリカ人がそうであるように、私は自分の人生を再構築し、新しい自分を作り上げなければならなかった。混乱、暴力の余波、トラウマ、そして孤立感がアメリカ人の家族のあいだには何世代も前から綿々と続いている。アメリカ人は言語も土地も生活も失ってしまっている。ジェノサイド、強制移住、誘拐して奴隷にすること、移住、貧困や戦争やテロリズムからの逃避、違法に国境を越えたり海を渡ったりすることが、祖先の遺産を打ち砕いてしまっている。私たちは今の世代、もしくは過去の世代に、自分たちの生活を作りかえなければならなかった。私たちの多くは、数年ごとに引っ越しをし続けている。ちょうど古代のイスラエル人のように、私たちは荒野に家を作り、戻ることはかなわず、どこをさまよっているのかわからないでいる。私たちは、多様性とハイフン付きのアイデンティティのグループの中にあって、所属する場所を求めながら、不安で落ちつかない日々を送っている。自身を捜し求め、根付く場所を探している。存在を明確にする場所や、人生を明るく照らす火を求めている。この探求が私の人生を決定づけてきた。

キリスト教の道

私の父ロイは、サザン・バプティストの家族の出だが、軍の志願書類に署名する際に、伝統を翻してメソジストだと宣言した。サザン・バプティストにとって、メソジストは異端者だ。もっともロイがそうだと知っていたかどうかは疑わしい。バプティストでないことだけは知っていただろうけれど。米軍は宗派を問わないプロテスタントの礼拝を提供していた。おかげで、基地内で私は、ルター派、ナザレ派、監督教会派、アメリカン・バプティスト派、会衆派といったさまざまな宗派のプロテスタントの牧師を知った。

　私は青年部で活発に活動し、教会の合唱団で歌い、日曜学校で教えられた物語をまじめに受けとめた。なかでもヨブの物語には考えさせられた。先生たちはヨブを信仰の理想――苦しみの恐怖を味わったにもかかわらず、神に忠実な人だと教えた。静かに苦しみ、人生の巡り合わせに耐え抜いたおかげで報いられ、その忠誠心は立証されたのだと。私には神への忠誠心が意味することはわからなかったが、静かに苦しみ、最善を望むということはわかった。ヨブの物語は、私が知っている日本文化の中の「しかたがない」、つまり苦しみはどうしようもないのだから、じっと苦しみ耐えるしかない、という宿命論的哲学を強くした。潰瘍の痛みを抱え、服はずたずた、無口で頭をたれているヨブは、私の子ども時代の宗教上の話し相手だった。

　イエスも十字架で静かに耐えている姿であったものの、報いられることはほとんど無かった。復活だけでは不十分だった。報いを得るには孤立しすぎ、また孤高としすぎていた。イエスが私を救うために死んだ、という考えはほとんど理解できなかった。救いが必要なほど自分が悪いとは信じられなかった。もちろん自分が完全な人間だとは思っていなかったし、かと言って悪い人間だとも思っていなかった。イエスや救いで満たす必要があるほど、痛い穴が自分の中にあるとは思っていなかった。私の孤独感は日本にいる家族へのいとおしさで、イエスへの気持ちではない、と理解していた。ヨブの孤独のほうが、イエスの復活よりも私の現実に近く思われた。ヨブの報いは近い関係である家族への回帰だった。

記憶をたどれる限りたどると、私の人生には世話をしてくれる人がいて、何が起きても大丈夫だという感覚があった。それはたぶん私の先祖、でなければじいちゃんかお地蔵様が私を見ていてくれたからで、それは私がキリスト教の神やイエスのことを知るずっと前からある感覚だった。そこにイエスを入れたくはなかった。イエスは死んでいて――見知らぬ、激しい白人男性だった。日曜学校の先生たちがイエスの善行や服従について熱心に話をしても、イエスのことをもっと知りたいとは思えなかった。

私が読んだ聖書の中のイエスは謙虚でも優しくもなかった。イエスは理屈っぽく、無礼で、ひとりよがりだった。日本人の礼儀や親切心といった規律に比べて、イエスのふるまいは人に対して親切ではないし、思いやりにも欠けている。イエスに見習いたいとは思えなかった。イエスが今も生きているという主張も私には理解できなかった。イエスは墓から人々に取りついているのかもしれないが、生きていると想像することはできなかった。

子どものころ、ベッドに横になって、イエスの姿を思い描くと、髪はブロンドで、青い目で明りを見あげている姿が思い浮かんだ。イエスは友人で、私の祈りを聞いてくれる人だと考えようと努めた。でも自分の気持ちを安らかにしてくれるようにはまったく思えなかった。大学で歴史上のイエスのことを学び始めるまで、イエスは見知らぬ人であり続けた。歴史の文脈と文化におけるイエスがわかるようになると、イエスが生きた時代の抑圧的権力に対する苦闘や正義の探求が生気を帯び、イエスが同じ希望への道筋を歩む歴史的な同胞と思えるようになった。でも、これは教会の日曜学校で教えられたイエス像ではなかった。

ヨブの再生のほうが、苦しみを耐えるのにもっと納得がいく答えを提示しているように思えた。日本人が仏教徒であるように、私はキリスト教徒だった。そのコミュニティや典礼の儀式に加わり、それを楽しみ、選ばれた家に所属している感じがした。そして、多くの日本人の仏教徒やヨブのように、苦しみを受け入れた。

高校四年のときに、原理主義のキリスト教に出合った。ジョイ・クラークという仲のよい友人が父親の保守バプティスト派の教会に来ないかと誘ってくれたのだ。デンヴァーという父親もリリアンという母親も好きになった。

父がヴェトナムに赴任した十八か月のあいだに、クラーク家の人々が私の人生の中に入ってきた。父が不在で、戻ってくるのも難しく思われたときに、デンヴァーは私の心の支えになってくれた。

子どものころ、父はずっと心の友だった。母は感情を表に表さない、控えめな人だったが、ロイは温かく、冷静沈着だった。ヴェトナムが私からロイを奪ってしまった。ヴェトナムから帰国すると、ロイと私の関係はぎくしゃくした。当時、心的外傷後ストレスについてはまだ知られていなかったが、私には父が変わってしまったとわかった。父は私の人生における冒険心を応援する代わりに、私をコントロールし、自分を心配させない人間にしようと躍起になった。私が考える自己や強くなりつつある独立心にしがみつこうとするたびに、権力闘争が絶えなかった。ぶつかるのを避けるように、私はクラーク家の人たちとより多くの時間を過ごした。

教会の若者たちはデンヴァーのことを、牧師クラーク［Reverend Clark］を省略して「R・C」と呼んでいた。静かな苦しみや殉教に関するキリスト教のメッセージを聞いていたけれど、そのような敬虔さをデンヴァーやその家族から感じることはなかった。かれらは笑うことが好きな、人生を楽しんでいる人たちだった。デンヴァーとリリアンは打ち解けやすく、あけっぴろげで、純朴な夫婦関係を結んでいた。結婚には性的に惹かれあうのがよいとでもいうように、二人の悪意のない冗談にはときどき猥談まがいのやりとりもあった。リリアンは思ったことをはっきりと言う、率直な女性で、デンヴァーと同じく、知的だった。二人は聖書学校を終えると、ヴェネズエラで数年間、伝道師として過ごし、スペイン語をしゃべっていたので、異なる文化や場所で生活する難しさを理解していた。デンヴァーはヴェネズエラでの生活の話をするとき、好きになった人たちのこと、その人たちの苦闘や、自分の人生の中でのかれらの存在について話してくれた。これらの人たちのことをまるで目の前にいるかのように生き生きと語り、その矛盾や欠点を楽しんでいた。

デンヴァーが提供してくれた人生の楽しみはまた、主たる重要な問題となって現れた。クラーク家の人たちは、ラグーナビーチやサンクレメンテ、ロサンジェルスのお気に入りのレストランに私を連れて行ってくれた。デンヴァーは遊んだり、人をからかったり、冗談を言ったりするのを楽しんでいた。私は快活に振る舞っていたものの、心の中は重苦しく、孤独だった。私が自分を深刻に捉えようとすると、デンヴァーは私をからかった。ふざけたり、人生を楽しく捉えたりして、私の孤独を壊し、殻から引っ張り出してくれた。私の心のうちにあった、凍りついた苦しみの塊もいくらか溶け始めた。

そんなに楽しく、生き生きとしているキリスト教徒にそれまで出会ったことがなかった。キリスト教徒として生きることは信心深く、まじめ一辺倒で、苦しみを耐えなくてはならず、私自身の苦しみや孤独を強化する敬虔さが必要だと思っていた。クラーク家の人たちには強い宗教的基盤があったけれど、殉教者のようなところはまるでなかった。かれらは教会員、特に「教会の婦人」と言われるような人たちの退屈で気難しい敬虔さをよくからかっていた。クラーク家の人たちは喜びにあふれていた。

クラーク家の人たちと付き合うようになるまで、私にはユーモアのセンスがなかったと思う。かれらが聞いて喜んでくれるので、私は冗談を言うようになった。クラーク家の人たちとの思い出は、笑いと大はしゃぎする楽しい時間で彩られていた。私たちが好きだったコメディアンはビル・コスビーだった。一度、驚かせようとクリスマスプレゼントで、クラーク家の人たちをコスビーのライブ・ショーへ連れて行った。私たちはコスビーのノアについての持ちネタが好きだった。私たちはその先何年も、その晩のこと、ショーで聞いた文句を思い出しては笑い転げた。

いっしょに笑い、冗談をかわしたりしても、私たちのあいだには大きな神学的な差異があった。彼らの創造説や、聖書を文字通りに信じることは不合理だと私には思えた。私たちは神の創造と創世記について論じ合った。デンヴァーは、たとえ私が間違っていると思っても、私が違うことを考える権利に敢えて異議を唱えることはなかった。その代わり、論争の的となっている教会の形式的な議論を体系づけた。

イエスは私個人の救い主だと教会は主張した。この主張を信じようと必死に努めた。言うべき正しい言葉を学んだ。信仰の告白をし、洗礼を受けた。デンヴァーの教会に所属したいと思ったからだ。洗礼を受けなければ、いつまでたっても周縁、外部にいたままだったからだ。あらかじめきちんと予約をしてオフィスにいるデンヴァーを訪ねたことが一度だけある。受洗について話をしたかったからだ。私個人の信仰について訊かれ、何とか理屈をつけようとした。私がしゃべったことは何であれ、洗礼を授けようと思わせるに足るものだったらしい。

クラーク家の人たちとの友情は、大学に入学するときの支援体制として大いに役立った。私の母も父も大学で学んだことはなく、大学生活に慣れようとする私の苦悩が理解できなかった。デンヴァーは大学生活への移行が私にとってどんなに大変かを理解し、社会的に、あるいは学問的に私が追求した経験やはずれた行為について批判することはなかった。もっとも、ときには私をからかうことはあった。私自身やボーイフレンドを笑うことも教えてくれた。デンヴァーの支援と、デンヴァーをがっかりさせないようにしようという気持ちが、カウンターカルチャーの自己破壊的側面からいくらかでも守ってくれた。私はドラッグや飲酒をすることはなかった。二十一歳になるまでセックスもしなかった。かと言って、自己欺瞞的にそれを避けたり、無理に避けたりしていたわけではない。私は結婚に興味がないと心に決めたとき、はっきりと、意図的に、セックスにおいて能動的であろうと決めた。

私の独断的な思考をデンヴァーはなぜ拒絶したり批判したりしないのだろうか。それはきっと、彼が原理主義的伝統の中で、左派に所属しているせいだろう。彼は、アルコールアノニマス（ＡＡ）［アルコール依存症者の自助組織］を支援していると批判を受けていた。アルコール依存症の人たちを教会に集めていたのだ。ＡＡはその人たちが救われるように求めなかったので、救いはアルコール依存症の人たちにとっては唯一の希望だとして、教会の理事らはそれを良く思わなかった。デンヴァーは、ＡＡは明らかに教会とは無関係に人々を救っていると述べ、人々をしらふにするのを助けるのは良いことだ、と論破した。また、教会がアルコール依存症についてＡＡから学べるかもしれないとも思ったようだ。洗礼派の伝統の中で、デンヴァーは自由な思考を信じ、自分や自身の教会とは考え方が違うからと私を拒絶することもなかった。

デンヴァーの神学は、魂を救うことが大事で、それは彼の寛大で愛に満ちた精神の核だった。デンヴァーは、救いは神からの贈り物、つまり罪を背負って十字架につけられたイエスの死を通して自由に与えられるものだと信じていた。罪の危険性に対し、健全な考え方をとる一方で、人生を楽しむことは罪深いことではなかった。興味の尽きない人生は神の恵みという贈り物だった。デンヴァーは、私が孤独感を突き破り、幸せと喜びが信仰ある人生の要素であると信じるように勧め、暴力を受けた過去をいつまでも引きずらずに乗り越えるという心の欲求は価値ある探求だとして、キリスト教徒になる道を開いてくれた。私はデンヴァーの愛で豊かになった。

クラーク家の人たちがよく話していた神学的な論争の一つは、仮にある人が救われたら、その人は信仰や救いを失うことがあるかどうかだった。洗礼派の牧師によっては受け入れがたい信仰が、デンヴァーとリリアン夫妻にはあった。それは「一度救われれば、いつだって救われる」という信仰である。一度イエスを救い主として受け入れたなら、この世であれあの世であれ、どんな力もその人を神から離れさせることはない、と確信していた。デンヴァーはこのように、条件なしに人を愛していた。たとえその人間関係に意見の違いや痛みが伴っていても、愛していた。

私が教会から身を引いても、デンヴァーは愛を惜しまず与えてくれた。一九七二年、大学を卒業する直前に旅行をしていた私はデンヴァーに手紙を書き、彼の教会の会員名簿から自分を削除してほしいと頼んだ。そのころには、私自身の神学が原理主義とはまったく異なるものへ変貌を遂げていた。デンヴァーの教会で居心地よくふるまうことはできなくなっていた。デンヴァーは返事をくれた。

親愛なるリタへ
もっと早く返事を書けなくてごめんなさい。というのも二つばかり理由があるのです。まず一つは、心が痛んで書けなかった、二つ目は、どのように返事をしたらよいのかがわからなかった、ということです。もちろんおわかりと思いますが、私にとっても私の家族にとってもあなたは大切な人です。あなたが何と言おうが何をしようが、私たちはあなたを愛さずにはいられません。

あなたは正直な人だとわかっていますし、今度の件であなたが正直に打ち明けてくれたことを感謝しています。

「あなたに善き働きをし始めた主なる神はイエス・キリスト再臨の日まで働くであろう」ことも確信しています。

現在、あなたは集中を要する大学教育という高速のＵ－２偵察機に乗っていますが、真実を知り、それが姿を現していると信じています。

私はあなたの求めに従い、教会の信徒名簿からあなたの名前を削除します。そのことであなたの義父さまやお母さま、妹さんの心が傷つかないとは言い切れません。

心は痛みますが、そのことで私たちの関係が変わることはありません。あなたが許してくださるかぎり、私たちはあなたの「もう一つの両親」ですし、そうありたいと願っています。

私は年をとってノスタルジックになっているのかもしれません。もうおじいさんですから。理由はともかく、私がどのように感じているかをお伝えしなければなりませんし、心から娘を愛するセンチメンタルな老父の気持ちを理解してくださることと思います。

ところで、あなたが帰ってきたら、いっしょにビーチに行って日光浴をしながら、世界の未来や人類の未来、とくにリタの将来について話し合いませんか？

きょうはバーストーらしい日よりです。風が強いです。埃さえなければきれいな日です。

あなたはきっとすばらしい時間を過ごしていることでしょう。あなたとあなたの成し遂げたことを私たちは誇りに思っています。あなたが戻るころには、あなたは大学を卒業しているなんて信じられないくらいです。私がおじいさんになっているなんて信じられませんが、それは事実です。また会いましょう。

愛を込めて

クラーク牧師より

一九八〇年代初めまでに、私はフェミニスト神学者になって、大学院の博士課程を終えようとしていた。最後にデンヴァーと会ったとき、彼は癌で死にかけていた。彼はリリアンと共に終の棲家にしていたサンクレメンテの陽光を束の間浴びながら、ゆっくりと歩いて見送ってくれた。私の車の中で二人きりになると、彼はこう言った、「君は私が教えたことをはるかに超える教育を受けた。君は私が知っていることよりもずっと多く学んだ。でも、君の信仰について聞きたい。私の命はそう長くはない。私が愛した人は皆、私と共に天国に行かれるかどうかを確かめたい。君はまだ信仰は捨てていないだろうね？」

私はデンヴァーを見た。そして言った、「私があなたの教会のメンバーになるときに、私がどんなに長い旅路を通ってきたのか、おわかりのはずです。でも、当時、あなたは固い信仰の礎を与えてくださいました。それと、私に必要だった、すばらしい第二の家庭も。私が神との関係を善きものと感じていることはわかってください。私はそれを固く信じています。どうか心配しないでください。自分の順番が来たら天国でお会いします。またお会いできる日を楽しみにしています」デンヴァーはにっこりして、最後となるすばらしいハグをしてくれた。

愛と暴力

デンヴァーの無条件の支援のおかげで、私は父との葛藤をくぐり抜けることができた。ロイがヴェトナム戦争での兵役を終えたあと、私がヴェトナム戦争反対の運動をしていることでロイとよく口論した。左派の活動家のボーイフレンドが複数いたが、ロイはその連中が気に入らなかった。長髪の黒い髪にはちまきをし、ひげを伸ばし、サンダルに鈴をつけたボーイフレンドには怒り心頭だった。父は、私がドラッグをやり、こうした「へんちくりんな、無責任きわまる」連中とねんごろになっていると確信していた。

私は二十歳で家を出た。父が私のふるまいを正そうと、私を殴ろうとしたからである。私はもう何年も、たぶん十四歳以来「お尻たたき」をされていなかった。父はお尻たたきという言葉を使ったが、私はぶん殴ると呼んだ。子どものころから、父の懲罰は残酷で、不当で、道理に合わないと感じていたので、問題が起きるたびに父にそう言った。私には反抗という密かなる戦略もあった。

父がお尻をたたく理由が何であれ、自分を変えようとはしなかった。つまり、かなり手こずる人間だったということだ。私が受ける罰は正当だとはとても思えなかった。私は人当たりが良かったので、たいていは行儀のよい子どもだった。

父が私を罰するのには二つの理由があった。どちらも父が生まれ育ったミシシッピの南部女性に抱いている考えに基づくものだった。まず、自分の部屋をきちんと片づけるものだと思っていたこと。なのに、部屋はいつも散らかし放題で、ベッドもめちゃめちゃ、服は椅子という椅子に重ねられ、紙や本があちこちに散らばっていた。きちんと片づけるのは面倒だし、不要なことに思えた。父がこの散らかし放題なことにけちをつけたときはたいてい、最低限の片付けをしたが、部屋が元通り、無秩序になるのは時間の問題だった。私が掃除するのを拒むと、父はお尻をたたく予定をたてた。

お尻をたたかれるのを待つときは一日中不安でいっぱいだった。父はお尻をたたく時間を決めて、怒っているときにすぐにはたたかなかった。そうすれば、私が自分の悪かった点を反省する時間ができると考えていた。私は待つ時間も、たたかれるために自分の部屋に入る瞬間も大嫌いだった。そもそも、自分がしたことを反省する気にはなれなかった。その代わり、たたく理由がないのだからさまざまな反論をしようと考え、そのときが来ると反論をしてみた。あらゆる反論に失敗すると――必ずそうなるのだけれど――父にたたかないでほしいと懇願した。ひどいのは、父が私をたたくのを忘れないように催促させるときだ。私がそうしないと、自身の悪い行いに加えて、臆病さに対しても罰を受けた。私は父の暴力と屈辱感に耐え、冷たく堅い殻の中に閉じこもった。その殻は感情的に近寄りがたくしていたが、殻の中では怒りが溶岩のようにくすぶっていた。

私がたたかれる理由の二つ目は、私が大人に対して「サー」や「マーム」という敬語を使わないことだった。学校の友だちは誰一人としてそんな敬語を使っていなかった。そうした敬語は不自然だし、嘘っぽく思えた。加えて、もし自分が使ったら、友人たちは、私が気取っているか、卑屈になっているかのどちらかだときっと思うにちがいなかった。私は父に説明しようとしたが、言い訳を聞いてはくれなかった。私はれっきとした南部女性になるように運命づけられていた。その一方で、友人たちとうまくやっていきたかった。南部女性のような口の利きかたはできなかったので、行儀が悪いという理由でときどき罰せられた。

七歳のころ、はじめてお尻をたたかれたとき、屈辱感をよく考えてみた。「もしお父さんの言うとおりにしたら、お尻をたたけばうまく行くときっと思うだろう。これって、動物に対してすることで、人間に対してすることじゃない。もし変われば、動物のようになるってことだわ。だからお尻をたたかせたりはしない」。私は暴力によって人は良くなるという印象を父に与えるのではなく、痛みに対し、感情的に傷つけられまいとして、拒否する決心をした。

それでも、私は父を愛していた。子ども時代が終わりかけたころ、母を遠くにいると感じるのに対し、父はそばにいてくれていると感じていた。夏の週末、私たちは地元の川の土手で、小型テントでキャンプをしたり釣りをしたりした。人生について話をしたり、座って心地よい沈黙を楽しんだりした。父が私に話してくれたことで気に入っている言葉は、「大きな人生を摑んで、本気で生きるんだ。尻ごみするな、欲しいものを追いかけろ。人生は一度きりなんだから、一生懸命生きるんだ」。その助言にしたがって、恥ずかしがり屋で控えめな日本人の自分を忘れようとした。父は情熱を追い求めることを教え、私を応援してくれていた。

私が芸術に興味を持ち、才能もあるとわかると、ロイは七宝焼や革細工や版画を習わせてくれた。それぞれの先生は、フォートライリーの基地内の美術工芸品店でなんとか見つけてきた。十歳のときには、地元の画家の下で一年間、油彩画を習わせてくれた。

十三歳のときにドイツへ引っ越すと、ロイは私を軍基地の図書館に連れて行き、入館カードを作ってもらった。ヘミングウェイやフォークナー、シェイクスピアなど、読むとよい本のリストも作ってくれた。父のリストを読み終ると、自分の好きな作家を見つけた。とくに好きだったのはパール・バックや詩人のサンドバーグ、ホイットマン、ワーズワース、フロスト、テニソンだ。その年、本を選ぶのなら、本のタイトルでなく、作家名がよいと知った。ロイはまた、ミュージカルへの関心も持つとよいと勧めてくれ、その稽古のために学校が終わると車で送り迎えしてくれた。私は父の励ましと支援で満たされていた。

けれど、父にたたかれないようにいつも身構えていたし、自分がしたことが罰を誘発しないかと恐れていた。屈辱感を抱きたくなかったし、私への父の扱い方は間違っていると確信していた。父にコントロールされまいと心に決めていた。どうしてそういう確信に行きついたのかはわからない。私の友人たちも「お尻をたたかれていた」。ミシシッピのいとこはしょっちゅうむちで打たれていた。子どもへの体罰は、私が生きていた世界では当たり前のことだった。

私は疑問を持った。

母もごくたまに、私の妹たちが言うことを聞かないと、そのお尻をピシャリと一度たたくことがあった。けれど、母が私に体罰を加えたことはなかった。一度母を侮辱して、顔に平手打ちをくらったときを除いて、母は賛成できないときには態度で表した。目を合わせないようにしたり、聞こうとしなかったり、そっけない返事をしたりした。直接私を褒めたりお愛想を言ったりすることもなかった。そんなわけで、母から同意を得ることはめったになかった。けれど、母が私を良く思っていないというときは必ずわかった。

母は重い懲らしめは父に任せていた。父が私の部屋に入ってきてドアを閉め、深刻な表情をしているのを見ると、いつもの不安や屈辱感、怒りを感じた。父はお尻をたたく時間だと言った。私の罪には何回たたけばよいかを話し合った。父はベッドに腰を下ろし、私のズボンを下ろさせた。父のひざの上に顔をうつぶせにするように言った。そして、たたきながら、たたく回数を声に出して数えた。泣きじゃくったり、ごめんなさいと言わなかったりすると、そうするまでたたき続けた。私が思春期になるまで、肌むき出しのお尻をたたくのに両手だけを使った。

どんなに強く、どんなに長い時間たたかれても、思春期が始まったころには泣くのをやめたので、お尻たたきもエスカレートした。私が十分に反省していないと思うと、父は体罰用の棒やベルトを使おうとした。けれども、みみずばれが気になったらしく、それまでどおり手を使うことにした。みみずばれにはならなかったが、指の形にあざが残った。父は終るとドアをあけ、家族がいるところへ来るように命じた。私はどんなに屈辱を感じているかを他の家族にわからないように、気を落ち着かせた。

大学二年が終るころ、私は長髪のボーイフレンドの一人を家族に会わせるために家に連れてきた。父は私を折檻しなければならないと思った。ボーイフレンドが帰るや否や、父は私が昔使っていた部屋に私を連れて行った。ドアを閉めると、お尻をたたかなければならないと言った。

私は即座に、そうはさせまいとした。私は、触らないで、近づかないで、と父に言った。心底そう思った。父はベッドに腰を下ろすと、ジーンズを脱げと言った。私は拒絶した。父はもう一度、命令した。「嫌よ」と私は歯を食いしばって言った。「触ったら承知しないから」。父はベッドから立ちあがり、私の両手首を摑むと自分のひざのほうに引っ張った。

私は両腕をねじるようにして父の摑んだ手から離れると、ドアのほうへ行こうとした。父は、今度は腰のあたりを摑んできて、私の両腕を両脇で押さえつけ、私の体をベッドにほうり投げると、私に向かって来た。私はくるりとあおむけになり、父の股間を蹴ろうとした。父はちょっと離れていたので、蹴ろうとした私の右足を摑むことができた。

父のびっくりした表情を見逃さなかった。父は、私を見たことがなく、初めて私を見たかのように、いま見ているものが信じられないといった顔で私を見た。

私は右足を離そうとしながら、左足でできるだけ強く父を蹴った。父は私の両腕を摑もうとして前かがみになった。私はすばやく両手で父の頭をたたいた。腹をめがけて蹴った。その一蹴りで父がよろめいた瞬間、私はベッドから床にころがり落ち、ドアのほうへはって行こうとした。父は私に馬乗りになり、二五〇ポンドの体重が私の背中に乗っかってきた。私は息ができなかった。私がもがくのをやめると、父は「落ち着け。お前を傷つけるつもりはない」と言った。その声は力の行使とアドレナリンのせいで震えていた。父は私を見ていなかった。そして部屋を出て行った。

父は二度と私を傷つけることはないだろうと確信した。私はできるだけ父と接触するのを避けた。その夏は家で過ごすのをやめようと決心した。ところが、ばあちゃんがその春に亡くなった。悲しみに暮れていた母は私に帰郷するように言ってきた。母は直接ものを頼むということはめったにしない人だった。それだけに喜んで頼みを受けなければならないと思った。ロイが起きてくる早朝に家にいなくてすむように、深夜のシフトでウェイトレスをした。毎晩ロイが帰宅する前に出かけた。家族とはめったに夕食を共にしなかった。代わりにデンヴァーやリリアンと過ごした。

ロイは自分の六四年型フォード・ファルコン車を、私が仕事以外で使うのを禁じることで罰を下そうとした。私は出かけたいときには友だちの車に乗せてもらったり、歩いたりした。ロイには、どこへ誰と出かけ、いつ戻るかを言わなかった。その夏の終り、私はファルコンを譲ってもらおうと、父が買ったときの値段、五百ドルを父に支払った。お金を手渡すと、父は悔しそうだった。お前にやろうと思ってたんだ、と父は言った。私は、「これで車はわたしのもの。お父さんのではなくて」と言った。もう二度と父と同じ屋根の下には住むまいと決意した。

秋学期になると、私は大学に戻った。でも休暇や週末にはときどき帰省した。あの張り詰めた夏の後のクリスマスの朝、家族全員がバスローブを着て、床に座った。床には、明るい色のほどけたリボンの山や、いろんな贈り物がきれいに積み上げられていた。父は私たち全員に、ソファに座るように言った。母がソファの一番端に座り、私がその隣に座り、その隣には妹のジョー・アン、そして弟のレイモンドが座った。私はロイが休暇の儀式ともいえる写真を撮りたくて並ばせているのかと思った。ところが、ロイはクリスマスの飾りつけをしたツリーを背にして、私たちの前に立った。

ロイは一瞬の間を置いてから、咳払いをして言った。「この数年間、僕はいっしょに暮らすのが難しい状況にあったと思う。僕のせいでお前たちを傷つけてしまったことを詫びたいし、もっと気楽にいっしょに暮らそうと思う。もっと良い関係を持ってやり直したい」。私たちはちょっとのあいだ、座ったまま沈黙していた。誰一人として口を開かなかった。ただ皆、「そんなこと、いいよ」といった言葉をもぐもぐと言った。母は立ち上がって朝食を作りに行った。私は着替えに自分の部屋へ逃げた。

いいよ、で済むことではなかった。あいまいな詫びでは済まなかった。私の父への怒りは長いことおさまらなかった。一九七六年に父が死んでもわだかまりはなくならなかった。学校で経験した人種差別的暴力や敵意のせいで孤独だったけれど、父から受けた暴力にはもっと深く傷つけられた。人を好きになるときでさえ、私は鎧をつけ、弱さを見せまいとし、父に傷つけられたようには傷つかないようにした。神学的な愛を理解しようとする私の探求は、孤立感を破り、傷ついた心を癒し、愛し合い、尊敬し、親しみを深めるといった温かさを得ようと自分の心を開くというだけでなく、閉じた殻から自分を解放することでもあった。私の探求は、私自身の魂が、障壁無しに愛する度量に近づくことを意味していた。

母は私と接触し続けようとしたが、私はロイに憤りを感じていたので、母の穏やかな、もって回ったやり方で家族に引き戻すことはできなかった。母はアメリカに住むようになって十五年目にキリスト教徒となったが、保守的な信徒である母は私とは異なり、信仰が二人を結びつけることはなかった。母が受洗までそんなに時間がかかったのはたぶん、じいちゃんの仏教への敬愛があったからだと思う。でも、こと宗教に関して、じいちゃんが母を縛っていたということはない。

一九五五年に母がロイと日本を出て行ったとき、母がアメリカ合衆国で生活を営むことになるだろうとじいちゃんは予想していた。沖縄の那覇に向けて船に乗った時、じいちゃんは母に、「あいつの国じゃ、皆キリストさまを信仰している。お前の家族は皆、お前がキリスト教徒になっても構わないと思っているよ。わしらがお前を愛していることには変わりはないし、お前はわしらの娘だ」と言った。これが、母の覚えている日本の家族の愛というものだ。私がデンヴァーから受けた愛も同じだった。私がロイに求めていた愛もこれだったが、そういう愛を受けとることはなかった。

幽霊の道

三十年たってようやく、母が意図的に私から日本語、そして日本のルーツを遠ざけ、二人のあいだに距離を作ったわけがわかってきた。母は、自分の秘密に私が近づかないように、日本語と日本という世界を覚えておいてほしくなかったのだ。母はある辛い過去を私に知られまいとしていた。のちにわかったことだが、母はロイと出会う前の一九四八年に、プエルトリコ人の病院看護兵でアマチュアのボクサーと付き合っていた。海を愛する島国の二人が出会い、愛し合ったのだ。

戦争が終わってから一九五二年まで、アメリカ軍の兵士は日本人と結婚するのを禁じられていた。敵国の女性と付き合うことは、避けられないことだったが、やめるように説得された。母とプエルトリコ人のアメリカ兵、クレメンテは母が妊娠したとわかると、一緒に住むようになった。私は一九五〇年四月二十九日に生まれた。クレメンテはヒスパニックの俳優リタ・ヘイワースの名前を取って、私をリタと名づけた。三十三年間、私の名前だけが、クレメンテが私の人生の一部だという、隠そうにも隠しきれない証拠だった。私は長いあいだ、どうして日本的でない名前をつけられたのか不思議に思っていた。

私が生まれて六か月後、クレメンテはもう一つの戦争が始まった朝鮮に送られた。彼が出兵して数か月後、母と私はじいちゃんが営む農家へ引っ越し、クレメンテが連絡してくるのを待った。母は看護師として働き続け、祖父母とおばたちが私の面倒を見た。母は何か月もクレメンテからの連絡を待ったが、音沙汰はなかった。梨のつぶて。ドラドに住む、クレメンテの両親からは小物や服などの贈り物が届いた。母は服や日本の陶器といっしょに私の写真を送った。送った湯呑セットやノリタケのお皿には「占領下の日本製」と書かれていた。

月日は流れ、一年、二年と過ぎた。私の父からは連絡の一つもなかった。プエルトリコとの手紙のやりとりも稀になり、ついに途絶えた。母はプエルトリコへ行ってクレメンテを待ちたいと思った。けれど、じいちゃんは母が行くことを許そうとはしなかった。クレメンテは責任ある人間じゃない、私たちの面倒をちゃんと見ることはないだろうと言った。じいちゃんは、クレメンテは温かい心を持っていない、とも言った。すでに私たちをこんなにも傷つけていたのだからと。

当時、母にとっての人生がどんなだったのかを想像するのは難しかった。日本は父権的で貧しく、外国人嫌いで、敗戦によるトラウマをまだ抱えていた。私たちの家族は長崎から二時間のところに住んでいた。母は二十二歳で未婚の母になっていた。戦争を生き抜いた日本人男性で、こんな不埒な女性と結婚しようという者がいるだろうか？　これが息子だったら母にそれなりの身分を保証してくれる者もいたかもしれないが、私は女児だった。よりによって混血だった。プエルトリコに送った私の赤ん坊のころの写真のある一枚の裏に、母は「大きな目を見てください」と書いていた。

もちろん、私にとって、母の不安や心痛、落胆――果てしなく続く悲しい待ちぼうけ――を想像するのは難しいことではなかった。クレメンテの妻という法的身分なしに、彼が戦死したのかどうかも、彼の家族が言ってこないかぎりはわからなかった。もし死んでいないのなら、どうして連絡がないのだろう？　じいちゃんの言うとおり、彼は心が冷たいのだろうか？　毎日郵便が届いたかどうかを気にし、ドキドキハラハラ、喉につかえを感じ、吐き気と傷心に苦しみ、期待は無と化し、落胆のナイフも繰り返しと消えゆく希望によって鈍化していった。待ち続けることの繰り返しからは何の結果も得られない。悲しい別れの言葉もなければ、最後の和解もなければ、死を悼むことも、完結した終りもない。

母は病院の仕事を続けた。祖父とおばたち、おじたち、いとこたちが、母の看護師仲間とともに私の世話をしてくれた。母には心痛があったが、私は愛にあふれた、安全な家で過ごせた。私が二歳のとき、母はまた別の米兵ロイに出会った。ロイはミシシッピ州エイモリー出身で母より五歳年上で、八年生までしか学校教育を受けていなかった。じいちゃんはこの赤毛のアメリカ人に会うと、すぐに彼を気に入った。じいちゃんによれば、この男は心優しいし、私たちの面倒を見てくれるだろうと思えた。母は一九五二年の十月にロイと結婚した。

一九五二年の十一月、クレメンテから手紙と郵便為替が届いた。母は次のような返事を書いた。

親愛なるクレメンテへ

こんなにひさびさ、二年ぶりに手紙をもらって驚いています。郵便為替をどうもありがとう。リタの服を買うことにします。

あなたが幸せでいることを願っています。あなたの人生の邪魔をしてあなたの幸せを壊したくはありません。ただお伝えしたいのは、私はとても良い人と出会って、十月に結婚しました。私たちはとっても幸せです。夫は私やリタの面倒をよく見てくれています。だから心配しないでください。あなたのことをリタは知らないのですから、リタのためを思って、リタにはあなたのことを伝えていません。これからはどうか私たちに近づかないでください。

アヤコより

まるでクレメンテは存在していなかったかのように、故意に消されたのだ。

母は一九五二年、母とロイが結婚したと私が思っていたよりも三年遅くに結婚したのだった。母と父の私文書の中で見た、改変された結婚証書のにじんだ日付、一九四九年十月二日の三年後に。私は一度、この日付について尋ねたことがあった。私が八歳のころで、ちょうど妊娠や妊娠期間について知ったときのことだ。頭の中で、私が生まれる七か月前に両親は結婚したということがわかった。しかも私は未熟児ではなく、八ポンド以上の重さで生まれている。

話をしたり質問をしたりする必要があるときには必ず父に訊いていたが、その父はこのときちょうどトイレに入っていた。とくに親しみが必要と思われるので、私はこのタイミングを選んだのかもしれない。私の家族はトイレのドアをめったに閉めなかった。そのうえ、日本人の家族のように、夜いっしょにお風呂に入ることもよくあった。父がトイレの前に立っているときに、お父さんとお母さんが一九四九年の十月に結婚したというのはほんとうか、と訊いてみた。父は一瞬黙っていたが、それから「そうだよ」と言い、私と目を合わさなかった。「じゃあなぜ結婚七か月めに生まれたのに、私は大きかったの？」と私は尋ねた。父の顔は真っ赤になった。おしっこを終えると、ズボンのジッパーを上げ、手を洗いながら、「お前がもっと大きくなったら教えてやろう」と言った。父の声の調子と目を合わさなかった様子から、日付にまつわる問題は聞いてはいけないことで、説明したくないことだとわかった。父にさらに恥ずかしい思いをさせたくなかったし、プライバシーを傷つけたくないという思いから、二度と訊かないことにした。子どものときには、私が小さかったときのことや両親の結婚したばかりのころのプライバシーは訊かないものだという習わしになっていた。その結果、十代の初めごろにはプライバシーについての質問はしなくなっていた。

トルーマン大統領がアメリカ兵と日本人との結婚禁止令を廃止したのは一九五二年だった。私の両親は一九四九年には結婚できなかったのだ。結婚しても自動的にロイが私を養女にすることはできなかった。だから私たちは沖縄に行ったのだ。

ロイは私が四歳のときにアメリカ合衆国への異動命令を受けた。移民帰化局は私が法的にロイの養女になっていないという理由で、私が母についてくることを拒否した。ロイは繰り返し訴えた。移民帰化局から何度も拒否されたのち、合衆国の代わりに沖縄に赴任することを要請した。沖縄なら母についていくことができたからだ。沖縄に赴任中も、ロイは移民帰化局に訴え続けた。最終的に、上院議員に嘆願した。

私がアメリカ合衆国に入るため、ロイは、忠実なアメリカ市民かつ良きキリスト教徒として私を育てるという宣誓供述書に署名した。私は、国籍、文化、宗教、人種が異なる両親の子どもとして合衆国に到着した。私を入国させた上院議員は、分離主義者で知られたミシシッピ州のジョン・ステニスだった。

父が署名した宣誓供述書を遵守して、両親は私をできるだけ「アメリカ人」にしようと努めた。ロイはアメリカの生活を教え込もうとした。釣りにつれていってくれたり、絵を描くことに興味を持つようにし向けたりした。英語だけをしゃべるようにした。キリスト教徒になるようにもした。

人生のほとんどをアメリカの煉獄で過ごした母には、キリスト教の天国の約束がどんな意味を持っていたのだろうかと思う。日本を旅立って十一年後、私たちはロサンジェルス近くの海岸に立っていた。一九五六年に沖縄を去ってから太平洋を見るのは初めてだった。母は息を吸い込み、じっとたたずんでから、「海の匂い。思い出すわ」と言った。母の声は遠くから響いてくるようだった。目は涙で曇っていた。母は私たちの誰をも見ていなかった。それは、私がそれまで見てきた中で、母が最も感情をあらわにした瞬間だった。

母がもし一人きりで、家族や友人の支援もなく、収入もなかったら、どうなっていただろうか？戦後の日本で一人きりだったら、私を中絶するか、もしくは心中をしていたかもしれない。私を孤児院に預けるか、子どものいない家族か芸者の置き屋に売っていたかもしれない。占領下の日本で、貧しい人々の多くが生きていくのに大変な苦労を強いられていた。私たちは愛情あふれる家族や友人、責任感のある米兵によって救われた。

母が私を手放すことなく、救おうとしてどんな犠牲を払ったのかはわからない。日本の家族や心地よい生活、私の親戚が現在維持している生活を犠牲にしていることは確かだ。自分の専門職のキャリアも犠牲にした。ホームシックやアメリカでの孤立感は計り知れない。赤十字の看護師資格も七年間の経験も承認されることはなかったし、きれいな漆器はカンザス州の夏の暑さでひびが入ってしまった。海苔や豆腐、国宝米〔アメリカで作られているお米の銘柄〕、味の素、醤油といった日本食を探さなければならなかった。自分の娘は母親の言語をしゃべらなくなり、母親にとっては外国人になった。

私と母とのあいだには沈黙という大きな隔たりがあった。過去に取りつかれ、失った言語よりも大きな隔たりがあった。それを母もロイも死ぬまで秘密にしていた。私がロイの娘として生まれたのではなく、別の父親がいた、という秘密だ。母もロイも秘密にしておいたほうが私を守ることができると信じていた。たぶん、そうだったろう。だが、秘密を守るということは、大きな喪失と飢餓を伴うことでもあった。

故郷なき道

私たちは一九七二年にお地蔵さまと別れることになった。幽霊が私たちのあとを追いかけてきた。旅のあいだ中お地蔵さまが守ってくれていると思っていた家族が、病気や死、嘘の上に成り立っている家族だとわかり、隠れた真実によって徐々に壊れていくのだった。当時はこの年が私の人生の解明の始まりだとは思っていなかった。

一九七二年の、チャップマン大学の二年目の後半は、想像できるかぎりにおいて最も興奮する出来事と共に始まった。二月の初めごろ、国連主催のツアーで、船上世界キャンパスと称する船に四百人の学生とともに乗った。四か月間、授業を受けながら世界を一周するというものだった。私は、船上での一学期で、十七年ぶりに日本に戻るチャンスが得られるからという理由だけで、チャップマン大学を選んだ。カリフォルニア州奨学金委員会賞をもらい、カリフォルニア州内の大学であればどこでも入学できたが、他の大学には応募しなかった。私が欲しかったのはこの一点のみだった。日本と別れてからというもの、どうにかして日本に戻ろうとしてきた。

日本との別れは苦痛極まりないものだった。私は五歳で初めて一人で寝ることを強いられた。私の部屋のドア越しに醜い顔がいくつも覗き込むのが見えた。床に敷かれた布団の上に寝ることはなくなり、ベッドの上で寝ることになった。ベッドの下には、私を食おうと待っているモンスターが潜んでいた。何週間も悪夢にうなされた。怖くて泣き叫んだ。両親のどちらかが私のベッドのわきに座っていなければならなかった。私は福岡――遊び友だち、家族、母国語――が恋しくてたまらなかった。アメリカの基地内の幼稚園で、日本語から英語に切り替わった。一九五五年以来、私の家族で日本とつながりがあるのは母だけだった。母が日本の家族と手紙をやりとりし、それだけがニュース源だった。

私は言語を通して、男女の役割や日本の宗教といったアイデンティティを継承した。ほとんど考える必要はなかった。見えない価値やルール、しきたり、言語、ふれ合いは家族に引き継がれたものだとわかっていた。これらは皆隠れていて、識別するのが難しいけれども、強力なものだった。安心感を持ち、愛されていると感じた。その世界は失うまで考えることもなかった。

私の故郷の記憶は年月を経るうちに遠のいていった。じいちゃんのこともばあちゃんのこともほとんど思い出せなくなった。シズエおばちゃんやフミコおばちゃん、カツミおじちゃんやいとこのイツオちゃんやヨシユキちゃんの顔も記憶から薄らいでいった。皆二次元の白黒イメージとなって、母のアルバムの写真と混同してしまった。福岡は、私のアメリカ生活を表す痛々しい喪失感から安全でいられる想像上の場所になった。母が福岡の話をほとんどしなかったことも、この郷愁を助長した。私の記憶の中で渦巻いていたほんの少しの物語は、繰り返し思い出したせいで擦り切れていた。

外国語と他国の文化で送るアメリカ生活は、母を沈黙の部屋に閉じ込めてしまっていた。母が私に日本のことを思い出す助け船を出してくれないだけに、私の記憶は郷愁の繭となり、陽気な外面を崩壊させることなく、私を守ってくれた。私は記憶を心の奥深くに御守のように抱え、アメリカでの喪失感――母国語の喪失と母が感情をあらわにしないこと――から守っていた。

私が十三歳のとき、何度も悪夢を見た。沖縄の家に戻るのだけれど、母の姿がない、という夢だった。母は誘拐されてしまったというものだった。

私は家の裏のジャングルの中を走って、誘拐犯を追いかけ、母を助けようとした。木々を抜けると、ジャングルは当時、私たちが住んでいたドイツの米軍基地近くの松林になった。松林で、一件の小さな家にたどり着いた。入口という入口が閉まっていた。窓に這い上って、中を覗き込んだ。がらんとした部屋の真ん中に、母が椅子に縛り付けられ、さるぐつわをかませられていた。他に誰もいなかったので、私は窓ガラスをたたき、「お母さん、私よ、リタよ」と叫んだ。母はわたしのほうを向いたけれど、その目は私を認知しておらず、虚ろだった。私は絶望的で空疎な虚脱感を味わった。

日本から排除された私は地に足がついていない状態だった。風に吹かれた灰のように喪失感にあえいでいた。私は自分の人生を形作る言葉を、意味のあるしきたりや考えや説明を、探し求めた。この探求がアメリカ生活を創るうえで必要だったので、必死に求めていた母から離れることになった。私が母からいつ最終的に離れたのかは覚えていないけれど、私がアメリカ生活を必要としたとしたら、母がそれを導いたのではないことだけは確かだった。

そうした喪失感と向き合いながらの人生の探求は精神的というより、宗教的な旅だった。なぜなら、私の旅は、単に個人的な探求であるのみならず、全世界とコミュニティを求めていたからだ。宗教は文化、すなわち社会的に組織されるような存在のあり方、人々が生まれてくる文化に言語、意味、形を与えるものだからだ。神学はいかに存在のあり方を言葉にし、言語化するかにかかっている。頼ることのできる友人やコミュニティを求め、神学的な答えを求める私の探求は、いかに自分自身を探求するかということだった。

大学で宗教学を専攻したとき、日本の仏教のルーツを理解しようと、いくつかの授業を取った。仏教の宗派の主な経典を学び、現世についての考えや信条、主たる創設者や思想家、さまざまな信仰宗派、日本の土着信仰である神道との違いを学んだ。一九七二年の日本への旅で、授業で懸命に学んだことが日本の宗教的な行為を理解するうえでほとんど役に立たないことを知った。各家庭にある仏壇は何なのか、仏教が日本の日常生活に適応しているとすれば、どのように適応しているのだろうか？　私にはわからなかった。

ほとんどの日本人は自分の家が登録している仏教の宗派が何であるかを知らず、それが何であろうと構わないと思っている。生まれた赤ん坊の祝福や結婚式では神社へ行き、葬式の際には仏教のお寺に行く。黙想はしない。一つの宗教だけを拝むことはしない。一年のあいだに休暇がどれだけとれるかによるが、いろんな寺や神社にお参りをする。宗教を同じ地盤で競い合うものとは考えていない。その代わり、神通力や精霊を作用の異なる領域ごとに分けている。役割に違いがあっても許容する。

福岡で子どもだったころ、年に何回か、母は私に着物を着せ、家族全員がよそ行きに着飾ったことがあった。祖父母の家の玄関から曲がりくねった小道を出て、泥道を歩いて駅まで行き、同じように伝統的な祭りの着物を着た人たちと電車に乗ってお寺や神社に出かけた。ちょうちんの明りで照らされた細い砂利道を歩くと、その両側には漬物やお茶、陶器やおもちゃ、羊羹などのお土産屋が並んでいた。お寺の門に近づくと、大きな水槽の屋台が手招きしていた。水槽にはたくさんの小さな金魚が泳いでいた。紙のすくい網で金魚を捕まえようとすると、あっという間に破れてしまった。私は一匹も捕まえることができなかったが、捕まえようとすることが楽しかった。それからお寺の門のところで両手を洗い、口をすすいだ。お寺に入ると、拝み、それから歩き回って話をした。授業では教えてもらっていなかったけれど、これらは宗教的活動だった。当時はそれを理解できなかった。

ばあちゃんやじいちゃんにとって、先祖や自然を敬い、きちんと関係を結ぶことは幸運をもたらしてくれるものだった。日本の文化は、人間関係や血縁関係において調和を尊ぶ。個人主義的で自己主張が強いことは、私の日本の家では病的とみなされ、謙遜や寛容が尊ばれた。他を敬う行為こそがあるべき姿だった。実際に先祖の霊を個人的に信じているかどうかは、亡くなった人々への感謝と敬意を表す儀式に参加することほど意味のあることではなかった。

西洋の仏教では、アジアの文化の形を採用するよりも、個人の瞑想の実践が強調される。欧米の仏教は、血縁関係や形式的なしきたり、生きている家族や亡くなった家族への義務は無視される傾向がある。北米の仏教は個人の精神性に焦点を当て、実践者が自分や家族やコミュニティの義務を超えられる手段として、「自然への敬意」や「悟り」といった抽象的な価値観を好む傾向がある。キリスト教もアジアでは、アメリカ合衆国で仏教が果たしているような形で存在する。キリスト教徒に改宗する人々は、家族や文化の限界を超えるように宗教を取り扱う。宗教的な考えが文化的な形から分離すると、本来のものとは異なる意味を帯びるようになる。社会的な標準とは異なる方向に向かい、個人の自由をより多く人々に与えるようになる。

私のアメリカ生活の価値観はしばしば、私の日本由来の価値観と合致しなかった。アメリカ人の特徴ともいえる反宗教的な精神的探求は私がプロテスタント育ちのせいだろう。プロテスタントは、何よりもまず自分自身と神との関係を大切にする。アメリカ合衆国の社会はこれに基づいて、個人の成就や自信ある自己、真正性、個人的充足感が強調される。個人の充足感を求めることはしばしば、宗教の組織形態――社会とコミュニティが基盤としている宗教の形とは対立する。社会的に組織された宗教は、偽善的であるか、もしくは抑圧的であるとみなされる。そこでは、人々は集団のふるまいに適応し、集団としての理想や期待されることをしばしば成し遂げようとするからだ。

私は洗礼派の信仰を通して個人的価値観を植え付けられ、個人的かつ主体的救いを受け入れ、自分で考えるように推奨された。しかし、最終的に、このような形で宗教的であることは孤立感を深めるだけで、日本を失い、日本への郷愁、つながりを失ったためのノスタルジーを通してすでに味わった孤独と同じだと思った。大昔に死んだ救世主と想像上の関係を結ぶことは、何の解決にもならなかった。関係を結べないのは信仰と疑念に関してではなかった――イエスへの信仰という形でキリスト教徒が言わんとすることは、私にはなじめず、とうてい受け入れがたく、意味を持ちえなかった。私は他の人々とつながる宗教的な形が欲しかった。私の孤立感を壊し、現実に生きている存在が欲しかった。デンヴァーの人生はそれを実践していたが、彼の神学はそうではなかった。

一九七二年の私の日本への巡礼が、私の失った自分を取り戻し、バラバラになった私の魂の灰を集めてくれるものと願った。チャップマン大学の世界船上キャンパスの、海上での一学期はそうするための手段だった。しかし、神戸に到着するまでに、私の世界はバラバラになり始めていた。

私の家族はその春、船に乗っているあいだに手紙を書くと約束していた。カサブランカ、ダッカ、ルアンダ、ケープタウンといった新しい港に着くたびに、長い、ニュースでいっぱいの手紙を受け取った。コロンボやマドラス、ペナンでは、故国のニュースを心待ちにしている他の人たちといっしょに郵便物の宛先が呼ばれるのを立って待っていた。ところが、両親からの手紙はなかった。あと三つの港を経れば日本到着というバンコクに寄港したときにも手紙はなかった。そこで、お金はかかるけれど、電話をかけることにした。

ホテル仕立てのベッドのあいだにあるテーブルの上の黒い電話のダイアルをじっと眺めていた。ルームメートは寺院や船上マーケットのツアーに参加するまで、買い物をすると言って出かけていた。カリフォルニア州バーストーまでいくらかかるかわからなかったので、コレクトコールをすることにした。国際電話のオペレーターがアメリカのオペレーターと話をしているのが聞き取れた。ようやく電話の鳴る音が聞こえた。妹が受話器をとったが、その声はかろうじて聞こえるというものだった。妹は父を呼んだ。

「お母さんが一か月前に手術を受けたんだ。咽頭嚢胞癌って診断されてね。顔の右鼻腔のあたりの癌だ。お前を心配させたくなかったし、旅を台無しにしたくなかったから、言わないようにしていたんだ。右目も失明して、放射線治療を受けているよ。癌を全部除去できるかどうかまだわからない。でも心配するな。僕ら皆でちゃんと世話をしているから」と父は言った。その驚愕するようなニュースを告げたあと、母が電話に出た。母は同じことを繰り返した。母の声は変だった。息苦しそうで弱々しかった。言葉をはっきりしゃべるのが難しいようだった。「心配しなくていいよ。旅を楽しんでね。何か必要なものはある？」

バンコクでのこの電話から十年後、母の死で私の人生に穴があき、答えられない質問で穴はいっぱいになった。自分は、ほんとうは誰なのか？　誰のものなのか？　私の人生とその始まりの真実は何なのか？

船は五月初め、私の誕生日のすぐあと、大型連休の週の真ん中に日本に寄港した。神戸港に着くと、私は手荷物を詰めた。誰かが私の部屋のドアをノックした。ドアをあけると、友人のデイヴィッドが、「リタ、悲しそうに、心配そうにしている日本人カップルが、君の名前を書いた紙を持ってドックに立っているよ」と言った。私は急いでデッキに走っていき、カツミおじさんとシズエおばさんが「ようこそ、リタ・ブロック」と書いた白い紙を持っているのを見つけた。二人とも私が手を振って叫ぶまで、不安そうで頼りなげだった。二人は笑って、手を振った。家族写真から二人が誰かわかった。

シズエの写真はほとんどなかった。シズエの顔は傷を負っていた。戦後まだ独身だったシズエは保険会社に勤めていて、その会社の野球の試合を観に行った。強烈な打球が彼女の顔に当たったのだった。この事故で、鼻の孔を残して、鼻全体がつぶれてしまった。彼女は絶望のあまり、三階の病室の窓から身投げしようとした。

母の兄弟カツミは同じ保険会社に勤めていて、退職した人たちや病院をよく訪れていた。シズエの見舞いにも来た。彼女は赤面し、カツミの顔を見ようとしなかった。自分の顔をずっと手で覆っていた。カツミは毎日やってきた。シズエは徐々に気を許すようになり、会話をするようになった。カツミは彼女の心の温かさに気づき、結婚を申し込んだ。彼の優しさが彼女の温かみに合致した。

シズエおばさんとカツミおじさんは一九七二年、神戸まで北に旅し、私に会いに来てくれた。通訳を交えて、私たちは福岡ではなく、京都と奈良に滞在すると聞いた。福岡への旅は、まだ新幹線がない時代で、何時間も満員電車に乗らなくてはならなかった。私はとてもがっかりしたが、日本での七日間を最高の時間にしようと努めた。

おじさんとおばさんは三人で過ごせるようにと、奈良に旅館を取っていた。旅館は伝統的な日本の宿屋だ。一つの大きな部屋を皆で共有し、夕食もそこに運ばれる。服を着替えるときは、後ろを向いた。シズエと私は女性用の共同風呂に入った。三人ともお風呂のあとに浴衣を着て、近くの池の周りを散策し、畳の上に布団を敷いて寝た。体を寄せ合い、裸の付き合いをするというのは、この旅で、子どものころに味わった家庭の匂いに最も近いものだった。裸の付き合いの心地よさは私に馴染みのある感覚だった。肉体の存在が普通にあることは、子どものときに味わった懐かしい感覚としてよみがえってきた。夜のとばりの中で布団に横になっていると、自分が小さかった時分に経験したように、他の人たちの静かな寝息が聞こえてきた。

毎朝、私たちはツアーに参加した。おじさんとおばさんは日本語によるツアーに参加し、私は英語のツアーに行かせられた。おばさんは日本の子どもが好きなお菓子を日ごとに分けて小さな袋に入れたものをくれた。その週は京都と奈良の重要な歴史的な名所を事実上、一人で見た。私の行き先の神社や庭園でときどきおじさんたちと鉢合わせすることもあった。私たちはお互いに頼りなげに手を振った。するとおじさんは立ち止まって、私たちの写真を撮った。今でも私はガイド付きのツアーは好きではない。

毎晩、旅館で夕食をとるとき、おばさんは日本語で「ハンバーガーが欲しいですか？」と訊いてきた。おじさんもおばさんも、私が日本食のほうが好きだと言うと驚いていた。私たちは他人に近かった。一九五五年のままの思い出だけで、共通の言語がなく、十七年間異なる文化の中で過ごし、自分が想像する日本人と彼らが想像するアメリカ人とで隔てられていたのだから。私はまだ何も開拓できず、何も完了しないまま、神戸で彼らと別れた。

船が神戸港を出発すると、カラフルな紙リボンの端を持った。リボンはロールがなくなるか、切れるかするまで持っていた。何百本という明るい色の紙リボンが、岸にいる人たちの手からデッキにいる人たちの手へと伸びていた。お馴染みの別れの儀式である。

私は母と父と妹と自分が一九五五年に船で福岡から沖縄へ旅だったときのことを覚えていた。私たちはデッキに立って、じいちゃんやカツミおじさん、シズエおばさん、フミコおばさんやばあちゃんが岸で手を振って別れを惜しんでいるのを見ていた。彼らは皆、カラフルな紙リボンを持ち、その端を私の両親が持っていた。母は私に紙リボンの一つを持ち、その端を岸にいる人たちに持ってもらうようにせかした。私は、きつく握りしめて海に引っ張られ、溺れるのではないかと不安になり、それを断った。母と父は、私をぎゅっと抱きしめているから大丈夫と約束し、私にリボンを持つようにと何度も言ったが、私はデッキに立って泣きじゃくっていた。そうしてリボンを手に取るのを拒んだ。サヨナラを言って手を振るのも拒んだ。

第二部　ペンテコステ――炎の季節

第三章　ティアマトの涙――レベッカの物語

天を裂いて、降って来られる方
あなたの御前に山々は震える
火が柴を燃やし
湯を沸かす

「イザヤ書」六四章一―二節

夢の中でシアトルのユニオン湖の上流の草深い円丘のカイトヒルに立っていた。夜だった。よどんだ水の黒い光沢の向こうに、遠くからでも地平線に銀色に輝く街の灯りが見えた。だがそれはまばゆいばかりの星たちだった。空全体が、無数の小さい炎に煌めいていた。夜空を見上げながら、わたしはうっとりした。天で何かがうごめいているのを見た。ぐるぐると旋回する光の渦だ。渦巻銀河だろうか？　それは大きくなりながら近づいてきた。空飛ぶ円盤？　魅了されて、見つめ続けた。その光は、弧を描きながら全速力で地上に向かい、色とりどりに輝いていた——サファイアの青、エメラルドの緑、ルビーの赤、白熱した黄色。それは円盤ではなく、大きな竜が落ちてきた。地上に真っ逆さまに落ちながら、宝石で覆われた体を回転させた。鼻からかすかにたなびく煙の跡が見えた。しかし炎は消えていた。これが落下の理由だ。炎なしでは空にとどまれない。ダイアモンドのような涙がその目からこぼれる。竜は、わたしが立っているカイトヒルの頂上に衝突しようとしている！　怖くなって、衝突を避けるために小走りになった。竜は地響きを立てて地に落ちた。心配で前に進み出て、腰をかがめ、その涙に触れた。

どこからともなく友人のコリーンが現れて、陣頭指揮をとった。「竜を家に運ぶのよ」と宣言した。わたしたちは竜をコリーンの南北戦争前の大邸宅に運び入れ、湾曲する階段を上った。家屋を囲むバルコニーに竜を置いた。竜がくつろげるだけの余地があった。死んだように重たい竜を運ぶという大仕事のために汗がふきだした。「さて」とコリーンが言った。「この子にチキンスープを飲ませなきゃ」

心のうちで夢を鮮明に感じながら目が覚めた。夢の中のキラキラした色の竜の絵を描いてみた。その涙も描いた。

喜びの瞬間を与えてくれた懐妊と、その中絶からほぼ一年が過ぎた。夫とはもはや一緒に暮らしていない。数ブロック離れたところの小さな部屋を彼は借りた。復活祭の直前、引っ越しを手伝った。新しい場所で落ち着けるように、夜に近隣の通り沿いに家具を運んだ。別居することで自分を取り戻せるだろうと夫は言った。中絶によって結婚を維持できるとわたしは信じていた。彼が立ち去ると悲しみが襲った。犠牲はわたしたちを救わなかった。受難節の一連の説教でわたしは自分の神学的な問いを声にし、贖罪についてのキリスト教の教義を綿密に調べあげた。教会の人たちはそれらの問いを尊重し、キリスト教の信仰にそれぞれの方法で取り組んだ。わたしは自分の悩みを、信頼できる一握りの友人を除いて誰にも打ち明けなかった。コリーンはそれを知っている友人だ。

彼女は、聖金曜日に礼拝堂のすべてのろうそくを消す典礼の場に共にいて、悲しみの夜を一緒に過ごした。

この礼拝の後に、いつものように復活祭が巡ってきた。早朝の雨の中、会衆はカイトヒルに集まり、復活のイエスを目撃した物語を再演した。ハレルヤを歌い、教会にパンケーキを食べに戻った。春の花が礼拝堂を飾り、わたしたちが歌う讃美歌にトランペットが鳴り響いた。教会は人であふれていた。たくさんの疑問を抱えたまま、わたしにどんな説教ができただろうか？　宗教的な骸骨があります、とわたしは言った。その骸骨と踊ることを学ばなければならない。自分の腕に抱えた喪失を理解し、リズムをとりながら揺らすことを。人生における裏切りと暴力、苦しみと嘆きの現実を抱擁することを学ばない限り生きることはできないと述べた。自分自身が悲しみに破壊されることなく、そうした感情を腕に抱くことができるのか、わからなかった。もしかすると音楽が教えくれるのかもしれない。あるいは典礼において可能なのだろう。何にせよ、ちょうどマリアが十字架につけられた子を腕に抱き、嗚咽したように、この地上で暴力を受けた人々の遺体を抱いて、嘆きの声をあげなければならない。サバイバーの嘆きが、暴力の終結と慈悲の行動へと結実するために。

少なくとも、わたしはそのことを希望した。

「わたしが見た夢について話したいの。家に寄ってくれないかしら?」と電話でコリーンに尋ねた。彼女は夜に来てくれて、夢の話を聞き、絵を丹念に見てくれた。竜についてもっと調べようということになり、書斎の本棚から『民俗学辞典』を取り出した。多くの文化で竜は母なる創造者、いのちの源だと言われている。竜の誕生は宇宙生成をうながし、竜を祭ることで、新年における世界の刷新を祝うことを意味する。

「でも、夢の中の竜は困っていた」とわたしは言った。「その竜は、困難にある最初の竜ではないわね」と、コリーンが辞典を読み進めながら答えた。バビロニアの創造神話『ギルガメシュ』では、ティアマトという偉大な母である竜がいた。その竜から天のあらゆる星々が誕生した。ティアマトの息子マルドゥークは、母親の繁殖力に激怒し、殺そうとした。彼は戦いのために武装し、大きな剣を振りかざして竜のもとにやってきた。竜はどなろうとして口を大きく開けた。マルドゥークはその機会をとらえ、剣をティアマトの口に差しこんだ。彼は母親を殺し、その体を二つに割り、遺骸の半分を天に投げた。亡骸の半分はこの世界の土台になった。星座のりゅう座は、北半球で見られる、北極星の周囲を旋回する螺旋状の星団で、ティアマトの亡骸が宇宙に投げられたことの遠い記憶に由来するとされる。

「傷つけられ、追放されたティアマトの亡骸によって航海しているのね」とわたしはコリーンに言った。「すべての母親の身体の破片の上にこの世界は築かれている。つまり、暴力の上に。彼女は炎を失ってしまった。追放された天で旋回することに耐えられなくなり、嘆きのために地上に落ちてきた。一体性と再統合を探し求めて。暴力によって分割された宇宙を持続させることが竜にはもはやできないのね」

「そうね」とコリーンが言った。「夢の中の竜はあなた自身なのかもしれない。自分の体の創造的な力が破壊されたのだから。自分の内側の炎が散り散りにされて、灰になったと感じているのでは？」

「そのとおり」とわたし。「苦痛によって、地面に投げ出されてしまったみたい。もしかしたら夢は、わたしに起きる変容の前兆なのかも」

「あなただけではないわ」とコリーンが付け足した。「夢は今の時代の予兆かもしれない。傷ついた女たちの心を癒やすこと、身体を治すこと、一体性を探すこと。もしかしたら夢は、暴力によらずにこの世界の土台を据えることを望んでいるすべての人を表すのかもしれないわ。受け継がれた痛みという遺産のゆえに、苦しんでいるすべての人の嘆きなのかもしれない」

「もしかしたらチキンスープについても、ね」とわたしは加えた。

「チキンスープは出発点かもね」とコリーンが笑った。

コリーンは、竜の絵を借りたいと言った。彼女は教会で木曜日の午後に子どもたちのための即興劇のグループを指導していた。子どもたちが絵を見ている間、夢の物語を話した。「劇にしたい」と子どもたちが言った。コリーンは子どもたちが夢について考えたことをまとめた。子どもたちの言葉とアイデアから脚本を書いたのだ。

「竜は、降りてくる場所をどうやって知ったの？」と子どもたちは質問した。「どうやってわたしたちを見つけたの？」「空にいるティアマトに合図を送らなきゃ」「ティアマトの関心を引くために、ワイルドでクレイジーなダンスをするんだ」

晩春に劇は上演された。ライラックの花が香る、暖かい晩で、聖霊降臨節を間近に控えていた。教会の礼拝堂で子どもたちは劇を開催した。会衆は暗闇の中に座った。中央通路に光の小道が設置された。子どもたちは、ワイルドでクレイジーなダンスのためにドラムとベルを鳴らし、叫び声をあげ、飛び跳ねて、くるくると踊った。竜が説教壇の後ろから現れて、子どもたちの輪の中に入った。竜は張り子の大きな頭をしていて、わたしが描いたとおりに彩色が施されていた。その長い胴体はカラフルな色の布でできていた。竜は、床の上にドサリと倒れ込み、その形がしぼんでしまい風船のようによろめいた。チキンスープが竜にふるまわれたが、十分ではなかった。竜は倒れたままだった。

「どうやって助けられるのかな」子どもたちは互いに話し合った。「心が傷ついているのかも」と一人が叫んだ。「見て、泣いている」子どもたちは、竜の頭にやさしく触った。

「竜に話してもらって、その物語を聴こうよ」。子どもたちは互いにうなずきあった。一人が、竜の頭に登り、竜が話をしているかのように、その頭を上下に動かした。子どもたちは、聴いているという動作をして見せた。頭を振って同情を示し、悲しみの表情で竜の頬に自分の頬を寄せた。一人ひとり、聴いていた子どもたちが竜の中に入って行った。竜の長い胴体が通路の長さにまで伸びた。音楽が礼拝堂を満たし、竜が踊り出した。

劇が終わり、わたしたちは拍手のために立ち上がった。

子どもたちの感受性と典礼への直感力にわたしは感動した。教会の子どもたちは癒やしの物語を考案したのだ。トマス・アクィナスの『大全』に、メランコリーについて論じた箇所がある。アクィナスは、深い悲しみの重荷を負った者の人生を観察した。それらの悲しみが人を、さらに罪に傾かせるのかどうかという問いを発した――自らの悲しみの重荷のゆえに他者に危害を加え、絶望を深くするのではないか、と。この問いについての冗長な議論の後アクィナスは、メランコリーにはそのような効果があると推論した。この結論は気をもませた。悲しみが、そうした人たちの罪の主要因なのだろうかと彼は疑問を発し、「ノー」と答える。どんよしりた絶望と共に生きる人たちには特別な思いやりが必要だが、可能ならばその苦悩は取り除かれるべきである。しかしどのようにしてメランコリーを治癒したり、緩和させたりできるのだろうか？　アクィナスは当時の治療法を調査して、慢性的な鬱状態に対する二つの希望的な対処法を述べている。友人たちとの親しい交わりと温浴である。

子どもたちとの交わりがティアマトを癒やした。暴力によって殺され、追放されて天から落ちたが、思いやりに満ちた傾聴により生き返った。苦痛の物語が語られ、証言され、いのちがよみがえった。聴く者たち自身が再燃する炎となって、ティアマトの打ちひしがれた心身にいのちを吹き込んだ。交わりが復活を生じさせた。記憶による追悼が、ばらばらの死体を修復した。

ウォリンフォード・ユナイテッド・メソジスト教会の日曜日、説教壇への階段を登った後、わたしは少しの間じっと動かずに会衆を見つめたものだった。最初の頃、親切で快活な中産階級または労働者階級の白人のアメリカ人たちが習慣や義務やしきたりから教会に来ているように見えた。しかし時が経つにつれて、会衆の表情から読み取る情報に変化が生じた。家々をわたしは訪問した。会衆は自分の生活について話してくれた。一見したところの穏やかな表情からは見えてこない暮らしぶりがそこにはあった。上着の袖先からは苦悩という下着は透けて見えない。しかし至るところにティアマトの涙を見た。

サラは二十代だが、婚約中に結婚を破棄した。子どもの頃の近親姦がトラウマだった。ジョンは牧師の息子だが、両親に自分がゲイであると勇気を出して告げた。次の日曜日、牧師である父親は息子を説教壇から非難し、家族でジョンを勘当した。ジャネットは夫と二人の息子を扶養しており、夫はいのちをおびやかす癌と戦っていた。だがジャネットの上司は昇進と給与増額の候補から彼女を外した。家族を扶養する男性のほうが、その必要性が高いからだと述べた。リンダは、二十年前の息子の自死に対して個人的な癒やしを見いだせないまま、休むことなく他の人の世話をしている。ダニエルは良き夫であり、子どものために良き父親であろうと努めているが、ヴェトナム戦争の体験がフラッシュバックすると怒りで子どもたちをぶってしまう。ダニエルは自分自身をコントロールできないことでひどく心を痛めていた。日曜の朝、彼の娘たちは、おずおずと怯えながらキャンドルを灯す。

教会の人々は数えきれないほどの活動で忙しい。小グループで聖書を読み、飢餓に苦しむ人々のために食糧を集め、シングルマザーの子どものためのデイケア・センターを運営し、教会学校で教える。毎週、聖歌隊の練習のために集まり、困窮する人々のための宣教活動の募金を集め、世界中での自助的な開発に取り組む人々を支援する。祈祷会で、病気や危機的状況にある人たちのために祈る。人生の節々で――誕生、成人、結婚、死が――教会の典礼で記念される。来る日も来る日も、単純な作業の一つ一つが人生全体を形成するために遂行される。

しかし婦人会のバイブル・クラスから学んだように、これら尊敬されるべき活動を行う一人ひとりは、個人的な戦いと苦痛で孤立している。病気と死は困難の許容範囲内だが、戦争のトラウマ、近親姦、同性愛嫌悪、家庭内暴力はそうではない。それらは沈黙の中で耐えるべきことだった。

教会は沈黙を支持した。身近にある暴力と不正を覆い隠すために教会はあるという暗黙の了解が見え隠れした。一人の長老が、四十年近くの教会の使命をふりかえって、かつて言ったことがある。「教会の人たちは自分の苦痛を覆い隠し、それに対処するのではなく、埋葬するために宗教を利用するのさ。少なくともわたしが一緒に働いてきた、リベラルな白人たちはそうだったな。そのような沈黙が、人々の暮らしと共同体をどれだけ損なってきたかにもっと早く気づけばよかったのだが」

同じようにわたしも黙っていることを学んだ。中絶と結婚の崩壊における心痛という悲しい体験を隠し、教会のメンバーの一人として同じ態度をとった。「愛はすべてを耐える」

十字架の神学を精査しながらわたしが行った一連の説教はこの沈黙を少しばかりゆるめた。説教壇から、人々が感じてきた痛みに言及し始めた。わたしは個人に注目を集めたり、沈黙を冷笑したりはしなかった。単純に口火を切ったのだ。わたしがふれたのは、女たちが近親姦、レイプ、虐待、また職場での差別の犠牲者であること、レズビアンとゲイが家族や教会で厳しい拒絶にさらされていること、戦争のトラウマを抱えた男たちがいること、家庭で殴られた子どもたちがいることだった。

沈黙と共に痛みを受け入れることを正当と認める神学に対して、公の場でそれと取り組むことへと突き動かしたのは知恵でも勇気でもない。個人的な危機が動機だった。しかしそれ以上だった。教会自体に内在する、黙っていることで安心し、機械的に活動し続ける教会の習慣があった。しかし会衆には傾聴の特質と呼んで良いものがあった。

日曜日毎に説教壇に立つとき、よく知る顔と向き合う。だがその人たちだけではない。家や職場を訪問し、かれらの家族とその歴史を知るようになった。ジョンソン夫人の整然とした居間の暖炉の前飾りには、子どもと孫の写真が所狭しと並べられ、隅の戸棚には陶製の犬のコレクションが飾られ、コーヒーテーブルは清潔なプラスチック製のレースで覆われていた。ジュリアの都市計画部の一室は、設計図であふれかえっていた。布製パーティションの一角に書類はマグカップで重しがされていた。老いたアルの肘掛け椅子は、見晴らし窓のそばに置かれていた。窓からはユニオン湖の乾ドックを見渡せた。そこでは仕事中の男たちが、修理中の荷船の錆びた船体に這いつくばっていた。「人生のほとんどがタグボートの船長だったね」と彼は言った。「ここに座って思い出に浸りながら、運河で働く男たちを見るのは楽しいさ。しかしあいつらは乾ドックを撤去して、分譲住宅を設置する予定だとさ。美のセンスがないね」。彼は鼻先で笑った。

日曜の朝に会衆に向き合うとき、おとなしく辛抱強く聞いていると感じた。会衆は説教者が何かしらの真実を、何かしら大切なことを述べるのを待った。そのために会衆は長い時間をかけて待つことを厭わないように見えた。

毎年、毎週、人々はこの教会に来て、屋内の高みを形成するダークウッドの弓なりの張り出し屋根の下に座った。礼拝堂は巨大なベイ松でできていた。その巨木は、世界大恐慌の半ばにレーニア山からそりで引き下ろされた。当時、多くの人が失業中で生きていくのにカツカツだった。戦争が差し迫っていたが、人々は魂の逃れ場をつくることに力を注いだ。

今では白壁と素朴なステンドグラスの窓と優美な梁が、わたしたちを守っている。一九三〇年代からこの教会のメンバーであり続けた会衆に、神学の修士号を持つ若い女の牧師が神について語るとき、語りたいことを語るための十分な余地があった。おとなしく辛抱強い会衆が聞きたいのはただ一つだけだ。真実を語ってください。大切なことを言ってください。

一握りの若い会衆にとっても同じだった。四十年以上にわたり讃美歌を歌い、聖餐式の葡萄ジュースの小さい盃が入った銀のお盆を手渡し、説教者と聖歌隊に耳をそばだててきた訳ではないが、若者たちも同じように真実を聞きたいと願っていた。

傾聴の特質は多くを要求した。戯言でごまかすな。陳腐な考えを述べるな。機械的なアイデアや底の浅い神学や大衆向けの心理学を語らないでくれ——大切で、真実で、わたしたちを自由にする言葉をください。その要求をはぐらかすなら、どうやって会衆と目を合わせることができるだろうか？　困難な疑問を隠し、心地よい表面上の説教で済ませたいというわたしの執着を超えて会衆が要求したように、その信頼に応えたいと願った。週毎の説教を準備しながら、大切な言葉を見つけるために熱心に探求した。人生についてのわたし自身の限られた知識を洗い出した——熟考し、研究し、自分なりの方法を探った。そして日曜の朝、かれらと向き合い、わたしは語った。会衆の傾聴の特質に見合うような説教に到達できるのは非常に稀なことだったが、毎週、ふくれあがる沈黙をかすめる程度には手を伸ばし、誠実であろうとする言葉を発した。かれらは自分たちの人生を開示し始め、わたしの応答に耳を澄ますようになった。わたしは全力を尽くした。会衆は説教の内で「わたしのことがわかる」のだ——ネル・モートンならそう表現するところだろう。

初めて女性の説教を聞いたのはわたしの場合、ネル・モートンだった。七〇年代にクレアモントの神学部でリタとわたしが学生だったとき、ネルは近くの退職者向けの居住施設ピルグリム・プレイスで暮らしていた。ネルと彼女の友人アン・ベネットは上品な老婦人だが、その周りには若いフェミニストたちが集まり、シスター・サークルというグループをつくっていた。リタはグループの中で活発だったが、わたしは距離を置いてシスター・サークルを見ていた。グループの行動はわたしをひやひやさせた。教室で、彼女たちは男性の教授に、神についての言語が排他的な男性言語であることに異議を申し立てた。その主張に賛同しない訳ではなかったが、彼女たちは著名な学者を立腹させるという危険を冒していた。わたしは教授に認められたかった。どれほど自分の力を男たちに明け渡してしまったかをわたしはわかっていなかった――力の放棄はわたしの人生の早い段階で起きていた。その力を元に戻し始めたのは中年になってからだ。しかしフェミニズムへの覚醒はクレアモントで始まった。シスター・サークルの女たちは元気で活気に満ち、大胆で、わたしは魅了された。彼女たちが発言したり行動したりしたことにいつも注意を向けた。彼女たちの行動から示唆を受け、自分が活用できるようになるまで意識の片隅に情報をねじ込んだ。

神学部全体で聖霊降臨日を祝ったとき、ネル・モートンが説教した。伝統的な聖書箇所は、イエスの死後、友人たちに聖霊の賜物が与えられたことについて語る。

かれらは一つの場所にいた。突然、天から一陣の激しい風のような音がして、座っていた家全体を満たした。炎のような、分かれた舌が現れ、各々の上にとどまった。すべての者が聖霊によって満たされ、他国の言葉で話し始めた。聖霊がそうさせたのだ。……この物音で群衆が

集まってきて、当惑した。各々の故郷の言葉が話されているのを聞いたからである。(「使徒言行録」二章一―四、六節)

この箇所の通常の説教は、福音の良き知らせを語るように人間に霊感を与えた神的な恵みの奇跡について解説する。ネルは別のやり方をした。彼女は傾聴の力について語った。人間集団には傾聴の特質という可能性があると彼女は述べた。互いに気遣うことで、各々の人生の真実を声にする空間を確保できる。ネルは、フェミニストのコンシャスネス・レイジングについて話していた。女たちが沈黙を破り、自分の現実の体験を語る言葉を見つけ、それらを自分自身と他の人たちに理解できるものとすることは意義深い。これが異言を語る奇跡だと彼女は述べた――真実が語られるまでの長い間、じっと傾聴することによって可能となる正真正銘の語ることの奇跡である。この種の聞くことと語ることがあるところには、新しい共同体が出現する――いのちの共同体が。「お互いに話すことでわかりあえる」と彼女は言った。

ウォリンフォード教会で日曜日に説教をし、週日には教会員の家を訪問した。牧師として教会員の家を訪問することは説教よりむつかしかった。わたしはひどく内気だった。この内気さは、家を訪問した際にセクシュアル・ハラスメントを一度ならず受けたという事実によって克服が困難になった。また深夜に電話の音で起こされることもあった。電話の主は、わたしに牧師としての助けを請い、次の瞬間には卑猥な言葉で攻撃した。時折、教会員の家の外の道路に車を停め、長い間、車中に座って、家のドアまで行ってノックする勇気を奮い起こした。我々の教会の伝統では、牧師は予告なしに訪問することになっていた――おそらく神も予告なしに来られることを象徴するのであろう。教会員は、何をしていたとしてもそれをやめて、座ってわたしと会話した。すべての家の戸口で、目の前でドアが閉じられるのではないかと恐怖した。この予告なしの訪問という儀式は、人の邪魔をするのではないかと恐れた。

ドアは決して閉じられなかった。教会員はわたしを歓迎して家に招き入れ、その暮らしぶりについて語った。自分の悩みを話すことはなかったが、礼拝堂という空間によって象徴されたわたしは、大きな沈黙の気遣いという輪の中で動き、人々との会話を成立させ始めた。

ある午後、マキシンと彼女の夫を訪ねた。夫婦は老人専用マンションに引っ越し、マキシンはちょうど手術を終えたところだった。その新しいアパートは、遠くにオリンピック山脈を背景としたエリオット湾を見渡す角部屋だ。美しい景色に囲まれた夫婦に会えるのは嬉しかった。だが寄る年波で、夫の視力はほぼ奪われ、妻は以前ほど頑強ではなかった。教会で前のようにできたことができる訳ではなかった。

ノックしたとき、午後の紅茶を淹れながらマキシンは手紙を読んでいた。彼女は、肘掛け椅子から難なく届く、テーブルの端のすり切れた聖書と祈祷用の小冊子の隣にその手紙を置いた。美しい花模様の磁器のカップにお茶を注ぎ、レモンクッキーと一緒にお茶を勧めると、手紙を手に取った。

「弟のライルが南カリフォルニアからよこしたんですの。農場労働者の人たちは、今回の旅行に持って行ける食料と毛布に感謝しているけれど、もっとあれば良いと言っていると、書かれてますね」。マキシンの弟はアイオワの農家の出身で、ボランティア活動をしていることは知っていた。彼と妻は、毎冬、メキシコの国境へ車で行って、簡素な食料と毛布と修理といったものを提供する。夫婦は、人間を衰弱させる貧困と過酷な労働条件に苦闘する人々に実際的な援助と友情を届ける。マキシンと妹のドリスも、教会の婦人たちに募金と物資の援助を働きかけていた。

「ご存知でしょうけれども」とマキシンは物思いにふけりながら言った。「ライルがこんなことをするようになるなんて思いもしませんでしたね。家族の者は彼を失ったと思ったんですよ」。耳を傾けると、マキシンは兄弟のことを語り出した。一九四五年、ライルは戦争から戻ってきたが、アイオワの小さな町から西部戦線に派遣された者の中で唯一生還した兵士だった。帰郷の日、町中の人が会いにやってきた。列車が駅に到着すると、楽団が音楽を演奏し、家族も友人も手を振って歓声を上げ、市長は彼に挨拶をするために立っていた。しかし列車から降りてきた男は、戦争に出かけた時の快活で、はつらつとした青年ではなかった。列車から降りてきたのは幽霊だった。音楽と歓声を彼は無言で見つめ返した。その無表情な顔は誰も識別していなかった――母親も姉妹も友人も。

家族は農場の家にライルを連れ帰った。彼は居間のロッキング・チェアに座ったが、話もせず、眠りもせず、ほとんど食事もしなかった。町の人には何が悪いのか、わからなかった。ただ彼の魂が失われたことだけは理解した。

マキシンはライルと一緒にいようと決心した、とわたしに語った。そうできる時はいつでもマキシンは彼と一緒に居間に座り、話しかけた。彼女は、町の金物店で聞いたニュースや、教会での持ち寄りの食事会に誰が出席し、若い女たちがどんな服を着ていたかを話した。ある朝には、洗い立ての洗濯物が風に吹き飛ばされてトマト畑に飛び込んだことを仔細に話した。話題が尽きたときは豆をむいたり、繕い物をしたりしながら静かに彼のそばに座った。ライルは石のように黙り何の表情も浮かべず、揺り椅子で揺れていた。

数か月が過ぎた。ある夜、家族がベッドに入り、マキシンがライルのそばで静かに編み物をしていると、無表情なライルの目に涙があふれた。涙がこぼれ頬をつたった。マキシンは気がついて立ち上がり、ライルを腕で抱いた。姉に抱擁されて、ライルは全身で叫び出し、むせび泣いた。マキシンが抱きしめ続けると、ライルは話し始めた。ライルは怒号、寒さ、煙、親友の死を話した。野営地と共同墓地とその匂い。彼は一晩中話し続け、マキシンは耳を傾けた。

野原をよこぎって朝日が差し込むと、彼女は台所に行って朝食を用意した。彼はそれを食べた。その後、彼は外に出て農家の雑用をこなし始めた。

マキシンは自分の聖書にさわった。「夜はよもすがら泣いても、朝には喜びが訪れる」。［「詩編」三〇編六節］

この物語を話してくれたことをマキシンに感謝し、心の中で熟考した。トラウマを受けた人が感情を取り戻し、しゃべり、日常生活に戻れるのは、誰かがそばにいてくれて、目を逸らすことなくその恐怖と嘆きの報告のかたわらに居続けてくれるからである。マキシンはそうした忠実な証人だった。彼女は沈黙と凍てついた感情の中にいるライルと共に待った。マキシンはライルに付き添った。その供述にたじろぐことなく最後まで聞いた。彼女が同伴することで、ライルは自分の嘆きを溶解し、体験を語ることができた。彼は自分自身として存在し、自分の記憶を詳述できた。どんなにバラバラの断片的な話であっても、体験の糸をたぐりよせ、充分な言葉をつむぎ、記憶していたことを話せた。ライルは普段の生活に戻り始めた。

彼はアイオワに残り、家族の農場を引き継ぎ、姉妹マキシンとドリスはシアトルにやってきた。農場での仕事が時間の大半を占めたが、毎年、夫婦でアイオワから南カリフォルニアへ車で行って、出稼ぎ農業労働者に手を貸すのだった。かれらは仕事を求めてメキシコの国境を越えてきた者たちだ。

何年も経ってから、リタとわたしはこの物語をじっくり振り返ってみた。わたしたちは、暴力の影響を癒やす力が同伴者の存在にあることを話しあった。信頼できる親密な関係性は、重度の暴力、恐怖、絶望に対して、人々が生き延びるように助けてくれる。また、かれら自身の個人的な痛みを超えて生きるように助けてくれる。『心的外傷と回復』でジュディス・ハーマンが述べているように、「心の傷となるような出来事は、個人と共同体の持久する絆を破壊する。サバイバーは、自己という感覚、また人間性の価値を他者とのつながりの度合いに従って、学ぶことになる」。回復すると、人は普段の生活に戻り、他者への気遣いを広げる——自己犠牲ではなく自己への信頼に満ちて。自分自身であることと、誰かが傍にいてくれるというリアリティのゆえに、暴力によって否定された世界に生きるのではなく、人は存在の記憶と共に生きる。かれらは、世界についての、また悪についてのより偉大な認識を身につけた。そのような自己存在を認識すると、あらゆる不確実さの中で自分の行動と人生に責任を持つことができる。その責任を引き受けるプロセスの中で、人は愛の実践、世界を変容させる実践という方向へ舵を切る。

これらのことを考え、学んでいる間、自分の内側の話したことのない苦悶と格闘した。マキシンの物語が頭から離れなかったが、内面に抱える苦痛に周囲にいる人々が揺るぎなく同伴してくれると信頼する準備はできなかった。中絶を決意した年以降、人生は滅茶苦茶になった。公的な、また私的な神学の格闘は、悲しみを沈静化させるには十分ではなかった。

秋になったが、夫は距離をとっていた。ここのところ別居したままだった。二人の間に起きたことはもう意味がないように思い始めた。自分の悲嘆に包まれていたのだ。だが、夫の人生には実際、何が起きていたのだろう？　ある朝、夫と一緒にカウンセリングを受けるために彼のアパートに向かったが、少しばかり早く立ち寄ることにした。わたしの家から夫の住むアパートへ数ブロックほど歩いているとき、冷たい霧の中で実を結ばない木々が灰色の幽霊のように見えた。ほんとうは夫はここで暮らしていないのではないかと疑っていたのだ。彼の車がアパートの近くの通りに停まっていた。ボンネットは暖かかった。フロントのワイパーが朝露を拭いた跡があった。彼は今しがた家に戻ったのだ。どこに行っていたのだろう。

アパートに入って、夫と対峙した。「ほんとうのことを話して。誰かとつきあっているの？」「そうだ」「どれくらい？」。真実が明るみに出た。子どもを授かる努力をし始めたとき、夫は他の女とつきあい始めたのだ。家族をつくることをせきたてながら、午後は他の女と親しく話をするようになった。わたしが懐妊したとき、彼はその女と寝ていた。

わたしは苦悩の渦に投げこまれ、死ぬほどの怒りが心に湧いた。なぜ疑うことなく信頼してしまったのだ？　なぜ、夫婦に現実に起きていることに無関心だったのか？　夫にとってこの結婚が幸福ではなかったことに、どうして気づかなかったのか？　真実を言うように、なぜ彼を問いたださなかったのか？　誰か、何か、信頼できるものが何処かにあるのだろうか？　わたしは死にたかった。

思いもよらない友情が、この時期のわたしを助けた。チャックは、夫が関係を持った女の人の連れ合いである。チャックは妻を熱愛しており、彼女が他の男と関係を持ったことで悲嘆にくれ、その結婚は破綻した。チャックとわたしは、同じような喪失と絶望に苦しむ点で同類だった。わたしたちは自分の伴侶を失いたくなかった。互いに嘆きあい、同情しあった。

チャックはものごとの複雑さを把握する能力があった。彼は悲嘆にくれ傷ついていたが、結婚に何かが欠けていたこと、そのことが、妻が他所に情熱を向けるようになった理由だと感じていた。彼は妻を責めなかった。もちろん彼は胸が張り裂けるほど打ちひしがれ、怒ってもいた。それにわたしの不幸を察して悲しんだ。わたしたちのどちらにとっても、耐えることや完全に理解することができるとは思えない状況だった。チャックとわたしは、毎月あるいは隔週に会って、長い慰めに満ちた会話をした。話すことがわたしたちを支えた。

次の年の夏、チャックはハーバードの夏期講習で教えるために去っていった。秋に戻ってきて、牧師館に立ち寄ってくれた。わたしは友の顔を見られて嬉しかった。日焼けして晴れやかで、はつらつとしていた。「素晴らしい夏だった」とにっこり笑った。「恋に落ちたんだ。ほんものの愛。たぶん人生で初めての」

わたしは彼のために喜んだ。

「こんな風に思えるなんて、まったく予想しなかったよ」と彼は続けた。「それで、この部分が信じられないだろうけど」

「何？」とわたしは訊いた。

「男の人なんだ」

「まあ、チャック、素晴らしいことだわ」と言って、わたしは彼をハグした。

チャックは、この発見が自分と神との関係にどのような意味を持つかについて話した。彼は誕生した時からメソジストとして社会的良心を育み、聖霊のはたらきを強く感じてきた。しかし、と彼は述べた。「自分は神に受け入れられていないという内的な意識とずっと格闘してきたんだ。ジョン・ウェスレーが語る信仰の確証は、自分には理解できなかった。自分が誰であるかを自分で否定していたのさ。自分で自分を受け入れることができないのに、どうして神による受容を理解できるだろう？　でも同性愛者だと認めて、自分にも愛することができると知って、神が自分を愛しているとわかるよ」

　わたしはチャックの体験に心動かされ、彼が人生に新たに見つけた喜びに励まされた。チャックは、彼が自分自身であることを歓迎しない社会と教会の中で大人になった。善良な人とは異性愛者で、同性愛者とは何かしら恥ずべき存在だというメッセージに彼は従った。彼は、好きな女性と結婚し、結婚を楽しみ、子どもも与えられた。しかしその関係に自分自身をまるごと与えることができなかった。今、彼はありのままの自分として帰郷し、恥ずべしというメッセージを超えた。

　わたしもそのような突破口を必要とした。わたしの内面のどこかに性にまつわる深い恥の感覚があった。そのことが、愛を与え、受け取るわたしの能力を遮断した。その原因について何の洞察力も持てなかった。表面上、夫が去ったことを恥じる気持ちがあることは自覚していた。自分は廃棄処分されたガラクタのように感じた。妊娠が、夫をひどく不快な気持にさせたのだと考えた。ちょうど、わたしのセクシュアリティが犯罪であるかのように。夫が選んだことの責任を追求する気持ちは起きず、自分を責めた。その極端な感情に自分自身で衝撃を受けた。そうした感情をどうして良いかわからなかったが、友人チャックの人生を拘束した恥という種類の感情に対してはできることがあった。夜中に独りぼっちで、悲しみの波が押し寄せ、涙にくれたが、日中の活動が救いだった。幽霊のようにつきまとう痛みに満ちた混乱する感情に背を向けて、社会変革のための仕事に集中した。

わたしは決意表明をした。同性愛嫌悪を終わらせよう。性差とその多様性をさらに歓迎しよう。人間存在の全体性に目を向けよう――わたしたちの間に内在化する憎しみではなくて。時代は一九八〇年代初頭で、市には反同性愛感情が高まっていた。全国規模で、わたしたちの教派はレズビアンとゲイの按手を拒否する規則を可決する準備をしていた。チャックとパット――パットはレズビアンの教会員――はこの情勢下で教会にできることを思いついた。二人とも活動的で、教会の活力と宣教に重要な貢献をしていたが、自分たちの性的指向のゆえに目立たないようにしていた。教会でかれらの性的指向を知っているのは、わたしと一握りの友人たちだった。チャックは区の学校に勤めていたが、公的に彼が同性愛者であると知られれば解雇されるしかなかった。彼の職場には法的保護がなかった。

かれらは教会にレズビアンとゲイを支持する前向きな立場を公にしてほしいと願った。わたしはそのアイデアが気に入り、次の役員会に出席できるように取り計らった。

火曜の夜が巡ってきた。予定されていた課題が検討された後、役員会の議長がチャックとパットを呼び入れた。おのおの、役員たちの前で同性愛者を歓迎しない社会で当事者であることがどんなことかを語った。自分たちにとって教会がどれほど意味を持っているか、また教会の交わりが同性愛者のコミュニティにさらに開かれたものになってほしいと説いた。その上で、教会が同性愛者のサポートグループを開設し、地方新聞、特に同性愛者のための雑誌に教会が同性愛者を歓迎する告知を載せることを提案した。

最初の反応は、まるで雷に打たれたような沈黙だった。誰も一言も発しなかった。教会のリーダーの一人セシルが立ち上がった。セシルは、フォー・スクエア・ゴスペル教会の創立者エーメ・センプル・マクファーソンによってキリスト教に回心した男だ。貧しい家に生まれ、貧乏な白人のゴミ呼ばわりされ、中学二年生で退学して働かなければならなかった。タフで、逆境に強く、独学の人だ。腕の刺青は、商船員だった時の名残りである。

役員会で立ち上がる人などいなかった。会議は形式ばらないものだった。だがセシルは話し始めるにあたり、咳払いをした。

「聖書はこの問いに対して完全に明確である」と、彼は断固とした態度で話した。わたしは固唾をのんだ。セシルが何を話そうとしているのか見当がつかなかった。「イエス様は、「自分を愛するように隣人を愛しなさい」と言われた。わたしが知る限り、誰が隣人であるかについてイエス様はどんな条件もつけられなかった。わたしも、そしてここにいる者たちの誰もがチャックとパットの提案に感動した。教会の中にはこうした活動を理解しない人もいるだろう。キリスト者として相応しくない、または聖書をそのように解釈すべきでないと言うだろう。しかし我々が行動を起こさないならば、我々は神との結び付きを失ってしまう」。そう述べると、彼は着席した。

セシルの言葉にわたしはハッとした。一つの関係性に固執することで神を失うなら、それを手放すべきである、と彼は言ったのだ。どうしてそんなことができるのかわたしにはわからなかった。愛が、進んで絆を破棄する可能性があるとは考えたこともなかった。

役員たちが話し始めた。ある者は言った。「チャック、君がゲイだとは知らなかった。でも、君がそうだと知らなかったときも君のことを敬愛していたし、その気持ちが変わるなんてあり得ないことだよ」。他の者はこう言った。「一九六〇年代に遡りますが、教会員の一人が同性愛者だという理由で市の仕事から解雇されたのを覚えていますか？　彼は抗議して、新聞にも載った。教会は彼に味方しました。彼の人生がどんなものだったかを理解していたとは思えないのですが、わたしたちは彼を知っており、解雇が不当なことも知っていました」

しかし心配する者たちもいた。「もちろん、教会はすべての人を歓迎します。でもなぜ、一定の人たちを名指しして、大々的な告知をしなければならないのですか？　そうした人たちだって歓迎するというのが一般的な理解でしょう？」「いや、そうではないのです」と誰かが答えた。「多くの教会が、同性愛は罪であると宣言することで手がつけられなくなってしまったのです。しかしこの問題は、イエス様の考えでは重要課題の一つでさえなかった。これは福音書を読めばわかることです。一般に人々は、いろんな理由をつけて同性愛者を歓迎しません。ですが、歓迎の意を明確にしなければならないのです」

マージ、教会の中でやや保守的な考えの持ち主は、話し合いの間、黙りこくっていた。マージは教会が社会問題に取り組むとき、いつも反論した――特に、チャックが提案することにしょっちゅう反対した。彼女は婦人会の会長で、教会が決定することにかなり重要な影響を与える。

議論が行きつ戻りつするのをしばらく聞いた後で、彼女が発言した。「わたしは二十五年以上、この教会のメンバーです。六〇年代初めにわたしが離婚した時、教会の人たちはわたしを仲間外れにしました。わたしが家庭を壊したのだと教会の人たちは非難しました。多くの人が、わたしのことを善きキリスト者ではないと言いました。幼い娘たちが父親と一緒にいる権利を奪ったのだ、と。離婚したのは、夫が娘たちを虐待しているのを見たからです。これがわたしの教会で、わたしは通い続けました。たとえ誰も話しかけなかったとしても。わたしにとって、ここに来ることが重要だったんです。わたしが教会を必要としたのです」。彼女はそこで一息入れ、静かに熱をこめてゆっくりと言葉を発した。「わたしが締め出されたように、誰かが締め出されるのをもう見たくありません。教会は、個人の人生に対してあまりにも無頓着か、あまりにも傲慢すぎます」

誰かが言った。「投票しましょう」。投票はほぼ満場一致で、一人の棄権があった。役員会は次の日曜日に決議を告知する説教をするように求めた。アドヴェントの第一主日だった。その日の課題聖句は「ヨハネの手紙一」二章九―一〇節、「光の中にいると言いながら、兄弟姉妹を憎む者は、今も闇の中にいる。兄弟姉妹を愛する者は、光の中に住む」

説教をしている最中、人々が教会から去り始めた。ある者は教会の裏口のドアをわざと音を立てて去った。

昔からの教会員で八十代、成人期のほとんどを教会で過ごした女性がこう述べた。「もしかしたら先生は、わたくしが転会するには年を取りすぎているとお考えかもしれませんが、そんなことございません。チャックとパットのことは心配ですよ。二人ともよく知っており、大切に思っていますわ。ですが今回の教会の方針は、聖書が言っていることに一致していません」。彼女と夫は教会を移籍した。クリスマスまでに二十五パーセントの教会員が退会した。

教会のリーダーたちは、教会の中での対立と確執にどのように対処するかを話し合った。教会で会衆に牧会的配慮を提供する信徒グループの執事たちが、退会した人と退会を考えている人を、わたしと一緒に訪問することにした。教会の方針に異議を唱える一人ひとりのメンバーを訪ね、その意見に耳を傾け、共に祈った。同意しないという意思を尊重したのだ。

この時期を振り返って、教会員の一人は以下のような見解を述べた。教会は、最悪の懸念に直面することでさらに強くなった。つまり、物議をかもす立場を教会が取ることで、会員を失うという恐怖である。多くの人が教会を離れた。しかし残された者たちは、大切な結び付きを失っても乗り越えられることを発見した。同性愛は罪であると見なす人たちが所属できる教会はごまんとあった。しかしレズビアン、ゲイ、バイセクシュアル、トランスジェンダーの人たちを前向きに支援し、公式に肯定する宗教団体は多くはない。宗教界が通例では敵意を示すところに、友情を示すことをわたしたちは選択したのだ。

より大切なことのために人間関係の喪失を受け入れることを教会がわたしに教えた。わたしは、結婚を救うという希望のために妊娠を犠牲にした。つながりを維持することほどに価値あることはないと信じていた。だが、いかなる代価を払ってでも絆を維持するより、虐待から自由になる権利を支持するほうが重要だと学びつつあった。この学びの本格的な影響は数年後にやってきた。自分を性的な虐待者の奴隷として縛り付ける不浄な癒着の関係に直面するときに役立った。

新しい人たちが教会に参加し始めた。ある人はこう述べた。「若いときに教会生活はやめたんです。教会が偽善的だったんで。教会には足を踏み入れないと誓ったんです。でもこの教会には加入したいです。信頼できる立場を取っているので」

かつて教会から追い出された同性愛者たちが教会に来るようになったのは、歓迎の看板を掲げたからではないことに早々に気がついた。教会を信頼できる根拠はどこにもなかったのだ。教会が同性愛者たちを誘き寄せ、罪を認めさせようとしているのではないことを、どうやって知り得るだろうか？　教会に直行した者はいなかった。まず電話をかけて、様子をうかがった。しかし事務所で対応する側としては、「レズビアンとゲイを歓迎する教会ですか？」という質問に対して、電話の主が心からそのような教会を求めているのか、それともわたしたちの立場に怒っているのか判断できなかった。

教会管理人のニナは、こうした電話対応に非常に熟達した。冒頭のお決まりの質問に対して、彼女は丁寧に説明した。この教会が、人間のセクシュアリティの表現としてレズビアンとゲイを支持し、そうした人たちをありのままに受け入れ、かれらを変わらせる意図などないことを。どの電話の主も、たまりかねたように最後に口を開く。「電話のほんとうの理由ですが……」

ある日、電話の主はこう言った。「お電話しているほんとうの理由は、わたしが男性で、女の人の格好をするのが好きだからです。女装して教会に行っても、歓迎してくれますかしら？」

ニナは一瞬、考えて、尋ねた。「それって、ほんとうにみっともない格好なんですかね？」

電話の主は笑い出し、次の日曜日にシャネルのエレガントな真紅のスーツ姿で現れた。もちろん帽子も手袋も身につけて。彼女は早朝の礼拝に出席した。その朝は、十二名ほどが同席していた。祭壇の前で輪になって座り、祈り、讃美歌を歌い、説教の番となった。説教の後、平和の挨拶を交わす。おのおの、隣の席の人に向かって「キリストの平和がありますように」と述べる。相手は「あなたにも」と返答する。

シャネルのスーツの新来会者は、十四歳の少年の隣に座っていた。カールはひょろっとして、落ち着きのない、何にでも不機嫌になる年頃だ。ほとんどの日曜日、少年はヒマシ油〔下剤〕の投薬を受けているかのような表情で教会に来た。平和の挨拶が始まったとき、わたしは目の端を光らせた。少年カールが立ち上がって、手を差し伸べ、「キリストの平和がありますように」と述べた。その声ははっきりとして力強かった。「あなたにも」と彼女は答え、しっかり握手し、暖かく微笑みかけた。ちょうどその瞬間、朝日が窓から差しこみ、色とりどりのステンドグラスの光の筋が幾重にも二人を包んだ。

レズビアン、ゲイ、バイセクシュアル、トランスジェンダーの人たちを受け入れるという選択をした後、会衆は態度を明確にすることをもはや恐れなくなった。教会は精神的に強い場所となり、対立する問題に進んで取り組み、絆を失う危険を冒し、沈黙された真実を聞くことに開かれた態度を取るようになった。

教会の社会委員会は、核兵器の備蓄が世界中で増加していることに意識を向けたいと願った。メアリー・ブラウンは、交通局のバスにポスターを貼ることを提案した。ポスターは第二次世界大戦後の核兵器の備蓄の増加を描写したものだ。誰もがこのアイデアを素晴らしいと思ったわけではない。特に教会の高齢のメンバーは。

その話題が出たのは、婦人のバイブル・クラスで、すでに三回目だった。女たちは教会が政治的な問題に取り組み過ぎていると不平を述べた。その上、なぜ、軍事的戦略について疑問を提起しなければならないのか？　わたしたちはとやかく言う立場にはない。マートルがこの会話にストップをかけた。「ちょっと待って」と彼女は言った。「意見を述べる立場にないなんて、どうして言えるの？」　彼女は女たちを見回した。「ここにいる人はみんな、第二次世界大戦が勃発した後、男たちが戦場から帰ってきたことを覚えているはずよ。戦争が破壊した断片をかき集めて、生きてきたんじゃないの。わたしたちは、男たち、それに子どもたちの世話を精魂こめてしてきたわ。一言も愚痴は言わなかった。その代わりいつも良い戦争だったと言ってきた。良い戦争なんてものはある訳ないのに」。部屋は静寂に満たされ、一人ひとり黙ってうなずき、何かしら考えこんだ。その後、クラスの婦人たちはメアリー・ブラウンの提案を支持した。

暴力は、沈黙によって力を得ることをわたしは理解し始めた。暴力を止めるためには、沈黙を破らなければならない。女と子どもに対する虐待について、わたしは沈黙を破り始めた。わたしの説教は抵抗を引き起こしたが、女たちが互いにより強固なつながりを経験し、自分の戦いが孤立したものでないことをさらに自覚すると、抵抗は放棄された。レズビアンとゲイを支持する態度を教会が明確にすると、沈黙を破って変革が起きた。まずチャックが心の中の沈黙を終わらせ、内面化された同性愛嫌悪によって分裂した自己を克服した。まもなく教会のメンバーは、自分たちの体験と記憶について互いに正直に話し始めた。ネル・モートンが指摘したことが起きたのだ。互いの話を聞くことで、新しい共同体、いのちの共同体が生じる。

わたし自身の問いは、心の中で隔離された悲嘆を超えて、より十全な生き方へと歩み始めることができるのか、である。心を支配する自己犠牲の愛をわたしは壊せるのだろうか？　暖かい炎を離れて、灰の箴言を後にして、自分の絶望が残していった疑問に答えることができるだろうか？暴力と裏切りの余波を受けながら、救われることがあるのだろうか？

しばらくして教会の近所で殺人が起きた。教会の角を曲がった所に一人で住む、年金暮らしの初老の寡婦だった。強盗が押し入り、彼女をたたきのめし、レイプし、わずかばかりの所持品を奪ったのだ。これは数か月以内にこの地区で起きた二番目の殺人だった。

殺人が起きた晩、教会の役員会が開かれた。新役員のカレンが言った。「たった数ブロック離れた所で女の人が殺されたのに、どうしてこんな通常の議題を扱うのですか？　この事件を議事に加えるべきではないですか？」。日曜日に教会学校が開かれる部屋に、普段のように集まった役員たちはうなずいた。平素の議題を短時間で終わらせ、例の殺人について話しあった。

「わたしが懸念するのは」とカレンが言った。「起きたことの悲劇と恐怖に加えて、近所に住む人たちへの影響です。特に、一人暮らしの女性たちです。このようなことが教会の婦人たち、マートル、アイダ、ローズに起きるかもしれないのです。殺された人は、教会に来る初老の女の人たちと同じです。彼女たちはひとり暮らしで、数名は夫を亡くして長いこと経ち、蓄えもなく年金暮らし。彼女たちは毎日曜日、教会に来ます。婦人会の昼食会にも来ます。でもこれからは教会に来ることを怖がるでしょう。恐怖のために彼女たちが孤立するのが想像できます」

「何ができるのでしょうか？」

どんな行動を取れば良いのかわからなかったが、役員会はその晩、「行動すべし」ということを投票で決めた。問題は、何ができるか、だった。カレンが情報を収集し、アイデアを練ることに指導力を発揮した。

わたしたちは地区の集会を開いた。その夜の礼拝堂は、動揺と心配を見せる近隣の人たちでいっぱいだった。かれらは事件に抗して計画を立てるために集まった。わたしたちは警察の署長を呼んで、話をしてもらった。彼はこう述べた。「通りにパトカーを増やすことはできますが、それは解決策ではありません。パトカーは犯罪に対処しますが、抑止にはなりません。パトカーを増やすことは金ばかりかかって、目標を達成しません。安全をつくり出すのは、お隣り同士で気にかけることです。怖いという理由で、拳銃で武装する必要はありません。高価なセキュリティ・システムを設置する必要もありません。まあ、そういう品物を熱心に売る人はたくさんいますが。年金暮らしの人が多いこの地区で、それは良い選択肢ではありません。みなさんに必要なのはシンプルで、高額でない安全措置を講じることです。たとえば、ドアに安全錠を付けるような。しかし最も重要なのは、お隣り同士で名前を知っていること、お互いのだいたいの予定を知って、見守り合うと約束することです」

警察署長の話は理にかなっていた。わたしたちが心配していたのは、恐怖と孤立感が増すと、人々が自衛のために武装し、閉鎖的で引きこもる風潮が蔓延し、高齢者やひとり暮らしの人がその影響を直に受けてしまうことだった。わたしたちは絆を強め、互いに助け合う必要があった。暴力は、人間同士の関係を断ち切る。それは絆を否定する。安全、平和、幸福は、隣人が互いを知り、見守りあうと約束することで回復され得る。

教会と地域評議会は、第二回の地区集会で計画を発表した。集会は音楽と美味しい料理を用意して、華やいだ雰囲気で開催された。わたしたちは、一ブロック毎にリーダーを募集すると発表した。百のブロックのリーダーが、それぞれのブロックの隣人たちにデザートと簡単な手料理を持ち寄ること。それぞれの家が強盗に遭わないための基本的な知識を共有すること。家に自分で安全な手段を取り付けることができない者には、そのブロックで助けてくれる人を紹介すること。隣人同士で互いに日常の行動パターンを共有すること。いつ出勤するのか。いつ子どもが学校から帰宅するのか。いつ夜の会合のために家を空けるのか。

思いやりと寛容さが、地区の人々の間で開花した。ブロックのリーダーは、教会の地下室で開催されたワークショップに出席し、安全錠の付け方と窓にストッパーを設置する方法を習得した。至る所で近隣の人々が互いの家を訪問し始めた。お互いを良く知り、見守り合うと約束するために。

一年後、地区の犯罪率は半分以下になった。市の中で二番目に高い犯罪区域だったのが、最も低い犯罪率の地区となった。互いに知り合いになり、絆を深め、隣近所の至る所で気遣いあうようになった。

教会で学んだことは、わたしが格闘していた自己犠牲の愛を説く神学とは際立って対照的だった。進んで痛みに耐えたり、他者の重荷を負ったりすることが、人々に変容を与えるのではなかった。暴力によっていのちが危機に晒された場所で、強いつながりを築くために、自分という存在を互いに向かって差し出すことが変容の鍵だった。

人間の聖性に尊敬の念を抱き、そのような聖性を世界の中で具現化する人々が暴力に抵抗するのだとわたしは理解し始めた。抑圧や虐待や暴力が教えることではなくて、自分で得た知識を信頼して行動することによって個人と共同体がいのちを守る。愛の実践は、理想に従ったり、原理を適用したり、模範をまねる以上のことを含んでいる。愛の行動は、恩寵から出現する。その恩寵は互いを理解するところに生じる。そこに存在する人間の力を信頼することで、愛することを学ぶ。

愛することは暴力に抵抗することである。暴力が否定する受肉の真理を示すことによって。言葉や議論によってではなく、自分の日々の生活の実践によって、愛することの普段の行いによってわたしたちは暴力に反撃する。暴力によって中断され、破壊された認識は、愛を体現する行動によって回復される。これが真理の解放的な性質である。「あなたがたは真理を知り、真理はあなたがたを自由にする」（「ヨハネによる福音書」八章三二節）。

普通の人が、性的虐待や子どもや伴侶への暴力について語り、聞くことは困難なことである。その上、性的指向についての沈黙が、かなりの痛手を引き起こす。それらの沈黙を破ることが、たとえストレスの多いことだとしても、同時に癒やしになる。中でも男たちが戦争体験について沈黙することは、教会でわたしが遭遇した最も根深い沈黙だった。

教会が開かれた会話の場になって初めて、かつては禁じられた話題について女たち、男たちが語り始め、ついに男たちが戦争について話すのを聞くことになった。マートルのバイブル・クラスでの発言が、わたしから離れなかった。「わたしたちはみんな、男たちが戦場から帰ってきたことを覚えています」。それは身体的・精神的虐待を沈黙と共に飲みこんできたことの啓示に等しいか、それ以上のように思えた。

ダニエルが相談のためにやってきた。彼は二人の幼い娘の良い父親になりたいのだが、自分がおかしくなる瞬間について話した。「いつもは普通です」と彼は言った。「庭でみんなで遊ぶんです。自転車の乗り方やキャッチボールをわたしが教えます。ところがどうしたことか、ヴェトナムに戻っているんです。自分の周りが炎に包まれて、自分が叫んでいる声を聞きます。そこで目を覚まします。するとサンディがわたしの前で激しく泣き叫んでいるんです。「なぜ、ぶつの？」このことを話しながら、ダニエルは打ちひしがれていた。彼の普段の挙動にはほんの少しばかりピリピリしたところがあるが、物静かで優しい。彼は歯科医の仕事をしていた。「どうすればよいのでしょう？」と彼はわたしに尋ねた。

わたしには答えようがなかった。近親姦や家庭内暴力についてはある程度学んでいたが、このような相談に関しては準備ができていなかった。これは八〇年代初頭のことである。ヴェトナム帰還兵の心的外傷後のショックについてはまだ多くは知られていなかった。ダニエルが取り組んでいることの名前さえ知らなかったし、彼自身もそうだった。どのような援助ができるのかわからず、助けになれるとは思えなかった。わたしが思い出せるのは、彼がヴェトナム帰還兵たちのグループを見つけ、そこが多少は助けになると話してくれたことだ。しかし、しばらくすると彼は教会に来なくなった。

教会で男たちの話をわたしは注意深く聞くようになった、つまり、どこに沈黙が存在するのかを。戦争で激しい戦闘に従事した者にとっての破壊的な結果を、わたしは理解し始めた。たとえ、それがどんなに時間がかかることでも、暴力の後遺症の中で人生を取り戻そうとする人々への支援と同じだった。

ビルが会いたいと言ってきた。彼は手術不可能な脳腫瘍と診断されていた。「死ぬ前に、証しを聞いてほしい」と電話で話した。ビルはマージの夫である。夫妻は郊外の、湖畔の木々が影を落とす小さい一軒家に住んでいた。そこは静寂に満ち、暖炉のそばに腰を下ろすと家庭の暖かさを感じた。マージが家のどこかに消えた。ビルの脳腫瘍がかなり進行していることは誰もが知っていたが、しかし彼は適切に話すことができた。

「死ぬのは怖くない」とビルは話し始めた。「そのことを知っていてほしいし、その理由を聞いてほしい。俺は朝鮮戦争に従軍した。軍曹に任命され、一団を任された。いい奴ばかりで、俺はかれらが大好きだった。全員さ。特に、サムは最愛の相棒だった。優しくて誠実だった。人を傷つけるような言葉を聞いたことがないんだ。いつでも必要なときにそこにいてくれた。過酷なジャングルを生き抜いた。しかし兵士たちは疲弊して、病気と炎暑から脱走し始めた。

ある日、部隊長から伝令があって、次の日に奇襲をかけるようにとの命令だった。俺は自分たちがジャングルのどこにいるかわかっていたし、敵の居所も知っていた。奇襲をかけても目的を達成することもできないし、生きて戻れるチャンスもないことを知っていた。自殺行為だったのさ。

俺は部隊長と議論した。この任務は失敗する、俺たちを送り込むのは愚かな考えだと伝えた。たとえ部隊長の命令でも、俺は自分の部下を率いて行くことを拒否するとまで発言した。すると部隊長が言うには、俺は兵士としての義務を放棄している、自分の責任に個人的な感情を持ち込んでいる、命令を遂行しないなら俺はアメリカ人じゃないし、兵士でもないし、男でもないんだとさ。俺は疑ったことを恥じた。次の日、俺は命令したんだ。俺たちは出発した。そりゃひどかった」。ビルはしばらく話すのをやめて、自分を落ち着かせようとした。「ほとんどの部下が殺された」

ビルは体をまるめて、自分の両腕で両肩を抱いた。「俺は自分の腕で死んだサム抱きかかえた」。

しばらく沈黙が流れた。

「以来、俺は壊れちまった。何も手につかなくなった。軍から家に帰されたのさ。何もかも失敗だと思った。俺は上司に楯突いた。義務を遂行するのをためらった。その上、部下が殺されたとき、耐えられなかった。それで酒に逃げた。恥から逃げたかったのさ。痛みを見たくなかった。二十年間、飲み続けた。家族はバラバラになった。妻も子も俺のことで絶望し、怒り、傷ついた。妻が子どもを連れて出ていった。さらに酒を飲んだ。ゆっくりと確実に自分を殺していた」

「そんなとき、マージに会ったのさ」。ビルは座り直して、わたしの目を見て笑った。わたしは、教会の役員会でのマージの言葉を思い出した。教会は個人の人生に無頓着で、傲慢だと彼女は主張した。「マージは不屈の精神の持ち主さ。俺は自分自身をクソのように見ていたが、価値があると言い張った。彼女にはわかっていた、彼女も同じような目にあったのさ。マージのおかげで、ＡＡに参加するようになって酒をやめたんだ。感じないようにしていたことすべて、考えるのに耐えられないことすべてを感じ、考え始めた。そりゃ苦しかった。だがＡＡの連中は、俺が自分について、世界について考えているたわごとを全部、聞いてくれた。連中はただ聞くんだ。俺が正しいとかは言わない。間違ってるとかも言わない。身じろぎせずに聞いている。そのうち俺は自分を取り戻した。聖書が言ってるみたいにさ」

「俺は真実を理解し始めた。朝鮮戦争の時、上司に疑義を呈したのは正しかった。命令に服従すべきではないと思ったのは正しかった。相棒が死んで泣き叫んだのは正しかった」

ビルは話しながら、両手を胸の上に置いた。「これが俺という男さ」。そう言いながら、自分の体を手でリズムをとって軽く叩いた。「感じることができる。ケアすることができる。嘆くことができる。愛することができる。俺は戦争を憎む。疑う勇気があった。服従したくなかった」
「今の俺は、死ぬのは怖くない。愛が何であるか、どこに神がおられるか、わかったんだ」。彼は両手を自分の体に押し当てた。「これが、死ぬ前に聞いてほしかったことさ」。老いた両手でわたしの若々しい手を握りしめて、わたしを見つめた。「先生にとっても重要なことさ。先生は説教者だ。俺の話を伝えてくれ。多くの人が、俺が話したことを知る必要がある。先生こそ、俺が話したことを知る必要がある」

ビルはかつて自分自身を憎んだ。しかし彼のいのちは救われた。耳を傾けてくれる共同体と、妻の粘り強い励ましと、思考と感情と行動を抑圧する自分自身の力に抗う精神のおかげで。

もしかするとビルは、彼が経験した深みの何処かで、わたしが聞くべき何かがあると気づいていたのかもしれない。わたしの注意深く防護されたまなざしの奥に、上機嫌な言葉遣いの仮面の下に隠された深い苦悩に気づいていたのかもしれない。わたしは結婚に失敗した。中絶は、結婚を救うための犠牲だったが、結果は悲嘆にくれるばかりで、自分の周りに積み上げた孤立感は増す一方だった。二年近く、毎晩、牧師館の広間を行ったり来たりしながら、わたしは執拗な怒りと悲しみに駆られ続けた。

ある夜、生きる気力がついえた。ひたすら、この苦悩を終わりにしたかった。冷たく冴え冴えとした春の夜だった。ユニオン湖の上流の丘の頂上に住んでいたわたしは夜半に家を出て、丘を降った。水は十分に冷たいと思われた。湖の中を歩き、そして泳げるだけ泳ぎ、すべてをゆだねて闇に沈み、神のもとに帰ることができるという考えに気分が安らいだ。何の疑念も浮かばなかった。わたしは自分で定めた方向へ進んだ。

ふもとで、水際まで行くにはカイトヒルの裾野の草深い場所を横切るばかりになった。見慣れた草深い坂の頂きに登り、入水するために降り始めたその時、今まで見たこともなかった障害物にぶつかった。草むらに沿って、木挽き台のように見える奇妙な物が左右に列をなしていた。暗闇の中で、どちらの列の端にも回ることはできないが、真ん中を越えることができそうだった。自分を解き放つことができない悲しみに駆られて、わたしは足を速めた。目の前の暗い物体は、近づくにつれて動いているように見えた。視界にあるものをよく見るために目を細めた。

こぶ状に膨らんだ物体は、帽子とパーカーに包まれた人間だった。棒状の物体は木挽き台ではなくて、望遠鏡だった。それはシアトル天文学クラブだった。

望遠鏡の列を突破する前に、列の中の一人のメガネの男がわたしを見上げて、熱狂的な声をあげた。「完全に木星に焦点を当てることができた。来て。覗いてごらん」。わたしを天文学者の一人だと思ったらしい。失礼なことはしたくなかったし、ここにいる訳を説明したくもなかったので、腰を曲げて望遠鏡を覗いた。赤い縞模様の木星が光を放っていた。「完璧でしょ?」と彼は言った。

完璧だった。望遠鏡から覗く木星は美しかった。レンズの焦点を合わせるのに尽力したアマチュア天文学者にとってわたしは赤の他人だ。だが彼は、わたしがここにいる理由は、夜空を見上げるのが驚異に満ちているからだと信じていた。暗く光沢を放つ水面の向こうに、街の灯りが揺らめいていた。頭上には、極小の天然の炎が煌めく夜空が広がっていた。

冷たい春の夜半に、ラジオジャック［電化製品ディスカウントショップ］の部品で自作した望遠鏡で惑星と星々を見上げる人々のゆえに、わたしは死に損ねた。

星々が織りなす
耀く夜の陰影、
優しさが我を守り
地上にいる者……
すべての心をひとつにして
この耀く夜の
驚異に涙あふれる……

教会の聖歌隊で歌った歌なので、暗記していた。サムエル・バーバーの暖かな楽曲と、ジェイムズ・アジーの優しい歌詞が一瞬にしてよみがえり、わたしが自分自身を持ち堪えることができないとき、自分のいのちを摑んでいてくれた。詩とアマチュア科学者集団と壮大な夜空がこの世界にわたしをつなぎとめた。

この瞬間、喜びが絶望に打ち勝ち、いのちへの愛が死の欲望を打ち負かしたと考えるのは間違いである。そのような見解は、悪い感情は切り離されるべき、あるいはより強く、より良い感情によって抑えられるべきだと前提する。平和、幸福、あるいはサバイバルでさえ、何かを切除し、自己のある一面を統制することによって達成されると考えている。魂をそのように理解することは暴力を内面化することだ。

さらに愛すべき善いものを見たので、苦悶と絶望の負の感情を打ちまかしたのではなかった。むしろ、わたしはより多くのことを感じることができるようになった。感情が押し広げられたのだ。苦痛、悲しみ、絶望が除去されたのでも、克服されたのでもない。より大きな心でそれら負の感情を抱きかかえた。死を決意したときのわたしは、自分のあらゆる感情や記憶を保持できなかった。すべての感情を保持できたのは、わたしが生きることを決意したときである。

自己犠牲の習慣は、内面的には断片的で孤立した生き方をつくり出した。自己に向けられた暴力の衝動は、普段の当たり前のことから場所を奪ってしまった。しかし予期しない形で普段の生活の継続性を経験したとき、心がよみがえってきた。聖歌隊の歌と音楽で満たされた礼拝堂、教会の交わりと活動——これらがわたしを支えてくれた。喜びを共有しようとする普段の人間の傾向、夜空の美しさに魅せられた楽しさ、冷たい夜気、足下の草むら——これらがわたしの感覚を正常に戻した。普通のことが、より深い認識へ自ずと転換した。この世界には感覚が認識するよりも広大なつながりの網の目が張り巡らされている。

その晩からほどなく、夢を見た。わたしは牧師館の二階の寝室で寝ていたが、誰かが家に押し入ろうとする音で目が覚めた。侵入者が階下の玄関のドアを強く押して、こじ開けた音が聞こえた。恐ろしくなってわたしは体を起こした。どこに逃げられるだろうか？　寝室の窓は小さくて、そこから脱出するのは無理だ。家の中で誰かが近づいてくる音がする。侵入者がわたしを探していること、家中を探しまわりながらわたしを狙って、危害を加えようとしていることに気がついた。寝室のドアを手当たり次第に見つけた物でふさいだ。ドアの前に鏡台を置いて、靴やブーツや本や椅子を積み上げた。侵入者は近づいてきて、寝室のドアの前まで来た。侵入者が中に入れませんようにと祈った。わたしを追跡する侵入者の激しい熱気を感じた。侵入者はドアを開け、バリケードをぶち壊し、ブーツも靴も本もすべてをひっくり返し、わたしのほうに大股でやってきた。

広間から灯りが差しこみ、侵入者をはっきりと見た。彼女は背が低く、いかつい感じの中年で、短い白髪で飾り気がなかった。誰だかすぐに気づいた。彼女は未来のわたしだ。彼女は近づくと、両腕をわたしにまわした。「今の苦しみを知っているわ。かわいそうにね」と彼女が言った。わたしは暖かくて力強い愛に包まれているのを感じた。

夢から覚めたとき、生きるのだと思った。未来のわたしが、孤立の壁をぶち破り、痛みが創り出した恐怖を壊し、自分を取り戻してくれる人物だとわかったのだ。未来を想像できないでいる心の状態を夢が引き裂いてくれた。夢が、将来に現れる人物をまるで今、存在しているかのように出会わせてくれた。

夢も、夜空を見上げた体験も、教会生活の中の祝福も、悲しみを取り去ることはできなかったし、わたしの内面の引き裂かれた部分を修復もできなかった。しかしそれらは、宗教共同体の記憶を受容し、世界の美しさと人間の優しさを直接に体験し、未来についての生き生きとした感覚へと意識を押し広げてくれた。回復された感情の幅は、暴力ではなくて、いのちを肯定することを可能とさせた――たとえわたしが考察している暴力が、自分自身に向けられたものであっても。

その夜、犠牲の行為によって救われたのではない。わたしが救われたのは、いのちが存在するという感覚を回復することによってだ。失くしていた存在の感覚が自分に戻ってきたのだ。

第四章　わたしの手のなかの命——リタの物語

見よ、わたしの目はこれすべてを見た
わたしの耳はこれすべてを聞き、理解した
あなたがたが知っていることは、わたしも知っている
わたしはあなたがたに劣らない
だが、私は全能の神に話しかける
わたしは神と論ずることを望む
あなたがたについて言えば、
偽りで、うわべをとりつくろう
無価値な医者だ
あなたがたの言葉は、灰の箴言だ
あなたがたの砦は、土の砦だ
黙ってくれ。そうすれば、わたしが話す
どんなことがこの身に降りかかっても良い

わたしの肉をわたしの歯に噛ませ
わたしの命をわたしの手の中に置く
見よ、神はわたしを殺すだろう
わたしに希望はない
だが、わたしは神の前でわたしの道を守る
これこそがわたしの救い
神を敬わない者は、神の前に出ることはできない
わたしの言葉をよく聞け。わたしの述べることを耳に入れよ
実に、わたしは裁きに備えている
わたしが正しいとされることを知っている
わたしと言い争える者がいるだろうか？
もしいるのであれば、わたしは黙って死ぬ
ただ、二つのことを許してほしい
そうすれば、神の御顔を避けて隠れることはしない
あなたの御手をわたしから離してください
あなたの恐怖でわたしを怯えさせないでください
「ヨブ記」一三章一―四節、一二―二一節

「ただちに大学から黒人の学生を追い払わなければ、俺たちは黒人の学生全員を撃ち殺す」と、電話の相手はチャップマン大学の学長を脅迫した。相手は、自分はサンタ・アナ・ミニットマンという白人至上主義グループの代表だ、と語った。一九六八年秋、私がカリフォルニア州オレンジ郡のこの大学に籍を置いた、初めての学期でのことである。この電話の内容は学長室から漏れていた。学生会長が緊急会議を招集し、クー・クラックス・クランよりも危険とされるグループの脅しについて議論した。会議ホールはごった返していた。私とルームメイトのボニーが到着したころには、入り口のドアのところに立っていなければならなかった。最初に口を開いた白人学生は、大学は断固として黒人学生を守らなければならない、と述べた。黒人学生の代表はこの脅しに憤り、学生が教育に関わるべきだ、と述べた。黒人学生らは逃げるつもりはなかった。けれど、その多くが命を狙われていることにおびえていた。

議論が白熱すると、白人経営陣が黒人学生の安全を保障してくれそうにないことが露呈した。人間の盾を作ったらどうかという提案もなされた。黒人学生が行く先々で、ボランティアの学生がまわりを囲んで人間の壁を作ったらどうかという提案だ。ミニットマンはまずは白人学生を撃たなければならなくなる。このアイデアは誰もに助けるチャンスを与え、心配したり話をしたりする以上のことをする良い機会となった。この提案は具体的な方策へと発展した。

毎朝、黒人学生たちは寮の前に集まると、他の学生たちに囲まれて、メイン・キャンパスを行き来した。私も加わりたかったが、気おくれした。意識の中で、明確にできない、漠然とした不安感に苛まれた。私は囲む側にいるべきなのか、囲まれる側にいるべきなのか？　私は白人なのか、それとも黒人なのか？　ミニットマンはアジア人を襲撃するだろうか？

結局、襲撃事件は起こらず、人間の盾の運動もだんだん立ち消えになっていった。けれども、他の、思ってもみなかったことが起こった。学生同士の関係性が変化したのである。拡大した接触のおかげで新たな対話が生まれたのだ。黒人学生たちは他の学生たちに、自分たちが経験している人種差別の話をした。たとえば、オレンジ郡の町で買い物をしたり食事をしたりしようとする際にどんな扱いをされるか、教員や学生の中にどんなにひどい態度をする者がいるか、など。黒人、白人、アジア系アメリカ人の学生会長らは、人種間の関係性を改善し、オレンジ郡の差別を撤廃する組織を創った。

アジア系アメリカ人になること

私は活動家になるべく大学に入学したわけではなかったが、こうした出来事が私の人生を軌道修正した。強い衝撃を受け、もっと大きな政治的な世界について考え始めた。抑圧的な社会システムや政策や法律について考えるようになった。かつては、人種差別は個人的な態度や姿勢に帰するもので、個人の偏見だと思っていた。今では、倫理的な人たちは集団的活動を組織し、有害なシステムを変えなければならないと思うようになった。そうしないことは悪を黙殺することになる、と。

私は初めて、自分がアジア系アメリカ人という集団の一部であり、アメリカ合衆国におけるアジア系の歴史と共にある、と考えるようになった。日系アメリカ人の三年生のカップル、クリフとグウェンがこの新しいアイデンティティを教えてくれた。グウェンは私の寮のレジデンス・アシスタントだった。クリフは学生会の副会長だった。アジア系アメリカ人のリーダーというのは私には新しい現象に思えた。クリフはカリフォルニア州のアジア系アメリカ人の公民権運動の始まりについて話してくれた。アジア系アメリカ人に対する人種差別についても教えてくれた。私は何年も心の奥底に沈んでいた痛みを思い出した。突如、白人のアメリカ人から受けた不当で残忍な言葉がよみがえってきた。

政治的意識を持つようになるにつれ、私は自分が二分されていると感じるようになった。アジア人に対する人種差別を発見するということは、差別にもっと気づくことを意味していた。知らないほうがよいと願うときもあった。公然と敵意を表してはいない、微妙で間接的な人種差別を感知するときである。たとえば、アジア人に見える顔立ちから外国人だと見て、日本語をしゃべるのではないか、アジアのことをよく知っているのではないかと期待されたり、エキゾチックで東洋の女性のステレオタイプにぴったり当てはまると思われたりする場合である。

黙って諦めたり我慢したりする私の傾向は、成長する能力を損なわせた。私は疑うことなく「アメリカ人」というヨーロッパの白人性のスタンダードを受け入れながらも、自分が少しでも「アメリカ人」になれるのかと疑いながら、子ども時代と思春期を過ごした。私は分裂した女性のアイデンティティを持っていた。そのため、白人の女性性を模倣すると同時に、白人男性が押しつけているアジア人女性のステレオタイプで応じることもあった。

人種や民族による排除と支配的な文化的規範の内面化はアメリカの経験だと知った。これを知ったことにより、自分が経験した人種差別を理解できるようになり、自分を変えるように働きかけができるようになった。自分を殺すことなく、自らの経験と差別の複雑さに気づき、希望を持って敏感でいるためには、こうすべきだった。

この人種差別に新たに気づいてから、自分の中の純粋さを犠牲にし、疑うことなくステレオタイプに適応する能力に終止符を打った。自分が内面化してきた規範と排除を一掃しようと努めた。私は、アジア系アメリカ人がモデル・マイノリティではなく、「黄禍」と見られた時代に育った。優しい人間で成績も良くしようと頑張った。自分に押しつけられるネガティブなステレオタイプを払拭するために。かつては自分には個人的な問題があると信じ込むことによって、人種差別を黙殺してきた。人に優しくし、付き合い上手になることによって問題を解決でき、自分のふるまいで人の態度を変えられると思い込んでいた。けれど、禁欲的な忍耐に要する苦しみと、自分が抵抗できるという思い込みとのあいだの違い、自身の行動の結果と、抑圧や他者の暴力や敵意の結果とのあいだの違いが次第にわかるようになった。

クリフは私の良き助言者だった。彼は私に、学内政治に関わることを勧めた。高校時代の私は生徒会の事務担当やチアリーダーで、卒業時には優等生だったものの、自分がリーダー向きだとは思っていなかった。大学でもチアリーダーの活動は続けた。慣れていたし、元気ではつらつとした運動競技が好きだったからだ。政治的な活動は初めてだった。私が望むなら、自分は異なる活動領域でのリーダーにふさわしい人間なのだと思うといい、とクリフは助言してくれた。

私は数学で好成績を収め、科学もよくできたので、全額奨学生として大学に入学し、将来は脳外科医になろうと思っていた。けれど、活動家の仕事や、自分の魂を自分で変えていくことに比べ、授業は面白くなかった。授業に出席してはいたが、心は別のところにあった。人種差別撤廃運動やヴェトナム戦争反対運動のデモ行進、古くさい活動家たちに加わった。高校時代には全科目Ａの優等生だった私は、大学最初の学期では、動物学でＢを、化学でＣを、微分積分学でＤを取った。

私の学問上の経歴は、ある授業で救われた。授業外活動を最優先に、人生の救いを求めて情熱を注いでいた私は、敬愛する活動家に、登録すべき授業はどれか、と尋ねた。すると皆が口をそろえて、七十歳の教授が教える「旧約聖書の文学」だと言った。「なぜ聖書の授業なの？」と私は理解に苦しんだ。

旋風からのメッセージ

この授業の初日、青いスーツを着た、背の低い、しわだらけの老人が、本をたくさん抱えて教室に入ってきた。本を自分の前の机に広げると、その後ろに座った。丸い頭とまばらな白髪、生気のない青い目、しわだらけの首が、机と本の上に見えた。老人はウィリス・フィッシャーだと自己紹介すると、授業について説明を始めた。読む本といい、レポートや試験といい、半端ない量だった。

私はほとんど彼の話が理解できなかった。声は震え、息づかいに問題があった。震えながらしゃべるだけでなく、声はとぎれとぎれに破裂し、息が乱れて中断された。私はこう思った――「どうしたらこの授業の単位を取れるんだろうか？　言っていることがわからないのに！」

十分もすると、話し方の問題は気にならなくなった。フィッシャー博士は、聖書とは疑問をもたずに読む偏狭なルールブックでもなければ、スムーズで一貫性のある文書でもない、と言った。それは異なる作者が書いた連作本で、それぞれ異なる時代と場所で神と格闘した人々の記録だとも言った。そこにはすばらしい文学が収録されているので、それを理解しようとすべきだ、とも言った。

それぞれの作家の世界、歴史的な時代、彼らの心を奪った宗教的な問題について学ぶことになる。書物の意味は過去から始まった。彼らが意味したことがどうであれ、今日の我々の世界に翻訳する必要がある。フィッシャー博士が言うには、私たちは聖書の作家たちと議論し、彼らの考え方に挑戦し、書物が考える神について私たち自身の結論に到達するとよい、と。これまで私は、聖書を知的に評価したり批評したりしながら読むというのは聞いたことがなかった。

天地創造と進化論についてデンヴァーと議論したのを思い出した。創世記の作者は進化論を知っていたはずがないのだから、六日間の天地創造をダーウィンに応用しようとした私の試みは間違っていると知った。「でも、創世記の作者はおそらく、彼らの生きていた時代に最善だった理論を使っている。もし彼らが進化論を知っていたとしたら、きっと宗教的にそれを使ったにちがいない」と私は思った。

天地創造について疑問を持つと、聖書が神の言葉であるという点にも疑問が芽生えた。神が科学を無視するほど馬鹿だとは思えなかった。けれど、他に考えられなかった。デンヴァーの原理主義では、聖書は個人の救いを約束するもので、聖書に書かれた言葉は真実だった。フィッシャー博士の聖書のイメージはもっと豊かだった。聖書は、内省と洞察のためのアイデアが詰まった広い世界だった。それは個人の救いや成功よりも大きな観念に身を委ねた多くの人々の物語を提示していた。「この授業はすばらしいものになる」と私は思った。

すばらしいだけではなかった。人生を変えてくれた。授業を通して、フィッシャー博士は、古典的なヘブライ人の預言者の伝統、すなわち、アモス、ホセア、エレミア、エゼキエル、イザヤの書と正義の要求を強調した。彼の強調はメソジスト派のルーツから来たもので、おそらくセイディという名の未婚の婦人参政論者に育てられたことにもよると思われる。メソジストは正義のために働き、神の国を創るというキリスト者の責任を受け入れている。フィッシャー博士は、イエスは神について何ら新しいことは語っていない、と指摘した。イエスは忠実なユダヤ人で、正義と許しについて彼が説いたことは、預言者の書でわかる。「うーん、イエスは興味深い人物だわ、正義の提唱者だとは」と私は思った。

フィッシャー博士のメソジスト的見解のおかげで、私の中で徐々に変化が起こっていった。人種差別撤廃運動とヴェトナム戦争反対運動は私の人生で核となる活動になっていた。成功が個人の充足だとはもはや考えられなかった。私は自分が経験した人種差別や暴力をもっと大きな社会システムとつなげて考えるようになった。これらのシステムを変えることに没頭するようになった。フィッシャー博士は、私が自分の運動を恒久的な宗教的義務、政治的活動以上のもの、自分の魂すなわち宗教的探求者の長い伝統に基づくものと考えるように導いてくれた。

ウィリス・フィッシャーの授業で初めて、大学で学んだことが自分の核心に触れ、人生の重要な部分部分が一つにつながった。その学期に課された膨大な課題以上のことをやり遂げ、楽に高成績Aを取ることができた。フィッシャー博士から学べることはすべて学びたいと思い、次の学期もその次の学期も、彼が教えている授業という授業に登録した。四つの授業を取ったころには、宗教を専攻しようかと半ば思うようになり、実際に専攻することになった。成績は問題ではなかった。

フィッシャー博士の上級ゼミである「旧約聖書の詩と知恵文学」を取ったときには、ヨブ記を研究プロジェクトに選んだ。それまでヨブ記全体を読んだことはなかったが、日曜学校で習ったヨブの忠誠心の物語に興味があった。ヨブの沈黙の苦悩と神への揺るぎない献身は励みになると思った。

私はヨブ記を三つの翻訳で読んだ。土曜日の午後にずっと読んで、そのテキスト、その高邁な美しい文体に完全に魅了された。自分の子ども時代の「しかたがない」というイメージ、すなわちヨブの打ちひしがれた、忠実なる苦悩のイメージは、最初のほうの章をいくつか読んでいくうちに消えていった。旋風の中で聞こえてくる神の最後の言葉にたどり着いたころには、敬神のイメージは完全に消えていた。私は茫然とした。

ヨブは自分の苦しみに怒っていた。死なせてくれ、と頼んでいた。

　ああ、どうか神がわたしを滅ぼし、御手を差し出し、私を切断してください……わたしの力は石の力なのか、あるいはわたしの肉は青銅なのか？　まことに、わたしのうちに助けはなく、救われる道は絶たれた

（「ヨブ記」六章九節、一二―一三節）

ヨブは神が自分をいじめていると非難している。ヨブは自分が知っている唯一のこと、すなわち、自身の誠実さと自己認識にすがりついた。自分の命は自分のものだと主張して、神に忠誠を誓う代わりに、自分を信頼することを選んだ。

わたしの肉をわたしの歯に噛ませ、わたしの命をわたしの手の中に置く
（「ヨブ記」一三章一四節）

ヨブの友人たちがヨブを犠牲にして神を擁護すると、ヨブは友人たちを相手に論争した。敬虔さを押しつけられれば押しつけられるほど、ヨブはそれに反駁した。私の頭の中で、ヨブは打ちひしがれた、信心深い男から、挑戦的で堂々とした人間、傷つき孤独であっても頭《こうべ》をたれることのない人間に変わった。

私はヨブについて書かれたものをできる限りたくさん読んだ。そのメッセージについてのコメントや、言葉や文体、歴史、テキストの編纂についての聖書解釈的な研究、アーチボールド・マクリーシュの戯曲『J・B』も読んだ。ヨブの悪魔との格闘や苦しみを理解したかった。

たいていの学者は、大昔の編纂者がヨブの道徳的物語から成る三章［一章、二章、四十二章］を付け加えたのだと結論づけていた。その敬虔な散文の物語はハッピーエンドで終っていて、真ん中に三十九の詩的な章があった。感情的に悲痛な詩は、編纂者の宗教観を脅かしていた。この無名の編纂者は、ヨブが最終的に悔い改め、報いられるようにして、神への怒りという虚無的な一撃を和らげた。だが、その痛烈な詩は何を意味しているのか？　私は満足のいく説明がどこにもないと思った。

ヨブの孤独と抵抗はよくわかった。当時はまだ意識していなかったが、そういうヨブに、自身のロイへの反抗やロイから受けた暴力行為を重ねることができた。ヨブの例で、私の個人的な反抗心は支えられ、受け身になろうとする誘惑や権力者に従順になろうとする誘惑に異議を唱えられていると思った。

私は授業で発表をした。詩は十分に理解していないけれども、このヨブは日曜学校で教わったことよりもずっと好きだと述べた。命の不公平さに対するヨブの怒り、ヨブを助けられるのに助けようとしない権力者である神に対する怒り、神を擁護した敬虔な友人たちへの怒りは感情的に理解できた。ヨブ記に神の考えは十分に書かれていない。ただ、人間であること、不公正な苦しみの真ん中にある高潔さや個人の気高さといった高貴な考えを見つけることができた。

詩的な箇所の最後でようやく神はヨブの非難に答えている。しかし、それは風変りな答えである。旋風からの神の説教は、創造の奇跡を朗誦し、その野生と力の中にある命について語っている。ヨブへの答えは、自然の啓示だった。たぶん、それで十分だったのだろう。私は自分の命が、神秘的な宇宙――畏れ多く、美しく、力のある宇宙――への愛によって大きくなることを知った。私個人の存在は、十分に理解していない力によって超越されていた。この力は、私だけのためにそこにあるのではなく、宇宙そのものに属していたし、私もまたその宇宙に属していた。

わたしがこの地の土台に身を横たえていたとき、あなたはどこにいたのか？……

あるいは、海の水が母胎から流れ出したとき
だれがこの海で戸締りしたのか？
わたしが雲をその衣とし
深い闇を産着としたときに……
だれが豪雨のために水路を切り開き
稲妻のために道を開き
住人なき地にも雨をもたらし
人のいない荒れ地にも雨を降らせ
荒れさびれた地を満足させ
その地面に草をはえさせるのか？
（「ヨブ記」三八章四節、八―九節、二五―二七節）

私が発表をし終えると、フィッシャー博士はメガネを外し、私を見た。そして、「ヨブの試練の終りに倍の報いを与えるのは、それまでヨブに試練を課してきた神を正当化することになると思わんかね？　ヨブは神に忠実だったかね？」と尋ねた。

私は熟慮して答えた。「ヨブが経験した苦しみに見合う報いはありません。ヨブの身に起こったことに対して見合うものは何もないと思います。もし私が死んだら、両親に悲しんでもらいたいで

す。たとえ、もう一人子どもがいたとしても。まるで私が存在していなかったかのように、嬉しそうにしてもらいたくはありません。神は最終的に、罪意識という代償でヨブを買い戻したように見えます。ヨブは自然の中で安心感を得たのであって、個人的に得たものは何もありません」

「ヨブは神に忠実ではありませんでした。自分の主張を通すために人間を質草のように扱う神は、私が崇拝しようと考えている神ではありません。ヨブは最善と思うこと、自身の命や考えに忠実でした。なのに、なぜ最後に悔い改めたのか、何を悔い改めたのか、わかりません。私はその箇所が好きではありません。だいたい悔い改めることなどありません。あるとすれば、たぶん、そういう神でも信じられると思っていることです。ヨブは理由なく苦しんだ善良な人間でした」

旋風が私に話しかけてきた。宗教を重んじる人は禁欲的なまでに苦しみに耐えるのではなく、報われる希望を持つことができるはずだ。宗教を重んじる人は、より大きな命の枠組みの中で正直に生きようともがき、自らの感情や経験を信じている。私が自分を信じ、子どものときにロイに抵抗してきたように。私はこのことを信じるようになったが、そのメッセージが私の立ち居振る舞いに現れるまでには何年も要するだろうと思った。明らかな暴力には抵抗できたけれど、感情的な痛みに耐えたり、黙認することが変化をもたらすと願ったりする習慣が以前にも増して身についていた。

大学の二年目が終わるころ、フィッシャー博士の二つ目の授業を取っていたときに、博士は話をしたいからと研究室に私を招いてくれた。午後遅くのことで、傾いた陽光が博士の机に射していた。

その机の横にあった椅子に座らせてもらうと、博士が自分の椅子をこちらに向けたので、お互いに向かい合う形になった。金色の光の中で、彼の両手の甲に生えている細かい産毛や、メガネに散らばっているフケさえも見えた。彼は私に、卒業後は何をしたいのか、と尋ねた。私は、わかりません、と答えた。すると、大学院に行くことを考えてみたらどうかと言われた。「でも、私は学校が好きじゃありません」と私は言った。彼はどうしてか、と訊いてきた。「多くの授業は私には面白くありません。勉強するのは辛いです」。でも、宗教学の成績は全部Ａだと彼は言った。「ええ、でも、それは別です。宗教の授業は好きだからです」

博士はこう言った——「大学院では、好きではない授業を取る必要はない。宗教の勉強ができる。宗教学士じゃ、大した仕事には就けない。君は大学院に行くべきだ。もっと上の宗教学の学位を取れば、もっとできることがある。それに、君は頭が良いから、大学院でも良い成績を収められるよ。異文化を背負った君のバックグラウンドには他の人とは違う視野があるから、この分野で貴重な貢献になる」

私は返事に窮した。これまで頭が良いと言われたことは一度もなかった。ただ、学校では幸運だった、あるいはただ如才ないか野心があっただけだと思っていた。加えて、白人文化に適応しようと必死に勉強した。私が自分の異文化的視点を隠そうとしているのに、博士はどうしてそれが分かったのだろうか？

フィッシャー博士は、宗教学部は大学院の専攻者を奨励していると言った。レイン財団はもし私が神学校に進むのであれば、大学の残り二年と修士号の授業料を支払ってくれるだろう。この奨学金へ君を推薦したい、と彼は言った。私は、牧師になりたくないし、神学校にも行きたくない、と言った。すると彼は、「君なら学位を取れるし、トップクラスの神学校の博士号も夢ではない。神学校は牧師を養成しているだけじゃない。優れた神学校は学者の養成もしていて、君ならいい学者になれる」と言った。

私は、考えてみます、と言い、検討すべき学校のリストをくださいと頼んだ。博士が勧めたのは、ハーヴァード大学、クレアモント大学、ボストン大学、シカゴ大学だった。私は博士の助言について数週間考え、他にプランはなかったので、受け入れることにした。私はクレアモント大学の神学部を選んだ。フィッシャー博士が長い間教えていたからという理由と、カリフォルニア州を離れたくないという理由からだった。

宗教学を専攻するなら、チャップマン大学の牧師の研究室に足を向けてみようと思った。ビル・カーペンター牧師は、オレンジ郡の人種差別撤廃やヴェトナム戦争反対を訴える学生活動家にとって、重要な指導者だった。カリスマ的人物で、キャンパスのリーダーや同僚の教員や経営陣に賞賛されていた。彼が礼拝の活動に参加しないか、と誘ってくれたので、私は学生活動家のコミュニティの一員となった。コミュニティに入るということが、長きにわたる伝統を前にして、いかに試されることであり、それが正義を主張するうえで重みと深さを与えてくれるものであるかがわかった。

結局、私はビルや数人の活動家の友人たちが所属している使徒教会に入ることにした。使徒教会は使徒信条を回避していた。私にはその意味がよくわかった。信仰の道は幅広い解釈が可能であるべきで、無味乾燥な教義によって指南されるべきではない。信徒たちは聖書を読んで自分なりの解釈をするように期待されていたので、私にはどうすべきかわかっていた。この教派の中心は、二つの儀式、すなわち成人信徒の洗礼式と聖餐式だった。聖餐卓は神のものであって、教派のものではなく、すべての人に開かれているべきだという考えはまったくその通りだと思った。大学の礼拝は、誰にでも開かれ、宗派を超えて正義を実現しようとするこの精神を反映していた。

私は大学にいる限り、うまくやれた。チャップマン大学は小さな、親しみやすい大学だった。所属するコミュニティを見つけ、意味のある生活を送ることができた。

二十二歳で、私はいくつかの優秀賞をもらい、大学を卒業した。大学で活動家になり、宗教を専攻したおかげで、私の中の痛みが一つになり、精神的探求の末に癒しを得られ、不正や戦争で苦しんでいる人々のいる、より大きな世界に知的なエネルギーを注ぐことができた。誠実さという宗教的なアイデンティティと暴力への抵抗を求めることによって、また不正義に抵抗する活動に参加することによって、私の人生はまとまりを得た。けれど、このまとまりからどのように未来を形作っていったらよいのかがわからなかった。大学の礼拝堂牧師《チャプレン》は信仰と抵抗運動の二足の草鞋をはいていたが、私は彼のようにはなれそうもなかった。女性の牧師は一人も知らなかったし、自分がそのような仕事に就けると想像することもできなかった。私は求める者であって、宣教する者ではなかった。権威にも抵抗していたので、権威ある者にもなりたくなかった。大学の教師たちが私なら成功できると信じてくれていたのはありがたかったけれど、自分では確信が持てなかった。

卒業の数日後、ロイにたたかれることと校友たちから受ける人種差別を回避できる、懐かしい安息所である日本から帰国した。日本の記憶は、憎しみと傷を避ける避難所だった。その幻影を捨て去らなければならない現実を受け入れざるを得なかった。私のブロンズの肉体が、自分が誰であるかを規定していた。私はすげない、わけのわからぬ祖国アメリカのアメリカ人だった。大学ではアジア系アメリカ人というアメリカ人の自己を理解するように方向付けてもらった――でも、いつもどこかで、架空の日本という御守り、自分の孤独を慰めてくれる鎮痛剤にしがみつく自分がいた。しかし、それも今はもうなかった。

修士号をめざすという決心は、目標や方向付けというよりも、時間稼ぎだった。さらに学業を続ければ、ばらばらの人生が一つにまとまり、一手に人生を掴むことができるようになるかもしれないと思った。そうすれば、自分がいかに孤独だったか、人生設計をしようとする自分がいかに自信喪失していたか、真正面から向き合うことになるだろうと思った。

卒業後の夏、私はジャーメン・グリアの『去勢された女性』、ケイト・ミレットの『性の政治学』、雑誌『ミズ』の第一号を読んだ。自分に似た精神の持ち主を見つけるとほっとした。女性の正義に関するフェミニストの考えを知って、人種差別撤廃や戦争反対を訴える活動家としての政治的な分析に広がりが生まれた。フェミニズムはまた、私自身の人生の個人的な葛藤を理解するうえでも役立った。私はいつも、頭が良いことと十分に女性的であることとのあいだで引き裂かれていた。家事には興味がわかなかった。意味のある専門職があれば人生は面白く、報われるだろうと思っていたけれど、伴侶がいなければ孤独だろうと思った。夫かキャリアか——二者択一と思っていた。フェミニストの自由と誠実さが魅力的な将来の夢であることは間違いないが、夢は人生ではない。

錨を求めて

六月、パサデナの使徒教会から、夏の高校生のプログラムの指導をしないか、と声がかかった。生活するに足る給料だった。

このパサデナの教会で、T・Cという、教会員で科学を専攻している博士課程の学生に出会った。この出会いによって、私は将来への不安に直面しなければならないのを後回しにすることになった。彼は背が高く、ハンサムで、優しい茶色の目と髪をしていた。私たちはともに戦争に反対だった。彼は聡明な女性が好きだった。非常に倫理的な人間でもあった。私は彼を信頼し、その落ち着いた、もの静かな物腰と仕事への取り組みは、私の不安をかき消してくれた。その穏やかで、とても理知的で、相手を思いやる自制心にみられる、感情的な面でのものやわらかさは、私を安心させてくれた。

彼のシグナルを見極めるのは難しかった。彼とは何時間もプログラムでいっしょに過ごし、私が計画したイベントに参加し、その他の時間も教会行事のあとや修養会のときにもずっといっしょに話をしていた。そのあいだずっと、変わることなく紳士的な距離を保ち、私に学生同士の関心以上の気持ちを表すような態度はいっさい見せなかった。

一度だけ、修養会で、非常に個人的な話をされて驚いたことがある。彼は、自殺をからかった寸劇を演じるように言われてきつかった、と言った。彼が十三歳のときに、父親が自殺したからだった。これを話すとき、彼は神経質に歩き回っていた。けれど、話し方はよくコントロールされ、ほとんど感情を表さず、穏やかだった。苦痛に満ちた言葉はまるで記憶の奥から言葉へと通じる道が燃えているかのように、早口で吐き出された。彼は歩きながら、両手を繰り返し握り締めたり開いたりした。父親が銃自殺した、と言うときには私の顔を見ていなかった。

その経験がT・Cに及ぼした影響は私の理解をはるかに越えていた。私は彼を気の毒に思った。そしてまた、彼が打ち明けてくれたことを嬉しく思った。思ったよりも自分に関心を抱いてくれているのかもしれないと思う気持ちとともに、妙に高揚した気持ちになった。私は彼を守ってあげたいと思った。私たちがいっしょに過ごした年月のあいだ、その守ってあげたいという気持ちから、彼に感情を求めないように努めた。感情を求めると、彼が離れていってしまうのではないかと思ったからだ。

夏も終るころ、T・Cに、私が教会の仕事を離れ、修士課程を始めても付き合えるかどうか尋ねてみた。彼は実験室で働いている女性と面倒な状態にあると言った。私と会いたいけれど、その女性には内緒にしておかなければならないだろうと言った。

私はその条件を受け入れた。他に選択の余地はなかった――彼の科学の仕事はその生涯の中心にあった――というのもその理由だったが、彼が困難に直面しているときに気高く、優しく支えてあげたいと思ったからだ。Ｔ・Ｃは彼の人生の周縁に私を置いていて、それが当然のことのようだった――私はいつもアメリカでは周縁にいると感じていた。周辺にいて孤立していると思うことが私の人生を形作っていたので、人とつながりたいと願って妥協を受け入れるのが変だとは思えなかった。

Ｔ・Ｃは優れたキャリアを歩むだろうと確信していた。彼の科学への情熱とともにその人生を分かち合えると思った。Ｔ・Ｃのはっきりした目標が私自身の、目の前に広がるまとまりのない空虚な将来に錨を下ろしてくれた。私にとってのフェミニズムは幻影のようなもので、憤りであり、観念のようなもので、将来設計ではなかった。彼といっしょにいれば、将来のことを考える必要はない、と思えた。ただ自分を彼の人生に結びつければよいのだ。

Ｔ・Ｃと私は一九七四年にそれぞれ学位を取得した。彼は六つの研究職の選択肢を与えられた。私に、どこにしようかと尋ねてきた。スイスがいいのではないか、と言った。そうすれば、私もこの地元の大学で神学を勉強できると思ったからだ。それに、二人ともスキーが好きだった。彼は私がいっしょに行くことに関心を示すような言葉を発しなかったが、私はそう言われたかのように行動した。でも、答えが怖かったので、それ以上は直接訊かなかった。

付き合っていたこの二年間、彼の穏やかさには不安を覚え、卒業しても関係を続けるほど自分のことを思っていてくれているのか、はっきりしなかった。私は不安を内に留めていた。彼の気持ちは不確かで、人生を共に歩んでくれるかどうかもわからなかった。この不安に、私は子ども時代から慣れていた。一回の招待が意味していることを疑う不安である。私はそれに耐えることに慣れていた。

彼がスイスを選んだのは、私にいっしょにいてほしいということだと結論づけ、その仮説に基づいて計画を進めた。その時点で私は他に人生ですべきことが想像できなかった。彼は反対もしなかった。かと言って、私がついていくのを喜んでいるわけでもなかった。

彼は先に行って住むところを探した。二か月以上、私は友人のところに転がり込んで、彼からの知らせを待っていた。彼に見捨てられたのではないかと思い始めたころ、ついに、借りるアパートが決まったという短い手紙を受け取った。彼がスイスへ発ってから初めての知らせだ。彼が自分といっしょにいたくないのではないかという深い恐れが、それが本当だったらどうしようという不安となって襲ってきた。けれど、自分の人生に別の選択肢を探さなければならないことも直視できなかった。飛行機のチケットを購入し、十一月半ばに彼と合流した。

二人の生活は、ヨーロッパの生活に慣れることから始まった。すなわち、電車で移動すること、大聖堂や美術館に行くこと、クラシック音楽のコンサートを聴きに行くこと、週末は登山やスキーをしにアルプスに行くこと、ディナーにワインやおいしいコーヒーを飲むこと、上品で洗練されたディナー・パーティに行くこと、である。私は高校時代に覚えたドイツ語に磨きをかけ、町の名門大学の組織神学のコースに登録した。

私はスイスの生活に全然なじめなかった。私は人種差別の対象とされる、肌の色が濃い、地中海からの不法移民に見えた。ドイツ語はみるみるうちに正しく、はっきりしたものになり、垢抜けしないスイス式ドイツ語も理解できるようになったけれど、店員などからは愚か者のように扱われた。デパートの店員は私を無視した。店に入るときや並んでいるときはいつでも最後に回され、ぶしつけな態度をされた。在庫がない、と断られることもよくあった。スイス人の顧客が別の店員から同じものを買っていたにもかかわらず。私は足しげく通うには時間のかかる、市電を乗り継がなければならない、店主が親切な店を探し回った。

最後の手紙

スイスに来て一年が過ぎたころ、ロイから手紙が来た。ロイはときどき家のようすを知らせてきたが、この手紙は違っていた。説教者か信心者のような調子だった。Ｔ・Ｃと同棲していながら結婚しない私を優しく叱る手紙だった。伝統的な妻になって落ちつかなければ不幸になる、と言っていた。私は憤りをあらわにした返事を書いた。Ｔ・Ｃは、返事を送らないほうがいい、と言った。私はその助言どおりにすることにした。それ以降、父に手紙を書くのをやめた。父とのコミュニケーションはそこで途絶えた。

ヨーロッパでの二年が終ろうとするころ、Ｔ・Ｃと私は北イタリアを訪れた。夜遅く帰宅すると、疲れていて歩道からアパートの入り口までの階段を上る足取りも重かった。入り口のドアの右手に二件のアパート用の、今は使われていない郵便受けがあった。私は何の気なしに、その古い郵便受けをちらりと見た。一枚の紙が目に入った。私宛ての電報だった。

その朝届いた電報で、妹のジョー・アンからだった。ロイが心臓発作で亡くなった、と書かれていた。私が参列できるようにと、葬式を一週間先に延ばしてくれていた。Ｔ・Ｃと私は二か月後に帰国することになっていたので、その前にいったん帰国してまた戻ってくるのは無意味に思えた。私は父の葬式に参列するために帰郷してから、テキサスに行くことにした。Ｔ・Ｃの新たな研究職が待っていたので、二人のアパートを探すことにしたのだ。

大西洋を横断する長い飛行のあいだ、ほっとする自分がいた。ロイが母よりも先に亡くなってよかったと思った。十三歳の弟のレイが父親だけに育てられずに済んだからだ。私は表面に浮かんでこない、動揺している不安のようなものを感じたが、考えないようにした。無感覚でいようとした。

ロイに憤りの手紙を送るのをやめたのは間違いだっただろうか、と思った。手紙をやりとりすることで父とのつながりを回復し、私の人生についての争いも和解に至ったかもしれない、とも思った。可能な限り争いを避けるというのがT・Cの習性だったけれど、父と私は激しく論争することでつながっていた。ロイは私たちが膠着状態だったあいだに亡くなってしまった。

妹は車で三時間かけてロサンジェルス空港に迎えにきてくれた。私は十六歳以降、この道をバーストーまで何度も運転した経験がある。サウスランドのもやのかかった谷から、サンアンドレアス断層をまたぐカホン峠を登り、ヨシュアの木が点在するモハーベ砂漠の景色をめぐる――その輪郭によって私の人生は印づけられてきた。私が初めてこの道を運転したのは高校生のときで、バプティスト派の教会の友人たちと、サンクレメンテのビーチまで運転した。山を下る曲がり角で、カホン峠の先、早朝の霧の向こうにインランド・バレーが見え、めざす先での波乗りの話をした。夜になって、峠のてっぺんのカーブを曲がると、仮眠を取った。日焼けし、疲れていたところ、ヴィクターヴィルの村のちらちらと光る明りで目が覚めた。突如、数と明るさで圧倒する満天の星が、砂漠の暗く高い空に花火のように現れた。

大学での最初の二年間、私は週末ごとにバーストーまで車を運転し、洗濯をしたり、友人と会ったり、新しいボーイフレンドを両親やクラーク家の人たちに会わせるために連れて行ったりした。戻るときには、ヴィクターヴィルへの緩やかな上り坂がカホン峠を折り返すまでヨシュアの木々が激しく揺れていた。そして、茶色い埃っぽい風が私をのみ込んだ。私は運転しながら、ものを考えたり、思いをめぐらせたりした。このハイウェイは、大学と大学院の十年間、休暇ごとに家に戻るルートだった。バーストーとロサンジェルスのあいだの道路を行ったり来たりしながら、父と自分のあいだの争いを甘受しようとした。

そして今、父の葬式に参列するためにこのルートを通っている。ジョー・アンは、父の心臓発作や葬儀の詳細について話をしていた。峠のてっぺんで、アッパーモハーヴェ砂漠が私たちの目の前に広がった。茶色の谷のむせるような、かすんだ土埃から突如、驚くほどまぶしい、澄みきった砂漠の空が見えた。

家に到着すると、ミシシッピから来た父のいとこのヴァージニア・アンが挨拶に出てきた。涙と旅の疲れでうるんだ目をした私たちは抱き合った。ミシシッピからは他の親戚も来ていたが、一番来てほしかったのは彼女だった。父のいとこだったが父の妹のようで、父のきょうだいよりも親しかった。私は小学校一年生のときから彼女を知っている。

私の家族がカンザス州フォート・ライリーに住んでいた六年間、毎年八月になると、ミシシッピまで車で長旅をした。そこではたいてい、ブロックおじいさん、パールおばさんとその夫のオパルが綿を収穫するのを手伝った。とくに楽しみだったのが、ヴァージニア・アンと彼女の側のブロック家の人たちと過ごす時間だった。

彼らは皆、元気ではつらつとした、気のいい、陽気な家族だった。食事のときはいつも笑ったり冗談を言ったりしていた。ヴァージニア・アンの三人の弟はそれぞれ悪ふざけをした。彼女の父Ｏ・Ｃは私の父の兄弟で、酪農家だった。Ｏ・Ｃの妻のローラは小柄で機転が利く、元気で面白い女性で、すばらしい料理人だった。彼女のオクラときゅうりの漬物は有名で、明るいグリーンに色付けされていた。たっぷりの濃厚な搾りたての牛乳は、ローラが焼いたビスケットやコーンブレッドとともに毎食、あっという間になくなった。

彼らは私たちのお気に入りの親戚だった。ヴァージニア・アンと私の母はずっと仲が良かった。私はヴァージニア・アンが結婚したとき、付き人のフラワー・ガールになった。そして、彼女の弟のロバートに首ったけだった。ロバートは私を農場へ乗馬をしに連れて行ってくれたり、大学の授業について話をしてくれたりした。彼は実存主義の哲学の本を夢中で読んでいた。とくにニーチェが好きで、牧師になりたいという気持ちを捨て去った。その代わり、彼は教師になった。

ヴァージニア・アンは小さいころから三人の手に負えない弟をうまく言うことを聞かせる術を身につけていた。というのも、母親が癲癇《てんかん》持ちだったからだ。家族が仕事から戻るとローラが発作を起こして台所の床に倒れているのを見つけた、という話をよく聞いた。かれらは彼女の障害を冷静に受けとめ、まるで訓練を受けたように彼女を看病し、最善を尽くした。

この六年間の訪問中に、私は大きくなったらヴァージニア・アンみたいになりたいと思うようになった。彼女は、控えめで長いこと苦しんできた私の母とはまるっきり違っていた。ヴァージニア・アンは結婚するために学校を辞めるまで、二年間大学に行った。父方の家族の女性のなかでは一番高い教育を受けていた——他の女性はたいてい若いうちに結婚し、高校も中退していたからだ。私はヴァージニア・アンのよく笑い、元気ではつらつとし、茶目っ気たっぷりなところが好きだった。彼女はのちに、夫と死別したあと、居住地区で初めての女性保安官代理になり、また店内保安官として成功を収めた。

ヴァージニア・アンに会えたこと、そのあとの一週間、母の手助けをしてもらえたことはよかった。

父の葬儀ではデンヴァーが説教した。父の責任感――子どもと妻が、助けが必要なときにはいつも、いかにロイを頼りにしていたかを話した。母が癌にかかったとき、ロイはトヨタの車の荷台に取りつける木の箱を作り、サンディエゴの軍の大病院から帰宅するまでの四時間かけてのドライブ中に母が横になっていられるようにした。母が放射線治療や化学療法を受けているあいだ、父は病院の駐車場に止めたトラックの中で仮眠を取った。モーテルに泊る金銭的余裕はなかったけれど、父は母のためにそこにいたかったのだ。母が回復して治療を終えたあとも父は母の面倒をよく見ていた。一周目の治療が終わって具合が良くなると、ロイは週末、母を連れてラスベガスに行き、夜が明けるまでティンエージャーのように踊りあかした。

共同墓地では、退役軍人の葬式の習わしで礼砲二十一発による敬礼をしてもらった。澄んだ静かな空にライフルの銃声がさみしそうにバーンと音をたてていたのを覚えている。母は寡婦の旗を、父がヴェトナムから送ってきた手紙といっしょに箱に入れた。

私は父の最後の手紙に返事をしなかったことを後悔した。

わたしの肉を私の歯に

私はバーストーに二週間滞在してから、電車でテキサスまで行った。T・Cは二か月後に到着した。一九七七年の秋、私はカリフォルニア州クレアモントで博士課程を始めるために、カリフォルニアまで車を運転した。T・Cはテキサスにいた。

私の博士課程の最初の二年間、T・Cが授業料を支払ってくれた。自分の生活費は自分で工面した。この財政的義務のもつれは、私の彼への気持ちを複雑なものにした。T・Cはスイスでは二人の生活を支えていた。私は学生ビザで入国し、働くことができなかったからだ。彼が経済的に支えてくれていた代わりに、私は家事の大部分を担っていた。不愉快にも伝統的な妻になるのと近い役割、私を幸せにするだろうと父が言っていたと同じ役割を引き受けたのだった。私はこの役割が好きではなかったけれど、投資に見合う伴侶になろうと最善を尽くした。

T・Cに授業料を支払ってもらうのは愉快なことではなかったが、自分でそのお金を稼ぐことはおそらくできなかっただろう。私が学問の道を究められるかどうかは不確かだった。彼が進んで支払ってくれたので、奨学金にも応募しなかった。T・Cはこの取り決めに満足気だった。たぶん、そうすることで、彼が私の将来の一部になれるからだった。でも、私は自分たちの関係の中に負い目を感じ、不愉快だった。自分がどのように感じていたか、私は口には出さなかった。代わりに、彼が望んでいると思われる伴侶のようなものになって、彼の愛を得ようと懸命に努めた。

T・Cは感情をほとんど表に出さなかったので、私を愛してくれているかどうかもほんとうにはわからなかった。彼はしばしば受け身で、よそよそしかった。私がカリフォルニアに旅立ったときには、お互いにしょっちゅう連絡を取り合うべきだと思っていた。お互いに電話をかければ、関係も保たれ、私たちを隔てていた二千マイルもどうってことなく互いの人生を分かち合えると思えた。頻繁に電話をかけようと私が言うと、T・Cはお金がかかるからどうのこうのと口ごもった。それで、私は彼からの電話を待つことにした。彼からの最初の電話は二週間後だった。週に一度か二度しゃべるほかはめったにしゃべらなかった。手紙も書いてこなかった。

T・Cと付き合っていたあいだ、私は子どものころの困惑を繰り返し味わっていた。自分が好かれているのか、必要とされているのか、誘われた招待の意味が理解できなかったので、ただ我慢しているのか、わからなかった。私たちのあいだで争いごとが起きるたびに、T・Cは、何が要るのか言ってくれればそれを君にあげるから、と言った。彼が好い人になろうと懸命になればなるほど、私は恩知らずにも不幸に感じた。長い沈黙にも傷つけられたけれど、それを口にすることはなかった。自分からもっと頻繁に電話をかけようとはしなかった。その代わりに、カリフォルニアの自分の生活に没頭した。

私には長引く暴力のトラウマというものが理解できなかった。T・Cはできるだけ好い人、親切な人になろうとして自分の感情的な世界を抑制したのだと思う。そうすれば、争いがあっても誰も彼を責めないだろうし、彼に怒りをぶつけることもなく、彼が愛する他の誰も自暴自棄にならないだろうから。

Ｔ・Ｃは私のために何かをすることが、私がもっと良くなる助けになっていると信じていた。私はどうしてかつての自分のようにうまくいかないのかを考えた。自分が一生懸命に努力すれば、Ｔ・Ｃがもっと感情を表に出してくれるだろうと考えた。ところが、逆に二人のあいだの距離が広がり、肉体的な関係がなくなった。私たちは良い伴侶だったけれど、感情的な成り行きを話し合うことはほとんどなかった。私は自分が必要としているものを求めることはできなかった。私は彼が欲していると思うものを与えただけだった。

何年も、Ｔ・Ｃのよそよそしさは私たちの関係において核となる問題だと思っていたけれど、それは私が間違った方角を見てきたからかもしれない。彼が感情的に控えめだったので、彼に欠けていると思ったことに集中し、自分自身の感情を隠す盾に目を向けていなかった。私は彼がどのように感じているのかわからないと思ったけれど、自分がどのように感じているかを彼に伝えることもできないでいた。

もし父親の自殺という感情的な犠牲に気づいてあげられていたら、Ｔ・Ｃが精一杯私を愛していたことが理解できていたかもしれない。私の欲求不満にもっと耐えていられたかもしれないし、感情的に親しい関係を作るのに自分のほうに限界があるということにもっとオープンであったかもしれない。もし、私が彼を必要としたり、憧れたりするのをやめ、彼を単純に理解することさえできていたら、私はもっと彼の助けになれたかもしれない。

私は感情を分かち合う家族の中で育てられなかった。合衆国で生きることがどのようなものかを訊いてくる人は誰もいなかった。私が学校で経験したトラウマを語ることはなかった。困惑や喪失感について母と私が語り合うことはなかった。父はお尻をたたいたあと、なにごともなかったかのように家族の前に出てくることを期待した。だが、たとえ無理やり私を自分の部屋から引っ張り出さなくても、私自身の個人的な尊厳の意識が私自身に屈辱と怒りを隠すようにし向けただろう。父がしたことに動揺していると認めたくはなかった。

私は、自分の弱さを快活さや能力というベールに変えるのに慣れていた。父は私が成績を上げるのを励まし、自分を守る方法や助言を提供し、私とさまざまなことをし、危険覚悟でやってみることも勧めた。父と私のあいだには、私の不安や恐怖、敗北感や悲しみ、危惧を分かち合う場所はなかった。

T・Cとの関係が崩壊すると、私はエネルギーをもっと別のことに向けた。チャップマン大学の大学付非常勤牧師として働いた。大学で世話になった教授フレッド・フランシスの招きで、宗教学部で一学期間、授業を一つ持たせてもらった。私は博士課程をなんとか終えたら、宗教を教えるという道もよいかもしれないと思い始めた。課程を終えられるかどうかは不確かだった。

博士課程で勉強しているあいだ、私は繰り返し悪夢にうなされた。そのほとんどが強姦される悪夢だった。危険な何かに追いかけられているという夢を見た。それは、アジア系アメリカ人女性であると同時に大学院の神学部のフェミニストであることがどんな感じなのかを反映していた。私のまわりにはマイノリティの教授はいなかった。私のフェミニストとしての考えは、男子学生や男性教授に無視されるか、もしくは軽んじられるか、そうでなければ神経を逆なでしたように受けとめられた。自分は今の環境に合っていないという不安が、意識の中でなく、夢の中に現れた。のちに自分がこの国で初めて神学博士号を取得したアジア系アメリカ人女性だと知り、自分がどんなに孤独であったか、あの危険な夢が意味していたことがわかった。

最も激しい夢には、虐待された子どもたちが出てくることもあった。それは、私がスイスへ行く前の一九七四年に始め、一九七八年から八八年にかけてロサンジェルスで再開した、青春期の若者たちに対応する専門職に関係していた。私はカリフォルニアとアリゾナの高校生のための夏のキャンプ・プログラムでボランティアとして働いた。この人間関係を作るプログラムを創設したのは、キリスト教徒とユダヤ教徒の全米会議（ＮＣＣＪ）だった。以前、このプログラムは、一九六五年のワッツ暴動後まで、ブラザーフッドと呼ばれていた。長年にわたるフェミニストの世論喚起活動のおかげで、シスターフッドが付け加えられた。私は活動家の仕事を続けて自分の魂を充足させたくて、このプログラムに加わった。

ブラザーフッド／シスターフッドは、個人的にも神学的にも私の人生を変えてくれた。ともに働いた若者や同僚のことが頭から離れなかった。他の人たちの経験の中に、私自身の人生と重なることが感じられた――ロイとの難しい関係や、人種差別や性差別との遭遇などが。私は、能力や成功といった仮面を捨てて、自分にとって大切なこととともっとつながっていると感じ、他の人たちの痛みに対してもっと愛に満ちた自分の内なる部分から働こうともがいていた。私は自分の手で人生を捉えようともがいていた。この苦闘が、言葉にすることができなかったずっと前から信じていた神学の道で生きるように私を仕向けたのだ。

ＮＣＣＪでのボランティア活動のおかげで私は人生の神聖な部分に没頭することができた。より大きな愛を育み、人間を成長させるように人生を変えてくれる霊の存在を経験した。私はこの霊の存在によって変えられた。自分自身の痛みと弱さを探求し始めて、人々ともっと素直に関係を築くことができるようになった。

プログラムは南カリフォルニアの谷を見おろす、サン・ガブリエル山脈の松林や樫の木に覆われた斜面に抱かれた修養センターで行われた。六月と八月の数週間にわたるワークショップは、経験的なやり方で人間を理解することが中心だった。これは、社会の変化には人間の心の変革が含まれるという信念に基づいていた。時が進むにつれ、プログラムはもっと社会的な問題、たとえば同性愛嫌悪、性差別、近しい人による暴力、家族の機能不全、ギャング、さまざまな依存症などを取り上げるようになった。一つの課題が加わるごとに、私は自分自身の姿勢と理解の限界に直面しなければならなかった。どの課題も、他者の前で自分の心を開くように霊的に招かれたものだった。私は、自分の感情を阻む盾が、人の話をよく聞き、広い心で愛するという能力をどれほど制限しているかということに直面した。人の話を注意深く聞き、異なる意見にぶつかることも学んだ。そのように心を開くのは容易なことではなかった。

三回目のブラザーフッド／シスターフッド週間だった一九七九年の八月、四十名のスタッフが集まり、若者たちと行うトレーニングがあった。車座になって、私は自分がフェミニストで、アジア系アメリカ人女性で、宗教学の大学院生である、と自己紹介した。私の向かいには、ジムという快活で愛想の良い新人がいた。自分の番が来ると、彼は「僕は社会の教師で、ギターを弾き、音楽好きです」と言った。それからちょっと間を置いてから、私の顔をまっすぐ見つめて、「それと、僕は男権主義者《マスキュリニスト》だと思う」と付け足した。その冷たい口調から、頬をひっぱたかれたように感じた。

ジムと組んで小さな支援グループの共同進行役を務めると知って、私は狼狽した。スタッフの中でも経験のあるメンバーとして、私は初めてキャンプに参加するジムを手引きしなければならなかった。組む相手を替えてほしいと言うこともできたけれど、彼といっしょには働けないと認めることはプライドが許さなかった。ジムのほうから替えてくれと言ってくれないかと望んだが、それもなかった。最初のグループ・セッションの準備をしているとき、私たちはよそよそしく、馬鹿丁寧だった。

そのセッション・ミーティングで、私たちは敬意を払ったディスカッションをするための基本的なルールを説明する必要があった。この一週間は難しい、感情を吐き出すことの多い課題が詰まっていたのでこのトレーニングは重要だった。ジムと私は、いかに自分の心を開き、はっきりとものを言い、人と違う意見であっても尊敬の念を維持するか、モデルを示さなければならなかった。私たちは、ロールプレイとして、仮定の状況を準備した。

車座に十二人の高校生が座り、私から始めることになっていた。あらかじめ用意しておいたやりとりを頭の中で繰り返していたけれど、一瞬止まって考えた。ジムを気に入ったふりをしていっしょに仕事をしながら、率直なコミュニケーションを示すことなんてできるだろうか？　自分を隠して、私たちに課せられた変革のトレーニングに彼を適応させることなんてできるだろうか？　私たちは若者たちのモデルにならなければならないというのに、若者たちは約三秒で嘘偽りを見抜くだろう。私が嘘をついているとわかるだろう。私たちはスタッフとして失敗するだろう。私はプログラムを裏切りたくなかった。

この数秒間で、私は考えを改めた。これまで試みたことのないぐらい率直さを見せなければならなかった。あらかじめ作っておいたシナリオを演じるのではなく、真実と取り組もうと心に決めた。しゃべっているあいだ、私の口は乾き、心臓はドキドキしっぱなしだった。「スタッフ・ミーティングであなたが男権主義者だと自己紹介したとき、私はほんとうに頭にきました。私がこれまでずっと女性の正義のために尽くしてきたことが軽んじられたと感じて、傷つきました。私が自分をフェミニストだと言ったことが馬鹿げているというふうに聞こえました。あなたは私をからかっているように感じました。あなたを世間知らずだと思いました」

ジムが返す番だった。私が言ったことに驚いたようだ。間を置いて考えてから、彼は言った。「あなたがご自身をフェミニストだと自己紹介したとき、僕は怖くなりました。僕は強い女性が怖いんです。女性といっしょだと恐怖を覚えるんです。僕は女性と付き合うのが苦手なんです。あなたはとても自信があるように見えます。きっと男性が好きではないんだろうと思いました。僕はあなたから自分を守るために自分は男権主義者だと言ったんです」

突然、私たちはもう敵同士ではなくなった。彼のまなざしと肩肘を張らなくなった様子から、それが見て取れた。私たちは今何が起きたかを話し合うようにグループに言った。すると彼らは身ぶりや視線の変化、感情の変化に気がついた。

休憩時間に入ると、ジムと私はお互いの恐怖について話をした。私たちが二人とも自分の恐怖を隠そうと虚勢を張っていたことがわかった。私はジムが感受性の強い、深く物事を考える人だと知った。そして、心を開くことへの恐怖に打ち勝つにはどうしたらよいのかを知った。それは私が繰り返し覚えなければならないことだった。

このプログラムでリーダーを務めることで、快活で自信あり気のアメリカ人気質の自分を乗り越えることができた。若い人たちにしてほしいと思うことをしなければならないと感じた。できるだけ正直に、より深く聞く耳を持たなければならなかった。そうしなければ他の人たちと正直な気持ちを分かち合えないからだ。私は他の人たちの内なる傷に気づかずにいた自分を発見した。ゲイやレズビアンの問題や、同性愛者の若者の鬱病や自殺の割合についても疎いことを知った。かれらは、自分たちの存在を無視し、恥ずかしめ、軽蔑と憎しみのターゲットにする社会で存在価値を認めさせようと苦闘しなければならなかったのだ。

私は同性愛を嫌悪していない。けれど、異性愛者だ。私は、自分に同性愛者だと打ち明けないかぎりは皆異性愛者だと勝手に思い込んでいた。異性愛者の特権というものを忘れていた。社会への適応しやすさや、自分の関係をオープンにし公にすることの容易さ、自分の性的アイデンティティを調べられることも疑われることもなく普通であることを。そうした特権を考えると、白人男性が自分たちの特権に気づいたり、認めたりすることの難しさが理解できた。

ＮＣＣＪのコミュニティ・プログラムのディレクターであるグレン・ポーリングは同性愛者だった。彼は三代目か四代目の救世軍付き牧師だった。彼がまだ二十代だった一九七〇年代の初めごろ、自分がゲイであることを告白したためにアイオワの家族やコミュニティから疎遠になった。彼はロサンジェルスのＮＣＣＪで新しい人生を始めた。差別や暴力に反対する仕事に身を投じた。サマー・プログラムで彼に特別に割り当てられた仕事は、ゲイやレズビアンやバイセクシャルの若者たちに性的アイデンティティについて助言をしたり、性差別や性暴力の問題について男の人たちと語り合ったりすることだった。私の人生で経験した大きな喪失の一つは、一九九一年に彼がエイズで亡くなったことだ。

グレンは元気の良い、愛情あふれる、意志の強い人間だった。彼はいわゆる「好い人」ではなかった。相手を安心させて、不安や恐怖を取り去ろうとはしなかった。逆に、そういう自分に向き合うことを推奨した。それも強く推奨した。嘘偽りをすぐに見抜く能力があった。洗練されたふりなんてばかげていると言わんばかりに十六歳の少年みたいな悪ふざけを面白がった。温かく、知的で、感情も表に表す人間だった。喜びを表すときには、思い切り相手を強く抱きしめた。笑うと、そしてまたよく笑うのだけれど、その輝く青い目は細くなり、ほとんど目がなくなってしまったのではないかと思うぐらいだった。きれいな形の頭に薄くなりかけた金髪、きれいにそろえた茶色いひげをはやし、小さく整った、引き締まった体に、形の良いお尻をしていた。

グレンと私がいっしょに働いていたあいだ、私たちは星空の下で夜遅くまで語り合うのが習慣になっていた。グレンがパイプでタバコを吸えるように外で座って、パーカにくるまっていた。山の夜気ではパーカは必需品だった。私はグレンといると、不安や困惑、傷や弱さをさらけ出すことができた。一度、アジア系アメリカ人スタッフで、若者たちの話を聞かず、いっしょに作業もせずに、自分の痛みをぶちまけて賞賛させるために若者たちを利用している、カリスマ的な男をどうやって扱えばよいか、助言を求めた。この男のナルシシズムは手に負えず、他のスタッフがしたいと思っている作業の妨げになっていた。責任を放棄している仲間と対立するのに不慣れだった私は、ついおおげさに反応してしまうきらいがあった。グレンは私に、その男の態度を言い表し、鏡のように真似をし、男が変わらなければならないと説明し、責任を思い出させるんだと勧めた。グレンは、その男が義務を果たさないのであれば、スタッフの前でその男の態度を話し合う権利が自分にはある、とはっきりと言った。

グレンも私も人生で失ったものがある点で共通していた。私は日本と切り離され、グレンはアイオワを去らなければならなかった。私たちはヴェトナム戦争で彼の兄が戦死したことや、私の父に影を落としたその戦争がもたらした結果について話をした。私たちは、自分の人生でやってしまったと思っている間違いを分かち合った。

グレンは牧師としてのトレーニングを受けているので、キャンプで出会ったたほとんどの話し相手よりも神学的に教育されていた。私たちは長い時間、聖書や宗教、興味のある神学について、女性や有色人種、ゲイやレズビアンを平等に配慮しない教会について、話をした。私たちは、生命や希望を与えると信じている神学をどのように実現するかを見極めようともがいていた。差別がなく、正義のある、将来の展望のある教会をロサンジェルスに作る夢を持っていた。

私にとってグレンは心の友となり、同じように行動する勇気があるときはいつでも彼を見習った。彼のライフワークは宗教的感性と切り離せなかった。つまり、彼の動機は社会を政治的に分析するというよりも、愛という深い井戸から来ていた。彼は自分が、もっと完全で、もっと愛すべき、もっと慈悲深く、もっと平和で、もっと正しい世界を作るために闘い、説教し、祈り、夢みてきた人々の長い伝統の一部であることをわかっていた。彼は、教会が彼のような人たちを拒絶していた時代に生きていた。だから、ＮＣＣＪを通して、世界を変えるという別の道を選んだのだ。

グレンは多くの人たちを変えてきた。その一つは一九八一年八月に起こった。白人の原理主義派の牧師の養子だった三人の黒人、ジョーとジョージとダンは私たちを困らせていた。修養会の最初の三日間、三人はほとんどくっついたまま離れず、弱みを見せまいと身構えていた。ジョーが三人組のリーダーだった。彼は鏡面仕上げの黒のサングラスを、屋内でもかけたままだった。プログラムの最初から、ゲイは病気なのだから銃殺するか牢屋にぶち込むべきだ、という持論を大声で言い始めた。スタッフや他の若者たちが反論すればするほど、彼はむきになった。

あるとき、休憩中、ジョージとダンが私のところにやってきた。二人は「あんたは男とセックスしたがる男を何て呼ぶのか?」と私に尋ねた。私は「人間と呼ぶわ」と答えた。「いいや、クイアとかホモとかファゴットとか何とか言うんじゃないのか?」とジョージは言い張った。「いいえ、人が互いに愛し合うのなら、それを悪いことだと言うべきじゃないと思う。人間にはいろんな愛し方がある。愛することは良いことよ」と私は答えた。「フン」とダンが言い、二人はひそひそ話をしながら去って行った。このやりとりは不可解だった。

四日目になって、二百五十人のコミュニティ全員が集まって、性的暴力や性差別について討論をした。若い女性たちが、家族、もしくは他人にレイプされたことを話した。話を聞いていた人たちの多くがその話に悲しみや怒りを覚えた。「くそっ」以上に強い言葉を使ったことのなかったであろう、威厳を感じさせる年配の女性が、「私たちにこんなことをするなんて何なのよ、そいつらは⁉」と口走った。彼女の頬にはひとすじの涙が光っていた。

この怒りと悲しみの中で、ジョーが手を挙げた。サングラスをしたまま、感情をあらわにして、こう言った。「あんたらがどう感じているかわかる。そいつらがあんたらにしたことはひどすぎる。あんたらがどう感じているかわかるよ」。彼の意見は、信じられないといった反応と軽蔑をもって受け取られた。疑っているような反応を見て、ジョーは叫んだ。「そうじゃない、あんたらがどう感じているか俺にはわかる。俺もレイプされたんだ」

驚きで部屋中が静まり返った。ジョーは続けた。「あんたらがどう感じているか俺にはわかる。俺も無理やりされたことがあるからだ。レイプされたことが」。沈黙はおよそ一分続いた。彼の同性愛嫌悪はこのレイプ体験、自分の痛みと屈辱という拒否反応と投影のせいではないかと私は思った。私たちが彼を疑ったことに、またその経験の意味を理解することをどれほど彼に課すべきか、不安になった。

ジョージがジョーから六フィート離れて立ち上がった。優しい声で、「ジョー、嘘つくなよ、ここでは、今は嘘つくなって」とジョージは言った。

ジョーはジョージのほうを振り向いて叫んだ。「俺はレイプされた！　それも無理やり！」。ジョージが声を荒げた。「言っても無駄だ、嘘を言うな。お前が嘘をついてるってことは俺にはわかる！」。ジョーは叫び返した。「無理やりにだ」

ジョージはさらに叫んだ。「言っても無駄だ！　お前が嘘をついてるってことは俺にはわかってる！　お前が男とトイレに入っていったのを俺は見てたんだ。お前はそいつにあそこをしゃぶらせてくれって頼んだんだ。俺はお前がそいつのあそこをしゃぶっているのを見てたんだ！」

ジョーはジョージに突進した。二人のスタッフがあいだに入り、彼らを捕まえた。その間もジョーとジョージは叫び続けていた。私たちはショックを隠せなかった。

集会所のホール全体に向かって、マイケルという黒人のスタッフがよく響く低音の声をとどろかせて言った。「ジョー！　黙って聞け！　ここでは隠せない！　黙って聞け！」。ジョージは騒ぐのをやめた。ジョーはまだ、「無理やりにだ！」と言い続けていた。

マイケルが木の床の上で飛び跳ねていた。それが、まるでドラムの音のように響き、そのリズムに合わせて「ジョー！　黙って聞け！」を繰り返していた。

突然、叫んでいるのはマイケルだけになった。彼は叫ぶのをやめた。皆、凍りついたように座り、しゃべることも動くこともできなかった。ジョーとジョージはもがくのをやめ、二人を捕まえている男たちも手を離した。私は、私たちの真ん中でたった今爆発した事柄を一つ一つ拾い上げ、見定め、次にすべきことを考えた。誰一人としてしゃべらず、また動かなかった。進行役でさえも身動き一つしなかった。誰かが注意深く行動し、リーダーシップを取らなければならなかった。

グレンが立ち上がり、部屋の反対側にいるジョーのほうを向いた。「ジョー」とグレンは言った。

「君は、ゲイは銃殺されるか投獄されるべきだって言ったのを覚えてるかな？」

ジョーは「そうだ、でも、もうそんなふうには思っていない」とつぶやいた。声を上げて、「もし、それがあんたの望んでいることなら、それがあんたで、そんなふうになればいい。でも俺はそんなふうじゃない、俺は病気じゃない！」と言った。

「ジョー」グレンは答えた。「今、君が言ったことは、私がゲイだとしても、それはそれでいい、私は人間に変わりはないし、好い人間であることに変わりはないってことだね」

「そうだ、けど、俺はそんなふうじゃない――俺は病気じゃない」とジョーは強く答えた。

グレンは声を和らげ、そっとささやいた。「わかったよ、ジョー。私が私でいいんだって思っているとわかって嬉しいよ」グレンはゆっくり、わざと、強調して、こう言った。「君にわかってほしいのは、君がしたことが悪いことでも病気でもないってこと。君はそれでいいんだ。君が人間であることに変わりはないし……君は好い人間であることに変わりはない」

このあと、間を置いて、二百四十九人の顔がいっせいにジョーを見た。彼のサングラスから涙がこぼれ始めていた。突如、彼はドアのほうへ走って行った。

「どうしよう、いま彼を去らせるわけにはいけない。逃がしてはだめ」と私は思った。出口の近くで、ジョーは振り返り、グレンのほうに歩み寄り、その腕にくずおれると、むせび泣いた。部屋中に立ち込めていた忍び難い緊張が解けて、私たちは皆、泣き始めた――安堵や同情、喜びや悲しみで。皆、互いに抱き合った。男性同士、女性同士、男性と女性が互いに泣きながら抱き合った。

次にジョーを見たとき、サングラスをかけるのをやめ、その顔は驚くほどの幸福感とびっくりするぐらい感じの良い恥じらいで輝いていた。他の若者たちは彼の勇気を称え、大丈夫だよ、と繰り返し彼に言った。彼らは、ほんとうのことを言い、話した者の痛みに敬意を表したジョージに感謝した。強姦された経験のある人たちは、自分たちの強姦された経験を盾にしてジョー自身に起きたほんとうのことを否定させなかったジョージに感謝した。ジョーとジョージとダンは再び良き友となった。けれど、以前のように心を閉じ、ひねくれた態度を取る代わりに、笑顔で他の人たちと自由に交わっていた。

ミーティングのあとのフォローには奮闘を要した。残りの日々、グレンはジョーのカウンセリングをして過ごした。グレンはジョーに、自分で決めつけた評価に飛びついたり、自分の感情に身を任せたりしないように注意を促した。また、同性愛嫌悪の宗教的な考え方を強要され、体罰を受けてきた養育家庭でどのように対処すべきかを話した。グレンはジョーに電話番号を渡し、地元のコミュニティで支援を受けられるところを探す手伝いをしようと手を差し伸べた。グレンと他の男性スタッフはジョージとダンに、自分の感情を理解し、二人が互いとジョーとをサポートするにはどうしたらよいかを考える手助けをした。スタッフは私たちの小さなグループの中で、性的暴力や同性愛嫌悪といった感情をどう処理するかに尽力した。私たちはまた、これらの感情についてお互いに話し合った。

スタッフのあいだの議論から出てきた洞察の一つは、自分の同性愛嫌悪の感情と向き合うようグレンに背中を押された男性スタッフからのものだった。男性の多くが、同性愛嫌悪という感情のせいで、どれだけ他の男性からの愛情を抑制し、自分の気持ちを表に出して弱い人間だと認めるのを恐れているかに気づくようになった。実際に彼らは、それまで直面したことがないほど、他の男性を恐れていた。そのため、父親に対しても、兄弟に対しても、男同士であっても、極めて孤独だった。体の触れ合いや親愛の情でさえ、もっぱらセックスを連想させた。

自分たちの性的かつ情緒的欲求のために女性を見る男性たちは、自分自身の性差別の問題を直視できなかった。女性を軽蔑し、コントロールすることで、自分の情緒的欲求と弱さを否定することができた。支配欲を認めると、男性たちは、女性が自分たちに怒り、当てにしている女性からの情緒的支援を打ち切られるのではないかという恐れを抱いた。

スタッフの女性たちは、男性たちから女性との連帯という重要な行為を学んだことを喜んで打ち明けてもらう経験をした。自分の不安を語る勇気を持った男性たちと働くときはいつでも、女性がいないところでも女性を裏切らない男性たちと仕事をしているということがわかった。性差別と闘うことは、もはや男性が女性のためにするものではなくなっていた。それは男性の問題でもあった。私たちは率直に、また直接、問題に向き合えるとわかったし、意見を伝えることができた。こうして開かれたことによって、私たちは他の形の抑圧についても対応できるようになった。

憎しみとトラウマによって自分を愛したり他者と愛し合ったりする能力が壊れると、それに伴う暴力が起きる。ジョーと同じく養子の兄弟たちは自分たちのグループ内で、ゲイやレズビアンに対し、否定、不安、緊張を表明していた。彼らの養育家庭では、同性愛者は恐怖と憎しみの対象だと教えられてきたので、体罰という暴力がなされた。ゲイを何と呼ぶかと私に投げかけられた質問から、二人の兄弟はジョーについてどう考えるべきか戸惑っていたことがわかった。

トイレの中でジョーとセックスの相手になった男とのあいだで何があったのかは私たちの誰も知らない。私たちはジョーの説明とジョージの説明を並べてみた。そこで起こったことが何であれ、ジョーが複雑な性的感情と同性愛嫌悪として表現した自己嫌悪で苦悶していたことを、グレンは理解した。

グループの集会でジョーが立ち上がって話したとき、彼は自分が侵犯されたという内なる感覚に囚われていた。これは正確な直観――強烈な同性愛嫌悪が彼に自分の性的感情を憎み恐れさせたのだ。自己嫌悪の教訓は、他人によって侵犯されたことだった。ジョージは、自分が公衆トイレで見たことを個人的にグレンに話した。ただ一人の目撃者として、ジョージは、ジョーが同性愛行為を自ら進んでやっているのを見たのだと思っていた。ジョージはジョーの嘘に対し、自分が知っていることを言わなければならないとプレッシャーを感じたので、三人が築いていた沈黙の壁を破って自分がしゃべらなければならないと思ったのだった。義弟の誠実さとグレンの愛情あふれる言葉によって、ジョーは自由になれた。

グレンは、ジョーの憎しみの表現に潜むもっと深い、もっと重要な何かを聞くことができた。グレンはそのもっと深いレベルで反応し、誠実さと愛の行為によって解放され、得難い恵みが得られるように人生の扉を開いた。ジョーがグレンの腕の中で泣き崩れたとき、私たち全員がその瞬間に釘付けになったよりも大きい何か、あいまいで未熟な形の真実にコミュニティが関与することによって可能になった何かを私は知った。愛はその瞬間から流れる未来を変えた。「あなたはほんとうのことを知り、それがあなたを自由にするでしょう」（「ヨハネによる福音書」八章三二節）

このプログラムで幾多の夏を過ごした私は、人を愛し、心のケアと正義に身を投じ、精神的に豊かな生活を送るうえで、自己をさらけ出すことと自分に誠実であることがいかに大切であるかを知った。また、静かに洞察することの大切さも知った。私は我慢強いたちではないけれど、相手が苛立っているときには立ち止まり、見守るのがよいことも学んだ。自分も他人も別個でありながら、つながっている点もわかり始めた。自分の精神生活と他者の情緒的欲求とを切り分けて考えることも覚えた。この区別によって、私は自分自身の欲求という騒音を掻き消し、自分とは違う人たちの話を聞いて気に掛けるやり方を知った。さらには、より大きな勇気を持つことができるようになった。何か困惑するようなことが自分に起きたとき、嘘と思われることがあったとき、あるいはごまかされたと感じたとき、声を上げることができるようになった。

ＮＣＣＪで学んだうちの特に二つの問題は、私が博士課程で苦悩していた問題でもあった。スタッフのあいだで私はフェミニズムと宗教の専門家だった。これら二つの分野で指導的立場にあったので、私は性差別や虐待、神学について自分が想像する以上に知らなければならないとプレッシャーを感じ、ひどく動揺した。のちにこれらの学びでは、自分の心をかき乱すことなく、自分の手で摑んだ人生を与えてくれたフェミニスト神学を苦労して創るうえで、これらの学びは大いに役立った。

一九七九年の、性差別と暴力についてのグループ・ミーティングでは、レイプと近親姦が話し合われた。部屋のあちらこちらで、数人の若い女性が、若い男性に抱きかかえられ、泣き崩れると男性たちは女性たちを慰めていた。ジャニスという高校の心理士が話し出した。彼女は若い女性の一人を摑まえて、「エミリー、なんで彼の腕の中で泣いているの?」と尋ねた。エミリーは、安心できるから、彼が自分のことを思ってくれているから、と答えた。

「わからないの？」──ジャニスはこちらを向いて、部屋の向こう側へ片腕をさっと動かして──「あなたたち女性は皆わからないの？　男性に守ってもらい、安心させてもらおうと振り向いたとたん、あなたをレイプするのと同じ力を男性側に許してしまっているってことが？　公衆の面前であなたを慰めている男性が私的な空間であなたをレイプしないとどうして言い切れるの？　あなたが愛している、結婚している男性があなたに向かってきて殴ったりしないとどうして言い切れるの？　男性に思いやってもらいたいばかりに自身の力を放棄してしまってひどい関係に陥った女性がどんなにたくさんいるか。必要な依存と愛は違うってどうして言える？　あなたに力を行使できると思い、あなたを自分より弱い人間だから自分の力が必要なんだって、自分を強い人間だと見るように訓練されてきた人に守ってもらうことはできないでしょ。あなたは自分自身の力を放棄してはいけない。自分自身の女性としての力を求めて、自分と女性同士の力を信じないといけないの」

沈黙。それから、何人かの若い女性が自分の男性の友人をかばって、自分たちを傷つけるような人間ではないことはわかっている、と言った。「でも、彼らにしなだれるのはなぜ？」とジャニスはなおも続けた。「なぜ自分や他の女性を信じないの？　何を怖がっているの？　自分の力で自分を守れないの？　自分が尊敬を得られるときに、なぜ面倒を見てもらわなければならないの？」

善意の父権主義の危険性と限界についてのジャニスの説明に対し、まる一週間、論争が続いた。ジャニスを、男性嫌いで、男性は皆強姦者だと決めつけている、と見る者もいれば、男性と女性とのあいだの争いに火をつけようとしていると思う者もいた。男女が平等ならば男性との関係はどんなであればよいのか、どうすれば男女がもっと互いにサポートし合えるのかを討論し始めた若い女性たちも数人いた。ジャニスが起こした感情の渦は、最終的な解決がないまま、鎮静しなかった。彼女が掲げた疑問は、個人的にも神学的にも私の内に留まった。

人間の経験をフェミニストの視点で分析することは、ブラザーフッド／シスターフッドに毎夏参加するたびに深まっていった。性暴力についての話はけっしてやむことはなく、いくら聞いてもそのたびに驚きを隠せなかった。一九七〇年代の終りには、レイプや虐待について公に話されることも書かれることもなかった。私はそうした暴力を乗り越えた人たちから、暴力を経た後の、癒し成長するという人間の回復力や記憶という重要な役割について教えられた。

虐待の記憶は耐えがたく思い出したくないことだとわかるようになった。女性たちがレイプや性的虐待の話をしていたあるミーティングで、スタッフでカウンセラーのアリシアが突然、お腹に一撃を受けたかのように体を折り曲げた。そしてドアのほうへ駆け出し、外へ走り出ていった。数時間後、アリシアは看護師のいるキャビンで鎮静治療を受けているのが発見された。彼女は目を開けていたが、その目は腫れあがっていた。長い黒髪に対し、その顔は灰色に見えた。アリシアは泣きじゃくりながらとりとめもなく思い出したように、五歳のときに家族の友人にレイプされたのを突然思い出したのだと語った。その記憶が体に一撃を受けたように彼女を襲ったのだった。

トラウマの記憶に再び苛まれた人を目撃したのは、このときのアリシアが初めてで、それで終りではなかった。埋もれていたトラウマがそんなにも人を無力にするほどよみがえってくるものだとは知らなかった。

アリシアは起こったことを私たちに話そうと努めた。心理的錯乱状態に近い状態になった人を目撃したのは初めてだった。けれど、翌朝、アリシアは自分のトラウマの記憶を語ろうとし始めた。それは、まるで自分を公にさらさなければならないとでもいうようだった。

プログラムの中でアリシアをはじめ、性暴力を乗り越えた人たちから学んだのは、暴力を思い出すということは、地獄へ落ちるに等しいということだった。体がもう一度張り裂けるように、恐怖感が戻ってくるのだ。思い出すということは、起きたことから回復して言葉にする前に、再び暴力を体験しなければならないということだった。地獄に落ちてから、暴力や虐待の真実を語ることが可能になる。その話が終わるまでじっと聞いてくれる友人や頼りになる目撃者がいれば。話すことは回復につながり、救いの手を差し伸べる心の働きとなる。

この心の働きは、神についての明白な考えに挑戦することも意味した。シルビアという、きゃしゃな、引っ込み思案の十五歳の少女が修養会で私のグループにいた。髪は長くしなやかな茶色で、顔は白く、そばかすがあり、目はグレーだった。彼女はほとんど存在感がなかった。直接向けられた質問にしか答えなかった。彼女は美容師の母親と弟と暮らしていると私たちは知った。

私の共同進行役のベンは、個人を相手にするセラピストで、彼女を家に帰すかどうか悩んでいた。私たちの責任の一つは、グループ内のメンバーの情緒的安定を見定めることだった。プログラムが要求していることに対してもろくて崩れやすく、不安定と思われる者は、スタッフがそうしたほうがよいと思えば帰宅させることができた。私たちは、彼女を帰宅させないと決めたが、注意して彼女を見ていた。

週の半ば、私たちは家族について話をした。グループのメンバーはアルコール依存症や離婚や育児放棄について話した。会話中、私はシルビアにわずかな変化、見逃せない、何か注意を喚起するものを感じた。目のあたりに緊張が見え、やがて涙があふれ始めたのだ。

私はシルビアに何を感じていたのかを訊いた。彼女の頬に涙が流れた。車座の反対側にいた若い男性が自分のバンダナを彼女に渡した。シルビアは目をふき、深呼吸をしてから、静かに話をしだした。涙が頬を伝って流れ続けた。

「私のお母さんのことです。私をぶつんです。どうしたらいいかわかりません。朝食のお皿を洗うのと、夕食を作るのが私の役目なんです。ときどき時間がなくて、母が帰宅する前に全部できないこともあるんです。ちゃんと全部やれてても、しょっちゅう私を怒るんです」

「怒ると、私をぶちます。拳やヘアブラシで殴ってきます。ランプのコードを引っ張ってきて、私の足を血が出るまでたたいたこともありました。いつも、やめて、と母に悲鳴をあげて言うのですが、そうすると余計、たたいてきます。黙ってじっとしているほうがましなんです。去年、腕を強く摑んできて、骨が折れたこともありました。病院に行くと、母は、私が階段から落ちたんだって言いました。何があったのかを言ったら、私と弟を孤児院に入れるって言うんです」。しゃべっているあいだ、シルビアは腕がまだ痛むかのように、右腕で左腕を抱えていた。

「私にはどうしたらいいかわかりません。母は弟もたたきますが、私のほうが年上なので、たたかれるのはたいてい私です。母が私たちを愛してくれていることはわかっています。なぜ私たちをたたくのかわかりません。私たちのことをほうっておいてくれるよう、よい子になろうとするのですが。神様が母を止めてくれるように、いつも祈っています。神様がこれをさせておくのは、私が乗り越える必要があると考えてのことにちがいありません。私はただそのわけを知りたいのです」。

シルビアの左右にいた人たちが、泣いている彼女の体に腕を回した。

シルビアの息遣いが静かになると、ベンが彼女の手を取って言った、「シルビア、君のお母さんは君を愛しているかもしれないけれど、君を痛めつけるのは間違っている。君をたたいているときのお母さんは君を愛していない。自分の問題を君のせいにしているだけで、それは正しいことじゃない。君はそんなふうに傷つけられる理由はない」

「シルビア」私は言った、「これは神様があなたにしているんじゃないわ。あなたのお母さんがあなたを傷つけようと決めているの。正しいことをするか間違っていることをするかを選ぶ自由が彼女にはあるの。そして、間違ったことを選んでいるの。あなたを傷つけてほしいと神様が思っているのではないわ。神様のお力は愛することにあって、傷つけることじゃない。あなたのお母さんは怒って行動しているのであって、愛しているからじゃない。お母さんはきっとあなたを愛しているとは思うけれど、愛でもって人が傷つけ合うことはない。神様に祈るのは良いことだから、祈り続けてほしい。だけど、祈るだけじゃだめ。あなたが助けを求めてほしいと神様は望んでいるかもしれない。先生でもいいし、牧師先生でもいい、誰か助けてくれる人はいないの？」

「孤児院に入れられるかもしれないから誰にも言えないんです」。どうしたらよいのか私たちはしばらく彼女に考える時間を与えた。

ミーティングのあと、ベンと私はシルビアと膝を交えて彼女と三人だけで話をした。彼女は牧師や教師のところへ行くのは嫌だった。スタッフのなかで進行役のエスターは、シルビアの学校の看護師だった。エスターだったら悩みを打ちあけられるかと訊いてみた。シルビアはオーケーですと言った。エスターは喜んで助けたいと言った。

エスターとシルビアは計画を練った。もし暴力がひどくなったら、エスターは関係機関に連絡をして、シルビアと弟を養護施設に預けることにした。シルビアは帰宅する直前まで、養護施設という部分に引っかかっていた。こんなにも若く、小さい、おびえた少女がそんな残酷な選択肢と向き合わなければならないことに、私は心が痛んだ。彼女が乗り越え、癒しを見つけられるようにと願った。

自分を傷つけさせているのは神だというシルビアの確信、それによって導き出された受け身の姿勢と諦めが、私の頭にこびりついて離れなかった。そういう考えは、親や愛する者から意図的に残酷な扱いを受けて痛みを経験した、暴力に苦しんでいる若者から聞いていた。力ある神の善意の保護を信じ、暴力を神の導き、自身のための痛みだと解釈しているのだ。そして、キリスト教の伝統が若者たちのこのような衝動を強めてきた。その伝統では、イエスを、父なる神の意志に従い、父への愛から残酷な暴力を喜んで受けた息子として崇めてきた。

ひどい神学への暴言

一週間にわたるＮＣＣＪの集中した修養会で、核心となる社会的、宗教的疑問に没頭したことによって、博士課程で始めた知的作業に支障をきたした。大学のときには、社会的活動に携わることと教会に参加することとは合致していた。ところが今は、その二つが私の心を半分に引き裂こうとしていた。というのも、フェミニスト神学の洞察が事実上、私の知るキリスト教神学すべてに対し挑戦していたからである。キリスト教徒であることが、イエスについての伝統的な教義、有害だと思い始めた教義を信じることを意味するのであれば、キリスト教徒であると同時にフェミニストであるということはありえないのではないかと不安を感じ始めた。そこで私はキリスト論、すなわちイエス・キリストについての教義を学ぶゼミを受けることにした。私は自分の個人的な理由からこのトピックを選んだ。自分がフェミニストであると同時にキリスト教徒であることが可能かどうかを知りたかった。

ゼミの教師バーナード・ルーマーは退職していたが、休暇を取った指導教授の代講を務めていた。ルーマーはシカゴ大学神学部のときに、私の指導教授の指導教授で、何年ものあいだ、そこで学部長をしていた。背が低く、レンガのように固い、ひきしまった体をしていた。きれいな黄色か白のセーターを着て、まばらな白髪とニューイングランドの白い肌を際立たせていた。

ゼミには三人の学生がいた。この人数では隠れることはできなかったが、ルーマーはゼミの指導者としては長けていた。ぼやかしたり、大げさに言ったりすることに鋭敏で、いくつかの鋭い質問でやり込めるのだった。深く掘り下げるようなコメントは褒め、思いきって未踏の領域に挑戦することを期待した。彼の前で意見を言うのは大きな危険を伴ったが、実のある考えには褒美として、その青い目の中に喜びのきらめきが宿り、パイプをもう一服し会話を続ける唇に笑みをたたえた。コメントについて考えるために間を置いたら、それはコメントが重要で価値があるということを意味していた。

そのゼミの授業中、私はほとんどしゃべらなかった。それは博士課程で最初のゼミだった。私の指導教授は、私がフェミニズムに関心を持っていることにやや不安げに支持をしてくれていたが、一年目は休暇を取っていた。博士課程にはもう一人、女性がいた。彼女はとくに友好的ではなかったし、フェミニストの考えに興味がありそうでもなかった。聖アウグスティヌスのゼミの教授は、私がフェミニストの質問をするたびに敵意をあらわにした。私には知的に分かち合えるフェミニストの仲間はいなかった。

ルーマーのゼミで読む教科書はいずれも、権力や暴力、虐待についての私の疑問に向けられてはいなかったし、イエスの生死をわかりやすく説明するものでもなかった。リベラルな神学者は、私たちの身代わりとしてのキリストの贖罪という考えを、神を最善の人間ほど道徳的でないと描いているとして、拒んでいる。かれらが危惧しているのは、贖罪が表現されているときの神の描かれ方だった。私が危惧していたのは、権力が間違って使われた際の犠牲者にあり、リベラルな本には書かれていない視点だった。イエスの教義の問題点に対する私の直観は、敢えて掘り下げていくには明確さが欠けていた。そのため、自分が読んでいることの何が間違っているのかを説明できなかった。ルーマーが私のフェミニストの疑問を本筋と関係のないことのように——解釈はすべて白人男性によるものだった——扱ったことで、私の苛立ちはさらに増した。それでも、ルーマーの教え方が気に入っていたので、ゼミに留まろうと努めた。けれど、授業中のディスカッションでフェミニストの考えが欠けていることに憤りを感じていた。

ゼミが終ったとき、私はルーマーにレポートを書く時間を延長してほしいと頼んだ。怒りと欲求不満から書けなかったのだが、そうだとは言わなかった。題材を吟味し、考える時間が欲しい、と言った。題材が不完全なレポートは題材が冷え切っているため、めったに良いものとならない、とルーマーは言った。少なくともレポートを求めているのであれば、一か月は必要だと私は説明した。ルーマーは同意した。

私は何を書けばよいのか困っていた。やっとの思いで、私はこの学期の授業への怒りをぶつけ、授業で扱われた題材のほとんどをフェミニストの観点から批判した。三十ページにわたる批評は、キリスト論や権力、愛についてフェミニストの視点で考察したものとなった。このレポートを提出するころには、ルーマーの別の授業、プロセス神学のゼミも受講していた。私のレポートがこの二つめの授業での成績にどう影響するか気になっていた。というのも、私はこの課題で落第したと確信していたからだ。私の怒りはあまりに大きすぎたので成績はどうでもよかったが、ルーマーの二つめの授業も落第点だったら、将来に響くのではないかと気が気ではなかった。

レポートを提出した二週間後、ルーマーのほうから私と話をしたいと二時間の面談の申し出があった。私は最悪を覚悟した。ルーマーはテーブルの上に私のレポートを置いていた。最初のページの端にコメントが──それもたくさん──書き込まれていた。ページごとにコメントが記載されたそのレポートを順繰りに見ていった。どこが良く、どこが矛盾しているかを教えてくれた。自分が書いたものについてこんなにも徹底的に批評してもらったことはこれまでなかった。矛盾だらけで一貫性に欠けていたことを私は恥じた。

結論を書いた最後のほうで、権力の概念を用いている点に言及し、分析にもっと微妙な違いをつけたらいい、と励ましてくれた。九十分後、最後のページにたどり着くと、そこには「A」と書かれていた。私は驚いた。

ルーマーはポケットからパイプを取り出し、火をつけると、優れた刺激的なレポートだと言った。それから、レポートをわきに退けると、私をまっすぐ見て、「博士論文は何について書いていくつもりかね?」と言った。

「キリスト教と仏教の、宗教間の対話についてです」と私は答えた。

「なぜ?」と彼は言った。

「私の日本の親族は仏教徒で、アメリカの親族はキリスト教徒で、この二つが互いにどう作用するかに興味があります。キリスト教の使命よりも世界の宗教にアプローチするほうが、敬意があると思えます。それに、ここクレアモントのジョン・カブは、対話的アプローチのパイオニアです。私はカブの下で研究をします」

ルーマーは葉巻の先で私のレポートを指してトントン叩きながら、「君はこのトピックで論文を書いたほうがいい」と言った。

「なぜです?」と私は驚いて言った。

「君が言わなければならないことこそ重要だからだ。誰も言ったことがないことだから、君がそれを言うのは重要なことだ」

「でも、フェミニストの視点で論文を書いたら、仕事を得ることができません。これまで私がフェミニストの視点で書いたものをまじめに受け取ってくれた先生はほとんどいませんでした。レポートでフェミニストに関して何か書けば、良い成績を得られません。怒りすぎているし、論争したがっているせいでものごとをはっきり考えることができていない、と言われます。これまで得た助言はすべて、フェミニストとしてものを書くのは学位を取ったあとにしたほうがいい、というものでした。そのうえ、フェミニスト神学に詳しい教授はいません。私が書くものに共感してくれる審査委員を見つけるのは難しいでしょう」

「そんなことはどうでもいいことだ」。ルーマーは私をまっすぐに見た。その青い目は輝いていた。「言わなければならないことこそ重要なんだ。それこそ言わなければならないことだ。君がその別のトピックに留まれば、きっと退屈して学位を取得できないよ」。彼は再びパイプの先でレポートを叩いた。「君はこのトピックで、感情を投入して難しいプロセスをくぐり抜け、やり抜いた。きっと書き終えるだろうし、重要な仕事を成し遂げることになる。これこそ君が書くべきトピックだ。良くない助言は全部忘れなさい。どうしたらよいかよく考えなさい。そうする必要があるのだから」

活動家としての仕事から、怒りに価値があることはわかっていたが、私の怒りに賛同してくれた教授はルーマーが初めてだった。ルーマーは、私のレポートが立派な知的作業へと導く感情的情熱を持っていると信じてくれた。けれど、私は自分のフェミニストとしての怒りを抑制しようともしていた。自分の中の苦闘を慎重に取り扱った。ひどい神学に対して暴言を吐いた、ルーマーに提出したレポートは、これまで書いた中で最も怒りに満ちたものだった。

他の授業ではもっと穏やかにフェミニスト批評を書いたが、これが初めて受けた励ましだった。キリスト教に対するフェミニストの挑戦の重要性をルーマーにわかってもらえたならば、他の人たちにもわかってもらえるかもしれない、とにわかに希望が湧いてきた。他の教授も説得できるかもしれないと思った。ルーマーは他のどの教授よりも意志が強固だった。

けれども、私自身の心を危うくせずに、この問題について書けるとは思えなかった。ラディカルな白人フェミニストはたいてい反宗教的だったが、私の活動の歴史的かつ精神的基盤はキリスト教にあった。私の活動は自分自身や個人の問題を超えて、抑圧に対して闘ってきた人たちの長きにわたる伝統にまで到達していた。そのような伝統に自分も属していると考えると、孤独感もなくなり、人生を持続できるようになり、人生を変える仕事に導かれていた。女性の権利のために宗教と関わらないで生きていくことは、自分の心を二つに引き裂くようなものだ。白人フェミニストの女性解放の考えは、私がコミュニティや歴史的伝統とともに活動をするようになる前のアメリカ生活のように、孤立していると感じた。キリスト論を書いていって、自分がいったいどこに行き着けるだろうかと思うと、私はルーマーの助言に恐れを感じた。

私は彼の助言をひとまず脇に置いて、彼のプロセス神学のゼミに集中した。登録していたのは男性が二十二人、女性が三人で、博士課程で受講したゼミで最高の授業だった。授業が終っても地元のバーで、夕飯の代わりにハッピーアワーの軽い食事を取りながら会話を続けた。ルーマーもときどき参加した。

私たち三人の女性は授業中のディスカッションで思い思いの意見を述べた。レベッカ・パーカーは神学部の学生で、初めて会ったが、彼女の考え方には好意を持った。授業中の彼女のコメントを聞くたびに、彼女のことをもっと知りたいと思うようになった。神学生はたいてい、知的訓練を受けていないからと博士課程の上級ゼミは取らなかった。彼女が知的訓練を受けていたのは明らかだった。私たちはプロセス思想や美学や神学についてよく話すようになり、親しくなった。けれど、彼女は私のフェミニストとしての情熱には慎重だった。私たちがいっしょにフェミニストに関する仕事をするようになるのは、彼女が大学院を出てからのことだ。

「あら、あなたったら、とんでもない！」

私は、三週間ごとに会っていた精神探求者のグループから、自分のフェミニストの疑問を支持してもらった。私たちは自分たちを「シスター・サークル」と呼んだ。自分たちが抱えているフェミニストの苦しみを持ち寄り、その怒りと傷を分析した。ときに女神のイメージを使って、儀式をしてみたり、古代の母系の伝統や魔女の知恵から生まれた魔力について調べてみたりした。これらから得られたのは、女性の力の肯定だった。必要な儀式が見つからないときには、自分たちで創った。フェミニストに反対の教授や雇い主から自分たちを守るために、儀式を発明した。私たちは共に泣き、痛みを除去し、笑い、踊った。儀式と友情を通して、新たなエネルギーを見つけ、さらなる苦しみに希望を見出した。

シスター・サークルで私は人生で最も重要な友人の一人、最初のフェミニストの知的同胞に出会った。友人のアン・アプレイが、クレアモントのピルグリム・プレイスに住んでいる優れたフェミニストの教授について教えてくれたのだ。ピルグリム・プレイスは、教会や宗教を教える学校に勤務していた人々の退職後のコミュニティだった。一九七七年十月、ちょうど私が博士課程を始めたところに、アンはネル・モートンを紹介してくれた。ネルは私が新しいフェミニストの博士課程の学生だと知ると、私を招待してくれた。

火曜日の午前中、ネルの家に向かった。ネルは何年にもわたり、ドゥルー大学の神学部の教授をしたのちに退職した。そこで、ネルは卓越したキャリアを積んでいた。彼女は、南部長老派教会で市民権活動家として働き始め、その後、フェミニスト神学の学者になった。彼女の出自は、テネシー州の丘陵地帯の奥地だった。その深く響く声は、母音を伸ばす、アパラチア山脈出身者特有のリズムが特長だった。短い白髪を頭のてっぺんで束ねてリボンで結んでいた。それは、頑丈でどっしりとした体の上に乗った明るくカラフルな蝶々だった。私は、彼女のまじめで純朴、率直で明朗快活なところが好きだった。

ネルとの最初のミーティングで、私たちは秋の日差しの中、中庭に座っていた。彼女はコーヒーで風味付けをして焼いたテネシー・ハムとかぐわしいフレンチ・ロースト・コーヒーをごちそうしてくれた。私たちは親しくなった。ドゥルー大学での日々について教えてもらい、私は自分の文化的多重性について語った。

クレアモント大学にいた四年間、九月から五月まで、多くの時間を彼女と過ごした。暖かい日は中庭に座って過ごした。冬のあいだは、暖炉の前の二つの二人掛けの椅子にそれぞれ座り、コーヒーテーブルを挟んで向き合いながら過ごした。彼女が読んだ出版されたばかりのフェミニストの本や、私が書いていたレポートについて、彼女が書いていた講義録や、授業で読んでいる本の問題、私が出会った良い教師ばかりでなく最悪の教師についてなど――たくさんフェミニストの考えについて話をした。彼女は体の具合が徐々に悪化してくると、シスター・サークルのミーティングに参加できなくなったので、私がその活動の様子を報告すると喜んでくれた。ミシシッピとテネシーという、ともに南部のルーツにあることから親近感が湧いていた。

私は一度ネルに、結婚しなかったこと、子どもを持たなかったことを後悔していないか、と尋ねた。結婚や結婚が女性に及ぼす影響について話をしていたので、彼女の人生について一般論として尋ねたのだった。でも、この質問の裏には、Ｔ・Ｃを愛する苦悶があった。私はめったに自分と彼との関係について話をしなかった。それがどうしてかは説明できなかったけれど、話すことが苦しかったからでもあり、自分が彼に安心感をいかに求め、依存しているかをさらけ出すのが怖かったからでもある。自分にとってとても難しい関係を必要としていると認めるのは、フェミニストとして恥ずかしいことだと思った。ネルは私が親しくなった女性で初めて、キャリアを選んだ人だった。結婚する代わりに一生の仕事を持つとはどういうことなのか、その選択を取るとどんなふうに感じるのかを知りたかった。

ネルはとても温かく笑いながら答えた、「あら、あなたったら、とんでもない！　自分がつまらない一生を送ることを考えたら、自分がつまらない人間になっていたかもしれないと考えたら、結婚しなくてよかったわ。私はとても刺激的で面白い人生を送ったと思っている。どんなことがあっても自分の人生を手放したいとは思わない」

このように立派な、知的で神学的な仲間ができて、私の大学院生活は計り知れないほど豊かになった。ネルのサポートなくして博士課程を終えることはできなかったのではないかと思う。彼女は苦闘の海を照らす灯台だった。

ネルはまた厳しい教師でもあった。私がフェミニストでありながらキリスト教徒にもなれるかを考えるように仕向けた。私たちが神学的な会話をしていたあいだに、彼女はキリスト教から離れた。ネルはなぜ私がキリスト教徒に留まるのかを強く迫ってきた。私たちが交わした会話で最高の部類に入るものは、フェミニストでかつキリスト教徒であることの苦しみについてだった。ネルは両立が不可能だと考えていた。私はそれを考えてみようと決心した。

ネルに背中を押されて、私はバーニー・ルーマーの助言どおり、キリスト論について研究することに決めた。私にとって核となる問題はイエス・キリストについてだった。

フェミニストの視点に立って、イエスの生涯を、人々を自由にして全き正当な人生を送るようにできるもの、と考えられるだろうかと思った。伝統的な神学もリベラルな神学も、私がキリスト教徒でなければならない理由にはならなかった。けれど、父権制がキリスト教を定義づけ、その教義によって自分が排除されるのを容認したくはなかった。私はキリスト教を自分のものとして選んだのだ。自分の魂をズタズタにしたくはない。そうするしかないというのでなければ。

一九八一年、クレアモントを離れた私は、定期的にネルのもとを訪れた。彼女は終の棲家として介護付きのアパートに引っ越していた。最後の面会は、彼女が亡くなる前の一九八七年初頭だった。

私たちは私の博士論文、私がたどり着いたフェミニズムとキリスト教を両立する方法について話をした。本になったら、彼女に捧げると約束した。彼女は喜んでいるようだった。『心に寄り添う旅路』〔*Journeys by Heart*〕に彼女の名前がある。

ノーとイエス

博士論文を書いているあいだ、私はＮＣＣＪで学んだことが正しいと言える、自分の人生を統合できる神学を自分自身の手で見つけたいと必死だった。ブラザーフッド／シスターフッドでは幾度となく、人種差別や同性愛嫌悪、性差別や薬物依存症といった大きな社会的圧力の個人的影響や対人関係への影響を目撃してきた。グレン、ジム、ジョー、アリシア、シルビアやその他大勢のことが脳裏に焼き付き、彼らに突き動かされた私は、心理的に、個人的に、また政治的に自分が知ったことの神学的意味と格闘した。自分を形成している最も重要な部分を棄ててまで、伝統的な神学を受け入れることはできなかった。ジェンダーだけが問題となる抑圧であるかのように、フェミニズムの論争のほうに向かうこともできなかった。

大学で、ウィリス・フィッシャーが紹介してくれた、ヘブライ人の預言者の宗教的な考え方が自分の活動と一つになり、自分の魂を豊かにしてくれた。フィッシャー博士は私の核となる活動を広く全体から見て、統合するように助けてくれた。フェミニズム批評とＮＣＣＪでの活動は、全体を見るという意味を断片化し始めていたからだ。

伝統的なキリスト教の教義についてなんとなく感じていた居心地の悪さは、人間に与える実際の影響を目撃したときに、もっとはっきりとした。宗教的な考え方がいかに人間の自己認識を形成し、痛みに反応するかがわかった。しばしば、大学院で聞いたことが、ＮＣＣＪで学んだことと矛盾した。

かつて、大学院の倫理学の授業で、ラインホルド・ニーバーの『道徳的人間と非道徳的社会』の講義があった。ニーバーは、人間は社会システムのような権力組織の中にいるときよりも、私的な生活や人間関係の中にいるときのほうが道徳的で、最悪な状況は組織化された形の行動から生まれる、と言った。私は若者たちから聞いた、家族の一員から思春期に受けたというレイプや暴力の話を思い出した。

ニーバーが間違っているのは明らかだった。暴力は公的な行動と私的な行動とを比べるものではなく、それらはつながっているものだった。エイドリエンヌ・リッチが『嘘、秘密、沈黙』で述べているように、アメリカでは家庭が女性にとって最も危険な場所だ。通りでよりも家庭で強姦されたり殺害されたりする割合のほうが高い。自殺する率は殺害される率よりも高い。

私的暴力と公的暴力とを分けることはできない。アドルフ・ヒトラーとナチ政権前のドイツにおける子育てについての研究、アリス・ミラーの『魂の殺人』を読むと、子どもへの私的虐待は社会的に組織された悪と密接に関連しているということは明らかだ。

社会的に組織された人間の制度と活動は良いこともある。グループへの社会的圧力が人々を良い方向へ導く助けになる。たとえば、教会や大学のおかげで私はより良い人間になった。ＮＣＣＪのおかげで、たくさんの人々がより効果的に正義のために活動するようになった。

子どもの虐待と性暴力は神学において語られなければならない。神学はこれまであらゆる被害者を支援してきたのだから。一九八〇年代、子どもの虐待についての調査はまだ始まったばかりだった。神とイエス・キリストについての教義において、暴力的な家族の虐待をキリスト教の伝統がいかに聖なるものとしてきたか、私は新しい論文を読んで、徐々にはっきりとわかってきた。公的領域と私的領域は、権力とその使用と虐待への疑問によって、私の中で一つに結びついた。私の神学的分析は、ジェンダー中心から家族の力学や人間自体の構築へと移っていった。

私は、虐待された若者が、キリスト教の伝統が神を理想化するように、親を理想化するのを見てきた。虐待された子どもたちは、養育者の愛に依存しているため、自分の親が善であると信じる必要があるのだ。愛は食物同様、必要不可欠なのである。暴力は愛し合う関係の中で健全な自己を独立させている浸透膜を壊し、一つに結ばれた、区別できないアイデンティティという強い感情的な絆を作ってしまう。虐待された子どもは、加害者と深く結ばれ、虐待の咎を受け入れてしまうのだ。トラウマから自分を守るために、虐待を些細なことにしてしまうのである。自分が悪かっただけ、と言って。親が依存するに値しない人間だという情けない真実と向き合うのではなく、自分が苦しんでいるのは自分が悪いせいだと信じて。感情的に見捨てられたどん底にいることを受け入れるのではなく、自分で自分を諦めてしまうのだ。

キリスト教は神を慈悲深く、すべての力を持つ父親であるとし、人間を罪深く、弱き存在とすることによって、良いのが親で悪いのが子どもだというモデルを再現している。人間の不服従と弱さを前にして、神の許しと保護に感謝しなければならないとしている。この感謝が、神の恵みあふれるイメージの陰に隠れたひどい罰への恐れからの安堵をもたらしている。神の力が罪や悪をコントロールしていると定義されると、信心深い人々は神がそれを許した理由を探して、自分に起きた悲劇を否定する。この姿勢が、抑圧と服従が必要だという信仰を強め、罪意識や安堵やシャーデンフロイデ［他人の不幸を喜ぶ気持ち］を育てるのだ。自分自身を肯定し、虐待を拒否し、倫理的洞察への責任を取り、正義のために活動するために、これらの教義が人々を力づけるということができない理由が私にはわからなかった。

キリスト教では、権力は恵み深い父権主義として構築されている。私自身の人生における父権的な愛の構造を分析すると、そうした愛や権力の考え方の限界が見えた。父権主義が親密な関係を阻み、不適切な形の依存を維持していた。大人は救済の代わりに、自分の人生を受動的に、従順に放棄するように求められている。

イエス・キリストは従順な息子とされ、父親が望んだのだからとして暴力を受け入れている。イエスによって与えられる救済は、虐待という自身の犠牲によって得られる。言い換えれば、神であれ罪深い人間社会であれ、暴力の加害者に対する愛のために、イエスは暴力を受け入れているのである。愛や人間関係を服従や犠牲として定義することは、権力と虐待という観点でそれらを構築することである。

しかし、愛する者がなぜ自分に近い人間に暴力をふるうのだろうか？　虐待は強い感情の絆を結ぶけれど、それは境界を侵害された、壊れた心の絆である。なぜ神は、不完全な人間をそういうものとして愛する前に残虐な犠牲を求めたのだろうか？　生きている、息をしている、成長している人間はけっして完全にはならないけれども、絶えず変化し、愛する能力を伸ばしている。暴力は愛を破壊する。

抑圧を愛と混同すると、信心深い人々は、より一層ひどく痛々しいことであっても神によって許されたり苦しめられたりするのだと信じ、犠牲者の道徳的教育や将来のために暴力は起きて当然と考えてしまう。この混同によって、恐怖が愛に代わって主たる動機となり、愛そのものではなく、報いが究極的な価値となってしまうのである。愛が本質的な善ではなく、抑圧のような他の目的で使われると、虐待は私たちの愛する能力を傷つけてしまうのだ。

人種差別や性差別、親しい者のあいだで起きる暴力や同性愛嫌悪は、虐待という力で愛を破壊する。これらによって、私たちは十全に存在し生きることを妨げられる。抑圧者と被抑圧者、加害者と被害者が、感情の鎖によってからみあって、互いのあいだにある空気を締め出し、魂の存在を縮小してしまう。虐待と抑圧というこれらの閉所恐怖症的な感情の鎖が、縛りつけている感情の力が強いがために、間違って愛に取って代わるのだ。しかし、こうした鎖は魂を窒息させ、私たちのあいだにある、両者をつなげている空間、自由と配慮と相互関係のある空間で息をできなくしている。魂がなければ、両者は、互いに相手を手放すことができず、一つに溶解してしまう。両者いずれもが魂の欠如に気づかないようになってしまう。無私は、魂が欠けているときには愛の形を取るようになる。

暴力は自己を断片化し、無私の状態を生み、愛を破壊する。暴力の中でも最低なのは、子どもへの虐待である。親しい者のあいだで起きる暴力は、最も弱い状態のときに人生を傷つける。その残余として、自傷行為への衝動や他人を傷つけたいとする衝動、他人に代わって暴力を受けたいとする衝動が生まれる。虐待の感情の鎖は非常に強く結ばれているため、犠牲者は暴行者との関係において他人が介入する余地を失い、孤立してしまう。相手を所有することが強迫観念になる。

キリスト教の伝統で、イエスの死が救済という神の計画に必要なもの、父なる神への愛から子であるイエスが従順に従ったものとして、神によって定められた宿命とされているかぎり、神は子どもへの虐待者、自分の子どもへの暴力の傍観者である。虐待のしるしは、二人がつながっている存在になっているときの二人の関係性にある。二人が一つのとき、イエスには無私で、自身をすべて神に捧げ、殺戮を受け入れた羊になる。私は、この関係性を、神が創造した秩序における子どもへの虐待だと考えた。

イエスについてのキリスト教の考え方、人々に自分の苦しみを受動的に受けとめさせ黙従させる神学では、虐待の遺産が教義の中に定着したのだと私は理解した。人間は自分の知恵や力、愛する能力を信頼するのではなく、自分よりも力のある他者のほうをいつも向き、苦しみや虐待という感情の罠と愛とを混同しているのだと考えた。

魂の息吹に満ちた愛の空間は、私たちの境界を侵されたときや、私たちの他者への愛が痛みに耐える能力の限界に達したとき、そして私たちが存在できなくなったときがわかるようにしてくれる。愛を最高の理想として主張しているキリスト教神学は、それを誤解してきた。無私により、愛が否定されたり、失われたりしてきた、と私は確信した。他者への愛は、自己認識と自己愛を必要とする。人は変化に対して寛容でなければ愛することはできない。そうした寛容さこそが内なる力、柔軟性、自己存在を表す。愛は自己と情熱を保障するものであり、自己を抑圧するものではない。私は自分の経験から、相互依存と親しさがないときには愛は減少することを知っていた。私はキリスト教のアガペー——無私の愛——の代わりに、オードリー・ロードが言うところのエロス的な力を好んだ。エロスは愛の相互依存、他者の存在の中にいたいとする気持ち、愛の力に現れる魂の充足感を伝えるものだった。

愛は、人間が肉体的に、身体的に、感情的に、知的に、いろんな側面で存在するときに、それ以上ないほどに実現される。肉体的な愛はエロスの重要な面であり、さまざまな関係において表すことができる、人生を支える力である。肉体の愛は性的な親近感だけでなく、出産、死にゆく人の介護、子育て、感覚的な愛を含む。人間同士が充足した個として存在感があればあるほど、愛は完全なものになる。傷つきやすさとその価値を認め、別の存在としての他者への尊敬の念が維持されれば、存在感は生まれる。

愛は痛み知らずではない。愛は変化を伴い、変化することにはリスクが伴う。人生という限りある環境で、私たちは愛の限界に直面する。その経験は、私たちを育て、また傷つけることもある。愛は自己犠牲ではなく、リスクを受け入れ、自分自身であることの勇気を要する。愛すれば愛するほど、私たちの魂には失う痛みも生じてくる。痛みは愛することのリスクであり、愛の基本ではない。

愛は人生を救う。他者との愛を重視し、不正なる帝国を拒否するように仕向け、抵抗と希望の長い伝統の一部となるべく他者への思いやりの心に気づいた、そのようなイエスを理解することで、私はキリスト教の中にこの真実を見つけるのは可能であると確信した。

最後の試み

一九七九年、私はＴ・Ｃに結婚しようと提案した。私は七年間、彼を愛し、ほんとうは彼が自分を愛していないのではないかという不安を持ち続けた。私は自分たちのあいだの関係を変えようと必死だった。彼に愛してほしかった。結婚に同意してくれれば私を愛しているということだと思えたし、そうすれば安定し、二人はもっと良い関係になれると思った。T・Cはとりわけ乗り気ではなかったが、折れてくれた。一九八〇年の四月、私たちはクレアモントの近くに借りた家の裏庭で結婚式を挙げた。母と母の日本人の友人たちが披露宴の食事を準備し、花や音楽やケーキを用意してくれた。ハネムーンのあと、T・Cはテキサスの仕事に戻り、私はクレアモントに戻った。

数週間後、T・Cの博士課程の指導教授が秋学期にカリフォルニアで教えるポストを世話してくれた。つまり、五、六か月いっしょにいられることになった。私はルーマーの挑戦を受け、博士論文の主題を変えたので、もう一年カリフォルニアにいる必要があった。準備として授業を取ったことのない領域についての試験の準備もしなければならなかった。

T・Cがこの知らせを話してくれたとき、私はわくわくし、希望を感じた。私はクレアモントと彼の仕事場となるパサデナのあいだにアパートを借りようと提案した。二十分か三十分通えばよかったからだ。春学期は一人で住み、試験を受け、テキサスに戻って博士論文を始めればよいと考えた。

T・Cは、パサデナに彼がアパートを借りて、週末に私の所に通えばいい、と言った。これは私たちが付き合い始めたときに、自分が彼の人生の端のほうにあると感じたときに、彼の私に対する気持ちが不確かだったときに彼が決めたことの繰り返しだった。

私たちはこの会話を一九八〇年の五月の終りに電話でした。私はキッチン・テーブルに座って、受話器を耳に当て、数週間前に結婚披露宴をした陽光に照らされた中庭を見つめていた。私はまたいっしょに暮らすことを楽しみにしていた。彼がそうしたくないということにショックを受けた。「クソ」私は思った。「またいっしょに住めるのに、いっしょに暮らしたくないだなんて。彼が初めから私を愛していないのはほんとうなんだ」。私は彼の決断を反対せずに受け入れた。傷ついていたので、何も言えなかった。

私は代わりに別の計画を立てた。友人のフランといっしょに寝室が二つあるクレアモントのタウンハウスを借りることにした。T・Cは夏の終りに到着すると、パサデナに住む場所を探し始めた。必死さはなかった。ときどき実験が遅くまであるときには転がり込める友人宅があったし、そうでないときには車で四十五分かけて、私のところに宿泊した。この学期中、狭い寝室で窮屈な思いをしながら私は試験勉強をした。お人よしのフランは、計画には入っていなかったルームメイトに我慢していた。

私は落ち着かず、苛立ちを覚えた。T・Cと私がアパートで窮屈な思いをしているせいだと自分に言い聞かせた。どんなに傷ついているか、どんなに感情的に我慢をしているか、また、どんなに彼に近くにいてほしくないと思っているかを認めることができなかった。一月にT・Cがテキサスに戻ると、風邪をひき、二週間ベッドに寝ていなければならなかった。私は悪夢を見た。勉強をする代わりに、自分の気持ちを考え始めた。そこで初めて、私たち二人のあいだで何が問題なのかを分析する勇気が湧いてきた。

私の学問的研究のおかげで、私たちの力学がもっとはっきり見えてきた。慈悲深い父権主義が初めから私たちのあいだの絆だった。私たちが初めて会ったとき、私は二十二歳で安心と保護を感じたいと思っていた。私には大きな情熱があったけれど、方向性はほとんどなく、つなぎとめる錨が必要だった。ところが、人生を自分の手で捉え始めるにつれ、彼の父権主義が窮屈に思えてきた。結局のところ、安心は親しい関係に比べたら重要ではなくなった。

ＮＣＣＪでの誠実な、生き生きとした人間関係に比べ、Ｔ・Ｃとの感情的距離感はまったく違っていた。前者から人生をたぐり寄せ、後者ではみじめな気持ちになっていた。ついに自分でもこのことを認めた。また、Ｔ・Ｃは気が弱くて葛藤を処理できないのだと信じ、私自身の強い感情から彼を保護することによって、彼に対し自分が父親的温情主義に基づいて行動していたことに気づいた。

私は幾度もＴ・Ｃに自分がどんなに不幸せかを伝え、二人の関係を違う方向へもっていこうとした。彼は抵抗した。おそらく私が欲求不満や怒りで責めるような形で自分の不幸せを表したからで、彼はそれをなだめようとした。私はもはや彼が求めているような人間になれずにいた。彼を喜ばせたくはなかった。私は誠実さを求めていた。

私は三つの連関する次元に生きていた。すなわち、博士課程という抽象的な概念の世界と、活動家として力を注いできた組織という公の世界と、内なる精神的世界やＴ・Ｃとの関係から成る親しい関係の世界である。最初の二つの次元で働くのは容易だった。最後の次元は、より大きな次元とのギャップがどんどん広がってしまっていた。そのギャップが苦しかった。その苦しみが博士論文や活動やＮＣＣＪのプログラムへとより深く没頭するようにし向けた。社会的、神学的変化に没頭しすぎたせいで、Ｔ・Ｃとの問題を解決することができないでいた。そのギャップは広がりすぎたのだった。

風邪でベッドに横たわりながら、自分の不幸せについて考えていた。眠っているあいだは、二人の関係が終るという同じ場面を何度も夢の中で見ていた。

その夢とは、私がＴ・Ｃと過ごすためにカリフォルニアからテキサスへ赤のダットサンのステーションワゴンを運転している夢だった。ハイウェイは前方何マイルもゆるやかに下っている。西へと、サン・ベルナーディーノへ入る急斜面とクレアモントへの道に入る前の最後に広がる砂漠道を運転している。雲一つない砂漠の青い空の下の真昼時だ。黄色い砂と深緑色のヨシュアの木々を通り過ぎていく。

カホン峠の雪をかぶった山々が前方に現れ、道路をのみ込んでいく。その頂上を切望するように眺めて、まなざしをずっと先へと向ける。目はまた灰色のハイウェイに舞い戻る。一マイルにわたってあらゆる車線に大破した車やトラックが積み重なるように連なり、奇妙な角度で横たわっている。血を流した死体がアスファルトにうつ伏せになってあちらこちら、緑や銀色、白や青、黄色や黒の車のあいだに散らばっている。皆、死んでいる。

私は必死に山のほうを目指している。突然、私の車が子ども用の赤い金属製ワゴンになる。私はおもちゃのベッドに座り、ハイウェイを転がり落ち、長くて黒いハンドルに摑まっている。ハンドルを後ろに引いて下げる。ワゴンはゆっくりと空中に舞い上がり、死体の上を飛び上がり、ハイウェイのルートをたどっていく。自分の下で起きた悲劇を見るために体を傾けたときに、暑い砂漠の風が私の髪の毛のあいだを通り抜ける。涼しい山の空気の中に入っていき、頂上を通り過ぎ、ゆっくりと落ちたのは、クレアモント近くの私のタウンハウスのドアのそばである。私は自由なのだ。

第三部　エピファニー——光の季節

第五章　祝福されなかった子ども——レベッカの物語

わたしを胎から取り出したのはあなたです
わたしを母の胸で安んじさせたのはあなたです
誕生のときからわたしはあなたへと投げ出されました
母がわたしを生んだときからあなたはわたしの神です
わたしから遠く離れないでください
苦難が近づくのに助ける者がいません

「詩編」二二編一〇—一一節

アドリア海沿岸の深い緑の下にころがる松ぼっくりのような茶色の砂岩の敷居。その五世紀の教会の敷居をまたいで、暖かな日差しの下からまだら模様の冷たい室内に入った。目が慣れてくると、美しく煌めくモザイクで描かれた聖書の物語に焦点が絞られる。崇高で、生き生きとして、色鮮やかな世界が立ち現れる——力強い青空、跳ねるイルカ、飛び立つ鳥たち、駆ける鹿——喜びにあふれた世界。わたしたちはモーセのモザイクの前で立ち止まった。

モーセは、エメラルドのように深い緑の野に立っている。彼は若く、髭がない。彼の前に、神の顕現が黄金色と真紅に燃え、オレンジ色の閃光を放って描かれている。モーセは神の声を聞く。「近づいてはならない。足のサンダルを脱ぎなさい。あなたが立っている場所は聖なる土地である」（「出エジプト記」三章五節）。モーセはサンダルをほどいた。モーセからは見えないが、彼の背後に真っ赤に燃える低木の茂みが広がっている。世界全体が神の顕現に光を放ち、揺らめきながら燃えている。

隣でジョージがわたしの手を握っていた。彼という存在が人生に幸福をもたらした。わたしがウォリンフォード教会を離れたその年の七月二十五日に結婚した。再出発の時だった。教会は順調で、自分の関心を全面的に神学上の執筆に向けたかったが、緊急時に常に対応する生活では省察と研究を進めるのは困難だった。それに、新しい愛があった。

ジョージはオーケストラの指揮者・キーボード奏者で、十代で一緒に音楽を演奏し始めたときからの友人だ。彼の活力、音楽の才能、美への情熱、生への欲求、素晴らしいユーモアにいつも魅了された。雨の午後にシアトルの我が家の暖炉の前に二人で座り、長い会話をして絆を深めた。

結婚したとき、試練を乗り越えたような喜びでいっぱいになった。ジョージはわたしを家に連れて行き、スープを飲ませ、枕をふわふわにふくらませ、目を閉じて眠るようにと言った。それほどつらいとは思っていなかったが、教区の仕事で疲れていたのではないか？　わたしはくつろいだ。悲しみと苦闘の長い夜を乗り越え、光と美と音楽と喜びに満たされて、生き返った。

その夏、ヨーロッパに旅行した。ホーキアム育ちのわたしには想像もできないことだった。ジョージはわたしを連れて、ストラスブルクとラン、それにランスとパリの大聖堂をまわった。ヴェズレーの巡礼教会、ロワール渓谷の城を訪れた。椅子式リフトでアルプス山脈の頂上に登り、花咲き乱れる牧草地をハイキングした。フィレンツェの夜の通りを散策し、フラ・アンジェリコのフレスコの優しい面立ちに出会った。旅の最後にラヴェンナで、炎に照らされて闇が揺らめく礼拝堂に入った。

夏が終わったとき、リハーサルとコンサートの忙しい日々が始まった。生活に音楽があふれ、音楽家たちとの明け方までのパーティーが続いた。ジョージの家の二階、今ではわたしの家でもあるが、そこの本棚を持ってきた本でいっぱいにした。ついに思索のための居場所を手に入れたのだ。

わたしは執筆にとりかかった。友人のジョアン・ブラウンは地元のルーテル派の大学で教えていたが、贖罪の教義の批判的研究に一緒に取り組めるように計らってくれた。解放の神学の国際会議でわたしたちは、「神はそんなにも世界を愛されたのか？」という題の講演を行った。講演の後に数々の小論文が発表された。それらは贖罪の教義に疑義を呈し、女たちが暴力に抵抗し、虐待からの回復ための宗教的な提案を支持するものだった。

ジョアンとわたしは新しい分野を切り開いたが、それはわたしたちだけではなかった。友人のリタ・ナカシマ・ブロックがちょうど『心に寄り添う旅路』を出版したところだった。学会の会合で一緒になることが多く、熱心に会話を続け、互いの生活と思索の進捗状況について情報を交換した。

運動の一部であるという感覚が、孤立感に変化をもたらした。わたしが取り組んでいた内的な苦悩は、ちっぽけな自分の人生以上の意味を持つようになった。教会の人たちは愛について新たな理解を深めるように助けてくれた。ジョージとの生活は、愛情と豊かな芸術という養分でわたしを祝福した。わたしは執筆に集中し、不安の源である内的な生活に大きな円を描いて戻って来た。

しかしその作業はうまくいかなかった。キリスト教の霊的な服従、自己犠牲、自己の明け渡しについて書くことに何度も尻込みした。それらの徳がどのようにいのちの一体性を断片化し、自由と情熱を蔑ろにしたかを吟味しながら、悲しみと絶望に自分が閉じ込められているのを発見した。二階の書斎でコンピューターの画面を見つめ、わたしは涙を流していた。

離婚から立ち直り、自分の人生を取り戻したのだと思った。人生にひょっこりと贅沢な暮らしが舞い込み、敬愛する男性と結婚したのだと思った。しかし執筆は、悲しみの鋭い刃にわたしを連れ戻した。音楽はやるべきことだった。チェロ、リズムと和声と音色の世界は言葉の世界よりも好ましかった。リハーサル、コンサート、指揮者の妻であることで人生に充実感があふれ、神学の仕事はふきだまりに追いやられた。

その年の母の日、台所で一緒にお皿を洗っていた母が、わたしのほうを向いてこう言った。

「ジョージの立派な妻であることが大切なのはわかってますよ。彼の仕事を助けて、子どももほしいでしょう。でもね、神学の仕事はもっと重要よ。あきらめないでほしい。おばあちゃんもわたしも牧師の妻で、母になって後悔はしてない。子育てはとても楽しかったし、教会を信じています。でも理解してほしいの。おばあちゃんのように聡明で知的な女の人がアイロンかけと料理と教会の手伝いで生涯を終えるのがどんなことなのか。一生、絶望と闘うことになるの。おばあちゃんもわたしも妻として母親として生涯を終える。これが、わたしたちがやってきたこと。あなたは別のことができるのだから。書きなさい」

しかしわたしは途方にくれた。ジョージの支持と母の励ましがあっても、取り組んでいた神学の課題がわたしを孤独に閉じこめた。わたしは新しい教区に派遣されることを司教に願い、続く二年間、バションヨン島メソジスト教会の牧師として過ごした。教会は活発で、うまく機能しており、ピュジェット湾の島に位置し、ジョージとの暮らしはフェリーで隔絶された。

バションヨン島での二度目の秋、郵便で手紙が到着した。それはカリフォルニア州バークレーのスター・キング神学校の学長に志願するための招待状だった。手紙は唐突に着いた。秋の活動を開始する多忙な時期で、ちょうどさわやかな季節となり、牧師室の窓の外の楓の大きな葉が燃えさかる黄色に染められていた。バションヨン教会から離れるのは簡単ではなかった。ちょうど教会が待ち望んだプロジェクトに着手しており、教会の人たちを愛していた。しかしスター・キングがこの職を提示したとき、わたしは快諾した。スター・キングは、バークレーにあるユニテリアン・ユニバーサリストの神学校で、グラデュエット・セオロジカル・ユニオンの一つである。グラデュエット・セオロジカル・ユニオンとは、九つの神学校のコンソーシアムで、カリフォルニア州のバークレー大学と連携していた。活発で豊穣な知の中心地、最上級の神学図書館、たくさんの宗教学者、進歩的な教育に理解を示す神学校——これ以上、望みようのないものだ。一九八九年だった。合衆国でもカナダでも正式に認可された神学校で常勤のトップに女性が雇用されたことはなかった。わたしはその最初だったのではなかろうか。

この変化がジョージとの結婚にどんな意味を持つのか予測できなかった。わたしたちは二つの家に分かれていた——島と都会。二つの家という状況は同じだが、バークレーとシアトル、その距離がさらに開いた。わたしたちはオークランドに古くて広々とした家を購入し、シアトルを本拠地にした。シアトルはジョージの音楽家としての仕事の中心地だ。数週間毎に飛行機で往来した。

日常は、神学校とそこでの仕事に集中した。学生と教授陣を支えること、安定した財政を獲得すること、建物を改築すること、学校の進歩的な教育を強化すること、教派との関係を持続させること、理事会の結束を強めることなどである。組織の実際的な問題の解決が関心のすべてとなったが、学生たちと一緒にいることも喜びだった。やることはたくさんあった。夜明けとともに起きて、疲労困憊でベッドに倒れるまで働いた。

新しい理事を補充する過程で、リタのことが頭に浮かんだ。神学者であり教育者である彼女の視点は学校に有益なものになる。リタが理事会への出席を承諾した。年に二回の会議が、神学的対話と友情を深める機会になった。

スター・キングの教育は個々の学生の関心を配慮し、信頼性と一体性が奨励された。言い逃れや自己欺瞞には異議が唱えられたが、学生たちは信頼されていた。主体性を行使し、自主的に自分の教育コースの方向性を定めることが期待された。学生から力を奪うような教育は避けられた。教える側の理想や意図のために、学生たちの世界に対する認識や経験を無視するような教育を学校は避けた。こうした校風において、宗教について率直に疑問を投げかけるわたしの性格は歓迎された。のちに正面から自分の人生に取り組むことになったとき、学校はわたしの探求心を快く受け入れてくれた。

スター・キングでの最初の一年、五日続けて同じ場所に滞在したことはなかった。二年目の半ばにはそのペースが早まった。生活はすさまじい勢いで粉砕されたが、自分の仕事に全精力を注いだ。ジョージと一緒に過ごすことがほとんど無くなった。わたしは逃避に気がつき始めた――彼から？親密な関係から？　なぜいつも仕事に駆り立てられるのか、と自問した。わたしが召命だと感じたものは、神からの召し出しではなくて強迫的な衝動だったのだろうか。自分の野心を、信仰の献身という言語で飾りたてたのだ。しかし多忙な職務が何かを隠しており、そのことにぼんやりと気づいていた。結婚の一つの風景にわたしは怯えていた。

この結婚の不安な一面を最小に抑えようとした。新婚の頃、コンサート後のパーティで明け方近くまで飲んだことがあった。酩酊したジョージが激怒し、椅子を壁に投げつけて怒鳴り散らした。

友人がわたしのほうを向いて訊いた。「彼のこと、このレベルまで確認してた?」知らなかったのだが「もちろん」と答えた。しかし、恐怖で心臓が早鐘を打った。ジョージの酒癖をなんとかしようとひそかにやきもきした。彼が酔い始めると――熱狂的になったり、怒ったり、しょげ返ったり――わたしは慌ててはらはらした。飲みすぎないでいてくれれば何事もなかった。彼をうまくあしらうための恐怖と不安が増大し、そのことで頭がいっぱいになった。一緒に悲喜こもごもの気分を味わった。苦悩したり安心したり、些細なことに動揺したりすべてに感謝したりした。人生におびえ、同時にありがたく感じたりもした。飲酒はわたしにはなんでもなかった――ただ眠くなるだけだし、飲む必要もなかったのだが、わたしの代わりに誰かが酔っ払ってくれることに気がついた。

一緒に過ごした素晴らしい時間が狂気を否定した――わたしの狂気。秘密にしていた恐怖がさらに激しく心の内にあふれてきた。怯えれば怯えるほどわたしは恐怖を押し殺し、自分自身からも、ジョージからも遠ざかっていった。ジョージが隠している個人的な秘密の領域を無視するのと同じ程度に、自分自身の憑かれたような態度を無視した。二人とも口をつぐむことに黙って同意した。劇的な要因、隠し事、情熱が高まっていたが、わたしは麻痺していた。

オークランドの家はメリット湖の近くにあった。ある土曜の朝、非常に稀なことだが仕事の拘束なしに一人で湖に向かって散策した。カリフォルニアの新鮮な真冬の朝に空がすみわたり、空気は冷たかった。陽の光がまぶしく、水はガラスのように静謐だった。暗いオークの森の中から、湖に映るアール・デコ調の教会のルルドの聖母が見えた――教会の白と青とピンクの尖塔が空に向かって立ち上がっていた。その背後に緑とくすんだ青のオークランドの丘が横たわっていた。目前に広がる景色をぼんやりと眺めながら、自分が何も感じていないことに気がついた。美を前にして、心はほんのわずかの喜びも共鳴も感謝の揺らぎさえも無かった。自分がゾンビか、ダンボールでできた人形のように感じた。冷たい炎。自分というものが存在していなかった。「世界の美に耐えられない」、「魂のどこかがおかしい。わたしには問題がある。助けが必要だ」という想念が次々に浮かんだ。

助けの手は差し伸べられた。次の週末、ドラマチックにしょげ返ったジョージを救おうとしてパニック状態になったわたしを見ていた友人たちがこう言った。「どうやら助けを必要としているのはあなたのようね」。むっとしたが、友の言葉は真実だと気がついた。かれらはアルコールの影響を受けた家族を持つ者たちのグループを紹介した。教会の薄暗い地下室の冷たい折り畳み椅子に座ってわたしは講習を受けた。「このプログラムは、みなさんが誰か他の人の問題を解決するのを助けるためではありません。このプログラムはみなさん自身を健全に戻すためのものです。問題がどのようなものであっても、この中には同じような問題を持った人たちがいます。どんな重荷も、どんなつらい悲しみも、良い方向へと向かわせることができます」。つまり他の人の問題だと見なしながら、それに取り憑かれていたのはわたしだったのだ。わたしは自分を見つめるという習慣を失っていた。グループの人たちの表情にハッとした。かれらはまったく無防備に疲労と悲しみの表情を見せ、何の仮面もなかった。かれらの表情は感じていることを表に出していたが、それはわたしが誰にも見せないものだった。「この人たちは恥じていない」と、信じられない思いで観察した。そんなに無防備な状態でいることが想像できなかった。だがわたしはそれを欲していた。この集会に通い続け、聞き続けた。自分から口を開いて名前以外のことを言えるようになるまで、一年近くかかった。

その同じ週にセラピストのサンディ・ヘドランドに連絡した。電話口でこう説明した。「あの、わたしは四六時中働いていますが、仕事に駆り立てられるのは神聖な動機によるのではなくて、野心だと思います。何度も見る夢の中で最初の夫と今も結婚していて、彼がわたしを捨てて、他の女のもとに行こうするのです。変なんです。助けが必要なんです」

診療室でサンディに会った。彼女は誠実な態度で挨拶をして、しばらくわたしに話させ、こう言った。「とても動揺する出来事を話しているのに、あなたは常にほほえんでいます。今週自分でほほえんでいると思ったとき、顔に手を当ててみてください」。彼女がそうして見せた。「少しリラックスするまで顔に手を当てて、ほほえんでないとき、どんな顔になっているか感じてみてください」

翌週、診療室を訪ねると彼女が聞いた。「何か気づきましたか？」

「ほほえみの下には不愉快な感情があることに気づきました。怒りと、それにたぶん、悲しみ」

「最後に怒ったのはいつでしょう？」

「最後に怒った時ですって？」わたしは笑った。「わたしは怒らないんです。二十歳になる前に怒りを感じることも、表現することもなくなったの」

「では、それを表現したのはいつだったか覚えていますか?」

しばらく考えた。その時を覚えている。「そう、五つのとき、新しい街に家族で引越したわ。寝室の隅には二つのドアがあった。一つのドアは台所に、もう一つはトイレの前の廊下に通じていて、わたしは部屋の隅に立って、二つのドアを交互に音を立てて閉めたんです。精一杯バタンバタン、家が揺れるくらい。泣き叫んで、ものすごく逆上してた」

「何に腹を立てていたのですか?」無味乾燥な調子で彼女が聞いた。

その質問に完全に打ちのめされた。誰もわたしが何に腹を立てていたか、聞かなかった。一瞬、考えた。「腹を立てていたのは、引っ越しをしてフランクと別れなければならなかったから。フランクと別れたくなかったの。彼は家のすぐ近くに住んでた。彼から引き離されたようで、とってもうろたえたわ」

「なぜ?」と彼女が聞いた。

わたしはまごついた。口から出てきた言葉は子どもじみていたが、はっきりと述べた。

「ボーイフレンドだったの」

サンディは穏やかにわたしを見つめ、何も言わず、わかったとうなずいた。腹を立てたことを彼女は認めてくれた。自分の顔に痛みがちらりと走り、ほほえんでいなかった。

すべてが崩壊し始めるその瞬間、わたしは助けを得ようと手を伸ばした。次の週末、友人たちのサポートの気持ちに支えられて、自分にはサンディという話し相手がいることを頭に入れて、勇気をふりしぼってジョージに彼の人生を占める他の女とは誰なのかを尋ねた。率直に訊かれて彼は肯定した。「彼女のことは本気なの？」と訊くと、「そうだ」と答えた。

やり直せないのはわかっていた。そこから別居するまでに五か月、悲しいことだが離婚を二人で決意するまでに一年かかった。その間、希望を抱いたり願ったり泣いたりした。互いに優しく、愛に満ちた長い親密な会話を思い出したりもした。違った方法で試してみたりもした。しかし変化は訪れなかった。

数週間もせずに、わたしはいつもの深い淵にいた。夜に一人でこらえきれずに泣きながら、不幸の深みにある何かにぞっとした。まず確実なジョージとの結婚の喪失を嘆き、怯えているのは真実だった。しかし涙はもっと古い泉からあふれて来た。ジョージへの愛に多くの意味があることに気づいた。彼との親密な絆によって芸術と音楽の世界にどっぷりとひたれた。美が人生を優雅にし、美の持つ強烈さと一体性がわたしをよみがえらせた。ジョージが与えてくれた世界、それに愛情と暖かさを失うことに耐えられなかった。その一方で、強烈なドラマで頭をいっぱいにすることに執着していた。この執着は、盾でもあり防御でもあった。ジョージなしで「ここに怪物たちがいる」と地図が示す海域へ航行しようというのだ。

何にそんなに怯えているのかと自問した。落ちていく世界の縁はどんなものだろうか？　この問いを発しても、自分の中からは何も返ってこなかった。どんな返答もなかった。祈った。「神様、教えてください。何が間違っているのでしょうか？　なぜ世界の果てにいるように感じるのでしょうか？」　しかし答えはなかった。ひざまずき、さらに体を丸めて、ひれ伏し、また祈った。「それが何であれ、わたしは進んで理解します」。万策尽きて壁にぶつかったと感じた。長い間じっとして聞き取ろう、感じ取ろうとした。ついにひらめいた。「言葉じゃないんだ」。それで思いついた。

「絵を描こう」

紙と水彩絵具を取り出した。すべての想念、すべての言葉を追い払って絵を描いた。

その絵は菜園を表していた。スイートピーのつたが柵にからまり、さやいんげんが二本の支柱の間からのびていた。菜園に隣接する家の、台所のドアに通じる階段があった。階段の前に男がいて、その前に小さな子ども――わたしがいた。赤いハート模様の濃紺のスモックは母が縫ってくれたもので、お揃いのブルマーをはいていた。男には顔がなかった。その顔を描けなかった。

翌週サンディに会いに行った。わたしは緊張しながら聞いた。「質問があるんです」

「どうぞ」という答え。

「子どもはオーガズムを感じますか？　小さな女の子にオーガズムはありますか？」

「あるわ」とサンディが言った。

わたしは水彩画を見せ、「これがフランク」と説明した。「これが菜園、そして家。これは台所に通じる階段。わたしたち子どもが三輪車でフランクの家を横切るとき、彼はわたしたちを呼び止めました。止まると、やってきて話しかけるの。彼は子ども好きで、良くしてくれました。ある日、彼は中庭に入ってきたら菜園を見せてあげるとわたしに言いました。菜園にはスイートピーがあって、とっても可愛くて。彼はスイートピーを一束切って、君にだけだよと言ってくれたのです。わたしのワンピースがとても可愛くて、いつでも遊びに来ていいと言ったんです。

「ときどき隣の家の少年のトミーといっしょに、ときどき一人で家を訪ねました。たいてい菜園の外で話しました。ある日、フランクが家の中に入るようにと誘ったんです。見せるものがあるって」

「裏口の階段を上って台所を通って、ダイニングルームに入りました。部屋には古いおがくずストーブがあったのを覚えてる。出窓から菜園が見わたせて、床はリノリウム。ストーブのそばに椅子があって、ストーブの後ろから不思議なおもちゃを取り出してくれました。あやつり人形です」

「彼が椅子に座り、わたしたちは彼の前の足載せ台に座りました。彼は足を組んで、両膝に長い櫂《かい》を載せ、あやつり人形を取り出しました。人形は長い針金の吊り手の先に吊るされていました。フランクは人形を自分の両膝の櫂の上に立たせ、針金であやつりました。彼が櫂を動かすと人形が踊りました」

「人形はウールの布で覆われ、真っ黒に塗られていて。足は真っ赤で、手は白い手袋、顔には大きな白い両目と、赤くて分厚い口が笑ってた。木製の櫂の上で人形の足がカタカタ、カチカチと音を立てて、その音に惹かれたわ」

「人形が踊り出すと、トミーとわたしは魔法にかけられたようだったわ。フランクは人形を自分が作ったと言うの。木材に彫刻をほどこして。もしまた来てくれたら、人形を作ってあげるって。「お願い！」とわたしは言ったんです」

あとで思い出して、フランクが操っていた木製の人形はブラック・ミンストレル［一八三〇年代の、白人が黒人の真似をするバラエティショー］をかたどっていることに気がついた。子どものわたしが遭遇した最初の人種差別のイメージだ。長い時を経てやっとフランクの残忍さは人種差別的だったことに気がつき始めた。他者に屈辱を与え、支配したいという欲望を彼は人種的で性的なものに変換させていた。自己と他者が自由であることを認めるために、残忍な連想のすべてを自分でほどかなければならなかった。

「何が起きたのか覚えてないの」とサンディに言った。「でもこの記憶について話していると怖くてたまらないわ。身の毛がよだつほど、死ぬほど。痛みが全身に走る感じ」

その週、フランクの顔を描くことを決めた。水彩画の彼の顔が空白なのが気がかりだったのだ。パステルと手ごろな大きさのザラ紙を取り出し、白紙の上で感覚を摑もうと手を動かしてみた。しばらくして一つの顔が紙の上に現れた。その頭に赤い杭を打ち、その下に慎重に名前を入れた。

その絵を眺めた。どうして名前を鏡文字にしたのだろう？　この顔を見てわたしは何を感じているのだろう？　鉛筆を取って、感情を言葉にした。

鏡はわたしだ
この鏡を通してフランクが現れる。
わたしはその頭に告発の杭を打った
　いいいいいいい
　これがおまえの名前
彼は緑のいのちを破壊した
生まれたばかりのやわらかい新芽をもぎ取った。
彼は庭師じゃない。
その鎌は老いぼれで。
収穫を中断させる。
わたしの身体は何かを誕生させただろうか
彼が植えつけた犯罪を除いて？

わたしの顔はなんだかフランクの顔の鏡像に思えてきた。フランクを見つめる顔を描けるか試してみた――その顔はわたしで、彼と親しげにも、にらみ合っている。ザラ紙にパステルでまた描いた。子どもの顔はまんまるで、頬は恥に赤らんでいる。喉は赤色と黄色と青色の鋭利な痛みの筋で覆われ、それらの筋は心臓に達している。大きく見開かれた目は凍てつき、背景には常緑樹の森が、故郷のホーキアムの街の後景のように広がっている。森の上に銀色の月が昇っている――守ってくれる天蓋のように。

再び絵を丹念に眺め、紙に鉛筆で絵が表現していることを言葉にした。その子に名前をつけた。祝福されなかった子。

その目は、はるか遠くからずっと彼の目を見つめる
手放すことのない怒りと共に。
悲しみに変わることのない怒りと共に
その子は祝福されなかった。
その子は彼と闘うつもりだ
とても長い間。

サンディに見せると、考え込んだようすで絵を凝視した。
「家で音を立ててドアを閉めていたとき、あなたはフランクのことで怒っていたのね」
「そうです」とわたしは言った。「彼から引き離されてしまって――それにつらくて」

「音を立ててドアを閉めた後、どんなことが起きましたか？　ご両親はどんな対応を？」

「ああ」とわたしは言った。「たいへんなことになったんです。母のお気に入りのティーポットを壊してしまって。ポットは台所の棚にあって、ちょうど寝室のドアの外の棚だったんです。そのドアをたたきつけたので、ティーポットが床に落ちて粉々になった。母のお気に入りのクリーム色で雄鶏の絵が描かれていて。母が台所で泣きだしたのを覚えてます。わたしは走って行って母の足に両腕をまきつけました。母が泣くのを見たくなかった。母にしてみれば、我が子が怒って動揺しているのを見るのがつらかったのかも。みんなでみすぼらしい小さい家で暮らし始めたところで――小さい二世帯用住宅の半分のサイズで、ひどくオンボロの家。そこに引っ越してから家族全員、混乱したように思います」

「父は優しかった。ベッドに来て座って話してくれました。ママのティーポットを壊したのは良くないけど、新しいのを買えるし、それでうまくいくようになるって。十セント硬貨を貯めるのをお父さんが手伝うから、貯まったら、一緒に均一ショップに行って、新しいのを買おうって」

「埋め合わせができるとわかって、ホッとしました。わたしは十セント硬貨をたくさん貯金して、わたしにしては洒落たティーポットを選んだのです――黄金色に光って、銀色のレース模様のデザインで飾られていて。母は今もそれを持っています。最上の磁器と一緒に。雄鶏のティーポットほどに楽しい絵柄ではないけれど、お気に入りだと母は言ってくれます」

「あの後、音を立ててドアを閉めるのはやめたわ。怒りが害を伴うことをひどく悔やんで。でも混乱し続けていました。トイレに行くこと――排便が苦しくて、取り憑かれたように不安になるの。早朝まだみんなが寝ている頃、ベッドから起きてトイレに行く前に、二階の両親の寝室にそっと這って行くんです。屋根裏の両親の寝室の隣りには父が改築した小部屋があって、小さい弟のテッドがベビーベッドで眠ってた。トイレに行く前の前奏として階段を上るという儀式がものすごく重要だったんです。でも誰にも物音を聞かれたくなかったし、気づかれたくなかった。ゆっくりと階段を上ったわ。木製の階段がきしむ度に恐怖に襲われて。物音を聞いて両親が起き出したら、困ったことになると信じてた。排泄しないことはとても悪いことだと思ってた。トイレに座って出そうとするんです。でもわたしの中にはとてつもない大きさの物があって、押し出せないと思いました。両親のそば近くに行くだけで魔法がかけられ、押し出すことができると考えていたんです。わたしの内側に何が詰まっているにせよ、それは自分の体のサイズと同じほど大きいものです。だから出せないいんです」

「学校に行く年頃になったとき、行きたくなかった。自分の内側に大きな詰め物があるのに、どうして学校に行けるかしら？　必要なとき、トイレに一時間でも座らせくれるかしら？　夏のハイキングも行きたくありませんでした――トイレの近くにいなければならないんです。山にはトイレがありません。家にいたいとねだって、祖父母と一緒にいることが許されました。祖父母と一緒にいるのは大好き。アーンスト家の祖母は『シャーロットのおくりもの』を読んでくれました。祖父は髭を剃るところを見せてくれて、シェービングクリームでおかしな顔を作ってくれました。わたしはたぶん六歳でした。残りの家族がハイキングから帰ってきたとき、とても楽しそうだったのでくやしかった。自分の秘密のために、楽しい時間を避けている自分が恥ずかしかった。そのとき一緒にいたのは両親と兄弟とホーキアムで家族ぐるみの友人のガドガー家ですね。そのうち、この問題は消えましたけど」

「トイレの問題は、自分の体を信頼できないという感情と格闘していたことの一つだったわ。飲み込むという動作もできなかったの。おたふく風邪のとき、コップの水と一緒に飲む薬が処方されて、これには悩みました――だれもが普通にすることができないの。叫ぶ、ということもできなかった。友達がわざと遊び半分に悲鳴をあげて、それから笑い続けるのです。わたしにも叫べって、言うの。できなかった。どうやって叫び声をあげるのかわからないんです。できないことに怯えたわ。たとえば家が火事のときに助けを求めて叫び声をあげられなかったら？　悲鳴をあげられないことにうろたえました。十二歳のとき、眠れなくなりました。ベッドに横になるとパニックになるんです。どうやって覚醒から睡眠に移行するのか、わからなくなってしまって。どうやって人間はこれを行うの？　午後、学校から家に帰るとき、不安でなりませんでした。夜にベッドに行かなければならない。その不安はしつこいものでした」

「眠りの問題は、父の書斎にあった『「生きる意味」を求めて』を読んで解決しました。ヴィクトール・フランクルは逆の心理について書いています――何もしないことに集中することで自分の願望を達成するのです。子どもの理解でしたが、それで十分でした。「ベッドに一晩中横になるけれど眠る必要はない」と言い聞かせるんです。「眠る必要はない。命令だ、目覚めていなさい」。全力で目を覚ましていることに集中すると、自然に眠りに落ちるのです。不眠症をコントロールできたことで、ほっとしました。わたしは十二歳でした」

サンディに話しながら、これは正常な子どものストレスと不安だと考えていた。どんな子も心配と恐怖を抱えている。これらの悩みは穏当なものだが、根本的にはつながっていた。信頼できる人たちへの物理的な不安、基本的な身体能力、特に自分の体の主人であるための必要な感覚と統合された自分の意志で身体を動かすこと。自分の体を意図的に動かすことができず、わたしは何かひどいことが起きると恐れていた。

サンディに開示していることが、性的虐待を暗示していることに気がついた。児童の性的虐待について無知ではなかった。教会の牧師として、レイプや性的な被害を受け絶望した女たちの相談にのった。神学の教育者として、性的暴力のサバイバーの神学生と一緒に学んだ。女たちは、自分が受けた性的暴力の経験を生かして他の人たちに助けとなるような道を探していた。性的暴力を受けた女性の割合を神学校で独自に調べると一般的な数値よりも高かった。わたしはシアトルの性的虐待と家庭内暴力センターの理事を務めていて、センター長のマリー・フォーチューンは性暴力をめぐる課題に対して画期的な教育者だ。わたしの神学上の格闘、説教、執筆の源は、神学が女たちに虐待を受容させる文化と同化していることへの懸念だった。

しかし自分史の一部に性的虐待があるとは思いもよらず、その考えにたじろいだ。それでも断片的な記憶と感情が何につながっているのかを知りたかった。散り散りになった破片を集めて解読すれば、一枚の絵になりそうだ。身体上の不安、コントロールされた水面下の怒り、悲嘆と号泣の発作、フランクについてのつらい連想、親密な関係に自分を完全に投じることができない経験、夫が他の女性にセックスと愛情と思いやりを求めたことで深く傷ついた経験、過重労働への執着、自分の感情を麻痺させてドラマ、密通、陶酔で頭をいっぱいにさせること。

世間的には成功していて有能に見えたことだろう。神学校の学長として、困難を極める任務を素晴らしくこなしていると多くの人の目に映った。講演者、説教者、教育者として認められ、尊敬する人々から肯定的な評価を受けた。わたしは完璧ではなかったし、良識と勇気を持ち合わせたリーダーとしてすべてに成功した訳ではなかった。しかし失敗とは言えなかった。

内面では長いこと深く苦しんでいた。教会の牧師だったとき、そのパターンに初めて気がついた。日中は仕事をこなし、夜は壊れてしまい、公的な場面では成功するが、個人的で私的な関係では失敗する。この分裂は思うほど明瞭ではなかった。信頼できる同僚の一人が言った。「暴力や苦しみと無縁の人からしたら、そんなことはあなたには起きていないと思うでしょう。でもあなたの目が語っていますよ」

サンディの忍耐強い同伴、信頼、治癒のための知恵が、モザイクを組み立てるようにわたしを導いた。サンディがその絵の全体を知っているようには見えなかった。わたしだけが手の中に壊れた破片を握っていると感じた。癒やしと一体性のために全貌を知る必要があった。

自分と他者に近づくために、サンディは非言語的な方法を教えた。身体に生じる感情を知ること、箱庭を作って遊ぶこと、絵を描くこと、シンプルな儀式を行うこと。彼女の穏やかで、現実的な態度は、何を感じ何を言ってもいい空間をつくった。単刀直入な質問と観察が、自分の正当化、否定、知的理論化のなかの不明瞭な部分を明らかにした。彼女の気遣いは信頼でき、感傷的でも大袈裟でもなかったし、決めつけることもしなかった。サンディはただそこにいてくれた。

その夏、二週間の黙想の時を持った。太平洋岸北西部、夏の太陽に暖められたモミの葉が放つ匂い、引き潮にできる干潟、カモメの鳴き声、深い森にわたしは帰った。家族が所有する、ピュジェット湾の海辺の家に一人で滞在し、自分に任務を課した。知っているすべてを首尾一貫した絵にするのを許可したのだ——感じていること、知っていることを、透かして見る、のぞき込む。毎日、パステルでザラ紙に新しい絵を描いた。手が動くままに、喉、胸、心、子宮、性器が感じるままに描いた。怒りを感じるままに描いた。ジョージとの結婚を失った悲しみを絵にした。沈黙の日々、家の前で潮が引いたり満ちたりした。夕方、海の向こうに沈みゆく太陽が、年月を経てそびえ立つヒマラヤ杉を黄金色に変え、そのあまりの美しさに耐えられないほどだった。アーンスト家の祖母が、黄昏時の海とヒマラヤ杉の上に昇る月を見ながらこう言ったのを思い出した。「わたしのお気に入りの時間」

深い静寂がわたしを包んだ。八日目、フランクの家のダイニングルームとおぼしきものを描いた。その絵では小さな子どもが男の膝の上でうつ伏せになっていた。子どもは裸だった。男の左手がその子の首を押さえつけ、身動きができないようにしていた。子どもはもがいていたが、男の右手が脚の間にあった。

その絵を長いこと見つめた。鉛のような痛みがあって。性的に興奮していた。

「オーガズムが痛みを止める」と自分に言い聞かせた。大人になって親密な性的経験をするとき、この言葉がマントラのように付き添っていた。セックスの間、喜びに体が暖かくなり、愛する人との親密さをいつくしんでいるとき、その次の瞬間、心は痛みと苦悶と絶望の領域に入り込んでしまう。わたしは頭がおかしくなって、痛みを終わらせようと躍起になる。「オーガズムが痛みを止める」。解放されると、自分の意識が粉々に砕けたように感じた。親密さは消滅した。この体験に自分で名前をつけた。「白い閃光」「脳のオーガズム」。誰もがそうで、それがセックスだと思った。冷静さが消滅し、自分が粉砕され、恐ろしい光の爆発に意識を失う。

思い出して、悲しみに圧倒された。わたしを愛した男たちは、砕けた断片を抱いていたのだ。この非存在を摑もうとしていたのだ。しかもわたしを愛することで、かれらは痛みの原因となった。セックスの最も親密な瞬間に、別の存在によってかれらの顔も存在も消し去られた。虐待者の亡霊が愛する者の顔と重なり、その身体と重なり、わたしに重なる。これは耐えられないことだ。愛する者はとどまることができない。かれらは消し去られた。

絵を裏返しにした。「これはわたしの人生じゃない。これは起きなかった。でっち上げだ」

ホーキアムで小さい子どもだった頃、家族の友人が人形のラガディ・アン［みすぼらしいアン］をプレゼントしてくれた。小さい弟のテッドはすでにラガディ・アンディをもらっていた。わたしはこの人形が大好きで、近所を三輪車で冒険するときはいつも一緒に抱えていた。ある日の午後、フランクが彼の家のダイニングルームに招待したとき、わたしは人形を腕に抱えていた。フランクは製作中のあやつり人形がどれくらいできたかを見せるために呼んでくれたのだ。

「人形はなんという名前なのかな？」と彼が聞いた。

「ラガディ・アン」と答えた。

「その人形の心臓に何と書いてあるか、知ってる？」わたしは知っていた。人形の服をすべて脱がせると、やわらかいモスリンの胴体の上に赤い心臓が描かれていた。その心臓に「愛してます」という言葉が書かれていた。しかしフランクの声に嫌なものがあったので知らないと答えた。わたしは嘘をついた。

「あのね」と彼は言った。「人形の心臓に書いてあるんだ。君がその服をめくって、パンティを引き下ろすと見えるよ」。わたしは頭をふった。「やってごらん」と彼が言った。「試してごらん。服をめくって、見てごらん」。わたしが躊躇していたので、彼がわたしのそばにひざまずき、人形の服をめくってパンティを引き下ろして見せた。その赤い心臓と「愛してます」の文字を見せた。彼はわたしに人形を返して、「さあ、今度は君がやってごらん」と言った。「見るんだ」。わたしは従順に従った。人形の服をめくって、赤い心臓を指で撫でたとき布の上の塗料の感覚がした。

「君の服をめくったら、その心臓には何と書いてあるんだろうね？」フランクはまだそばにいて、そう聞いた。彼の両手がわたしの腰のあたりにあった。その手が服の下でパンティをぐっと引っ張るのがわかった。

外に出たとき、わたしはラガディ・アンを家の中庭に連れていった。潮干狩り用のシャベルを見つけ、中庭に穴を掘り、そこに人形を埋めた。人形が完全に土で覆われるまで念入りに地面を軽く叩いた。のちに、その家から引っ越すことになり家族が荷物を詰めているとき、わたしは中庭に行って人形を見つけた。母が人形を洗濯機で洗ってくれた――土に埋められ、雨も降り、人形は嫌な感触がした。ラガディ・アンは洗ってもらってさっぱりしたが、さらにみすぼらしく見えた。母の口紅を借りて、人形の顔に笑った口元と頬を取り戻させようとした。布製の人形の顔に紅をさすのはあまり成功したとは言えず、変になった。しかしそれは鉛筆でラガディ・アンにしたことに比べればましだった。鉛筆の鋭い先を人形の脚の間に押し込み、布製の人形に穴を開けた。わたしもそこに穴があるのだからラガディ・アンもあるべきだと考えた。この手荒な手術をほどこしながらわたしは顔をしかめた。

ラガディ・アンをセントレーリアの新しい家に連れて行き、そこから先どこまでも一緒だった。大学の寮の部屋にも、若い夫と初めて所帯を持った家にも連れて行った。ジョージの家にもカリフォルニアの家にも連れて行った。ちょうど祝福されなかった子がわたしと一緒にいるように人形はずっと一緒だった。わたしは人形を必死で埋めようとしたが、ほんとうの仕事はラガディ・アンが暮らせる家を見つけるか、創ることだった。

わたしは自分自身にホーキアムに戻るという試験を課すことにし、記憶の中の詳細なリストを作ってみた。フランクの家、その場所、出窓のあるダイニングルーム、中庭から台所の裏口に通じる木の階段、豆やスイートピーのつたをからめる金属管が土に刺さった中庭、フランクの家の裏庭から見る父が牧師として奉仕した教会の屋根、おがくずストーブの煙突。三十五年近く前のことだったが、フランクが今もそこに住んでいるかを確かめたかった。どれくらい自分で考えたものなのか記憶を試すのだ。そうすることで、自分を信じるべきか、それとも自分の考えや記憶や感情をふり払うべきかがわかる。

それらの記憶は痛々しく、自分が不安定な状態だったこともあり、ジョージに一緒に来てもらった。長い習慣で、フランクについて覚えていることを彼に伝えていた。ジョージは信頼できる親友で、二人の間に緊張はあったが、わたしを気遣ってくれる点では信用していた。それに、この経験によって仲違いのある部分は説明がつくかもしれなかった。わたしたちは実験的に別居していて互いに顔を合わせていなかった。彼に電話して尋ねると、もちろん行くと言ってくれて感謝した。

ホーキアムに車で向かった。アバディーンから川を渡ると、なじみ深い湿気のある潮風の匂いがした。潮水とクレオソートと製紙工場の煙が混ざった匂いだ。嵐よけの玄関がある白と灰色の下見板張りの家々が、平たくてまっすぐな通りに並んでいた。漁船が、船の索具の複雑な網と一緒に川で揺れていた。街外れに出ると、川の土手の黄色い粘土のような霧の上に森林に覆われた丘が見えた。夏だったが、空には曇った太陽の鈍い灰色の光が低く垂れこめていた。草原は黄色く、雑草が生え放題だった。何年も帰郷しなかったが、街角は覚えていた――こっちに横切り、あっちに行って、ユナイテッド・メソジスト教会が目に入ってきた。教会の近くに車を停めて牧師館へと歩いた。牧師とその家族に挨拶すべきだと思った。どのみち仕事上の同僚なのだから。近隣をうろついているところを誰か知った人に呼び止められて理由を聞かれる前に、自分の訪問を知らせておくほうが良い。

「ちょうど通りがかったものですから」とわたしは言った。「昔なじみの場所を見ておきたくなりまして」

「お顔を見ることができて嬉しいです。時間をとって、こうして育った場所を思い出すのはいいことですね。お気をつけて」

牧師館を後にして、フランクの家があった場所の記憶を頼りに数ブロック歩き始めた。角を曲がったところで、台所のドアに通じる階段が見えた。心臓が早鐘を打った。わたしはジョージの腕を摑んで、尻込みした。「ここまで来たんだ」と彼が言った。「今、逃げちゃだめだ」。階段は家の違う側面にあった。記憶では遠くにあったのだが、実際には近かった。家の正面へと歩いた。家の右側は、菜園がある中庭があったところだ。そこは今では草が生えているだけだったが、さやいんげんのつるをからめる金属管が枯れた木々のように立っていた。わたしたちは中庭に入った。中庭から、ちょうど絵に描いた角度の通りに、裏通りのガレージ越しに教会の屋根が見えた。左に、出窓のダイニングルームがある家があった。右の窓の上には、ストーブの配管があったのを隠すためにペンキが塗られた丸いプレートがある。

道から家への階段が右ではなくて左に面していたのを除けば、すべて覚えていた通りだった。

正面玄関のドアをノックした。階段には、小さい子ども用の三輪車がひっくり返っていて、女の人が玄関に出た。ダイニングルームが見えて、テーブルの上に縫い掛けのものが広げられていた。女の人はエプロンをかけ、黄色のメジャーを首にかけて、手に針と糸を持っていた。仕事を中断させてしまったのだ。

わたしは自分がこの近隣で育ち、この家に住む友人がいたと説明した。記憶を確かめるために家の中に入って、見て回ることを許してもらえるだろうか？　ダメだ。それは出過ぎた要求だ。この女の人は彼を知っているだろう。わたしは続けた。この家の元住人は子ども好きで、子どもの友人がたくさんいた。「フランクと言います」。「あらまあ」と彼女が返答した。「もちろん。フランクね――彼は娘二人とここに住んでたわね。彼からこの家を買ったんですよ――たぶん十年前かしら。彼はオレゴン州の沿岸のどこかに移り住んで行きましたね」。転居先の住所を知っているだろうか。「わかりません」と彼女は答えた。「娘さんたちならわかるかもね」。オレゴン市で。しかしフランクは数年前に亡くなったと聞いた。彼女はそう述べると、別れの挨拶をして、仕事に戻るのでごめんなさい、とドアを閉めた。

わたしたちは家から歩いて戻った。ジョージはわたしの気分が良くないのを察した。歩いていると、ジョージがわたしの肩に腕をまわして、こう言った。「いいかい。重要なのは、彼は死んで、君は生きていることだ」

車に戻ったとき、突然、思いついた。「ここで待ってて」とジョージに言った。「すぐ戻ってくる」。車の後部に一パイントの瓶があった。それを摑んで、フランクの家の片隅に急いで引き返した。誰も見ていないのを確かめ、玄関の階段の横の茂みに急いでしゃがみこみ、苔むして湿った土を手にいっぱい摑んだ。それを瓶に入れると蓋を締めた。「これをもらっていく」と心の中でつぶやいた。「わたしからすべてを奪ったのだから、この土をもらっていく」

車に戻り、ジョージの運転で街を出て海岸に向かった。森が終わり、海が広がる地点まで来た。海岸はさびれて荒れ果て、流木が散らばっていた。車を停め、砂浜をしばらく歩いた。湿った潮風の匂いがして、カモメとアジサシが長く短く鳴き声をあげて低く飛んでいた。わたしは靴を脱いで、湿ってざらざらする砂の中に足をうずめた。

旅の終わりにマカ族の村を通った。未塗装の家並みがあり、犬と裸足の子どもたちが土の車道で遊んでいた。インディアンの男たちが河口の桟橋の上に座って釣りをしていた。かれらの顔色はひどく色褪せていて、無表情で静かにわたしたちを見守った。

ホーキアムの芸術家エルトン・ベネットは、この海岸を表現したシルク・スクリーン印刷の絵に「沈黙のうちに語り出す」という題名をつけた。インディアンたちは頭を上げて、わたしたちがここにいることを認めた。わたしたちは車に乗り込む前に黙ってうなずき、シアトルに向けて走った。わたしは取り戻した土を詰めた小さな瓶を握りしめていた。

夏が終わり、オークランドに一人で帰った。フランクの家の土が入った瓶を製図用机の端に置き、夏の間に描いた絵を壁に貼った。わたしは等身大の子どもの絵を描き始めた。フランクの家から逃げて、草むらを裸で駆ける姿で。

サンディはわたしが話さなければならないことに耳を傾けた。フランクが子どもに性的ないたずらをする者であることはもはや否定できなくなった。誘惑で釣って、子どもたちを家の中に誘き寄せ、自分の欲求を満たすために子どもたちを孤立させる虐待者だ。掛け値なしに、ジョージとの関係という防御なしに、わたしは恐怖に陥った。今、それが起きている訳ではないことはわかっていた。わたしはもう子どもではない。フランクは死んだのだ。膣に彼の手は触れていない。首は彼の握力で押しつけられてはいない。しかしまるで今、それが起きているように感じる。数週間にわたってその恐怖は増大した。アドレナリンが体中に送り出され、止まらなかった。朝、目覚めてベッドに横たわりながらパニック状態になった。呼吸を落ち着かせようとあらん限りの努力をした。ミューア海岸で数日、静養できるようにサンディが取りはからってくれた。そこは安全で快適な場所だった。サンディが近くに滞在し、一日に数回、セッションを持ってくれて、それ以外は休んだ。わたしはパニックをコントロールできるようになり、落ち着き始めた。

大学が始まり、授業と大学運営の実務に忙殺される日々が再開した。ジョージとの関係をやり直せないか試みたが、新年には二人ともこの結婚を手放すしかないことが明確になった。

二月に夢を見た。わたしはジェットコースターに乗って、サンディが後ろから車で追いかけていた。最高地点に来たとき、目の前にはとてつもない急降下が待ち構えていたが、わたしは宣言したのだ。「ここでおしまい。ジェットコースターを降りて、やめる時よ」。夢をサンディに伝えた。わたしは心理療法に一年間、通い続けていた。「夢は、治療が終わったか、あるいはこれから先の治療を避けたいかのどちらかを意味すると思う」と述べた。手に負えないほどの恐怖、悪夢、煩瑣なフラッシュバックのストレスでわたしは疲れきっていた。だが治療について選ぶのはわたしだ。「続けたいと思います」と答えた。「思い出したことでは、解放されなかったのです。わたしは過去につきまとわれている。もっと癒やしが可能だと思うのですが、どれくらい続くのでしょう？」

「どれくらい長くかは、わかりません」とサンディが答えた。「でも、さらに癒やしが可能なことは確かです」

両親に自分が思い出したことを伝える決心をした。かれらは退職して海辺の家に住んでいた。わたしは休暇でそこに立ち寄った。テーブルで食後のコーヒーを飲んでいるとき、両親に話すと母はこう言った。「何か恐ろしいことが起きたんじゃないかと心配してたわ。ずっと気に病んでいたのよ。セントレーリアでドアをバタンバタンと閉めていたのを覚えている？　あの頃テッドはいつもヒステリーを起こしていた。わたしの二歳の坊やは精神錯乱を起こしたのかと思ってた。ひどく泣き叫んで、あやしてもダメだった。あの子のことばかり心配していて、あなたに注意を向けなかった」

のちにテッドに、フランクがわたしに性的ないたずらをしたことを話した。彼いわく、「フランクのことはそれほど覚えてないよ。彼があやつり人形を持ってたこと以外はね」。わたしはあやつり人形のことはテッドに話していなかった。「そうね。わたし、覚えてる」と言うと、テッドが続けた。「あやつり人形のことで何度もひどい悪夢を見たよ。全部、大人になってからだけど。夢の中で僕はトイレに閉じ込められて、巨大なあやつり人形がそびえ立っていて、僕を殺そうとするんだ。そりゃひどい夢さ。同じ夢を何度も見るんだ」

わたしは赤ん坊の弟をフランクの家に連れて行ったことをぼんやりと思い出した。テッドは歩き始めたばかりだった。ホーキアムから引っ越したときテッドは二歳だった。どうしてあやつり人形のことを覚えたのか？　何を見たのだろうか？　フランクは弟に何をしたのか？

父は、母とは違う反応をした。「おまえはずっと幸せで、精神的に安定した子だと思っていたよ。フランクがしたことで、人間というものがどんなにつらく感じるかは想像もできない。わたしが知る唯一の児童虐待者は、戦争で頭がおかしくなった男だ」。父は、シェル・ショック［激しい戦闘による精神的外傷］と戦争のトラウマについて話し続けた。

両親の反応をじっくりと考えてみた。両親はわたしの話を丁重に聞いてくれた。恐れていたようなことは言わなかった。「それは真実じゃない。どうしてそんなことが言えるの？」とは。両親は話を聞いて、信じてくれた。しかし感情的な反応は控えめだった。わたしを腕に抱いて慰めたり、同情したり、保護の気持ちを示したりはしなかった。そうしたことは両親の性格にはないことだった。フランクに対する怒りも示さなかった。それどころか、子どもに虐待的な態度をとる人間が深く傷ついていることに同情を示したのだ。かれらはわたしの話をただ受け入れただけだ。ちょうどわたしが子ども時代にドアをバタンバタンと閉めたときの怒りを黙って受け入れたように。わたしの家族は全員、痛みに対して麻痺しているのだろうか？　恐怖とは、ただ黙って耐え忍ぶだけのものだったのか？

フランクの虐待がわたしだけでなく家族全員に、弟のテッドに、互いの関係性に何らかの影響を与えていると考えるようになった。ホーキアムの牧師館は、わたしがフランクの家から逃げこんだ場所だ。しかしそこには助けを求めて、ほんとうのことを話せる家庭というものはなかった。

わたしは試みていたのだ。フランクから逃れて家に走って戻り、父を探したことを思い出した。父が牧師館にいなかったので、隣接する教会に行った。人気のない廊下、空っぽの礼拝堂、暗い地下室の集会場、教室、執務室を通り抜け、父を探した。父はどこにもいなかった。わたしは半狂乱になって父を探した。

その後、同じ夢をしばしば見た。わたしは教会の地下の真っ暗な廊下にいる。怯えて、父を見つけようとするが見つけられない。壁の消火器――重たくて丸い真鍮のボンベ――が壁から抜け落ちて床に倒れ、わたしの後ろを転がり続ける。消火器につぶされそうになりながらわたしは廊下を走る。消火器は生きていて、悪意を持っていて、わたしをつぶそうとしている。そこで目が覚める。

子どものわたしは父のことが大好きだった。父は知る限り最も優しい人だった。日曜の朝、黒い式服に身を包み、主日礼拝を執り行う父は均整の取れた顔立ちをして威厳があった。人々が相談に乗ってもらったり助言をもらったりするためにやってきて、父の話に耳を傾けた。父の宗教感覚は実務的で良識があり知的で穏健だった。いかめしくも感傷的でもなく、子どものわたしでさえ宗教の力強さ、壮大さ、そして善を感じた。父は子どもたちに対して自分のために何かを要求したり、自分の判断を無理強いしたり、処罰を強制したりしたことはなかった。愛とは必ず他の人を優先させるものだと父は信じていた。父は子どもたちを天才だと見なし、尊敬と信頼と称賛を惜しまなかった。父はいろんなことを教えてくれた――ボートを組み立てることから、家の暗室での写真の現像、モールス信号の通信システムの構築、それに印刷機の回し方まで。子どもから見て、父にわからないことやできないことはないように思えた。夕飯の席で父に、わからないことの説明をねだった。「お父さん、どうやってラジオは動くの？」。父が説明した。

ホーキアムの牧師館で夜、父が暇なとき、家族のお気に入りのゲームは家中の灯りを消してかくれんぼをすることだった。母はすぐに見つけられる場所に隠れていて、全員で父を探しまわるのだ。父を探すのはむつかしかった。わたしたちがあきらめ始めると、暗闇のどこかからか「もぉ～～～」と長く響く父の声がする。「家の中に牛がいる」と母が言う。わたしたちは「違う。お父さんだ」と言う。父がもう一度暗闇の中で「もぉ～～～」とまねるので、わたしたちはあちこちと探し始める。暗闇の中で父を見つけて、なだれかかり、笑いながら「牛じゃないもん」と言うときほどに楽しいことは世界中になかった。ただし家族で森にハイキングに行くのを除いて。両親は、わたしたちが住むオリンピック半島の山々、熱帯雨林、その海岸を愛した。家族写真のコレクションの中に、小さな女の子のわたし――二、三歳――が浜辺で父と一緒に潮干狩りをしているものがある。わたしは頬を丸くして笑っている。山にハイキングに行った写真では、父に肩車をしてもらい、こんなに嬉しいことはないという表情で歓声をあげている。

母のことも大好きだ。夜に子どもたちがベッドに行った後、ピアノを弾いてくれる。ブラームス、ショパン、ハイドンの音色が階上のわたしたちが眠る寝室に立ち上ってくる。優しい音色が、音楽の中に母の存在を感じさせ、わたしは安全に眠りの扉を開ける。母は主の祈りや靴紐の結び方を教えてくれたし、一緒にピアノを弾いてくれた。母は中庭で、台所で、教会で働いた。わたしが水疱瘡にかかったとき、ピンクと緑と黄色の紙でできた日本製のとても小さなパラソルを買って慰めてくれた。大きくなるにつれ、どんなに母が賢いかわかってきた。母はよく考える人で読書家だった。父のように母も、子どもたちに教育者として接し、子どもたちが創造的で知的な行動ができるようにいつも関心を払った。長椅子で、またキャンプファイヤーで、わたしたちを側に抱きかかえ、声を出して本を読んでくれた。母の生き生きとした声の抑揚が物語に精彩を与えた。夏の海辺の家で黄昏時にボート乗りに出かけ、銀鮭を釣ることもあった。父が、ブリッグス・アンド・ストラットンのエンジンを搭載した十二フィートの木製ボートを組み立てた。家に戻る頃には船が暗闇の中でポンポンという音を立て、水はガラスのように静まり、わたしたちの夜間航海灯だけが唯一の光で、海岸線の家々は森の中のランタンのようにやわらかく輝いた。わたしはボートの後部にいる母の隣で、母の短めの赤いオーバーコートの下にもぐりこみ、膝にはくすんだ軍用毛布がかけられていた。安全で暖かくて、幸福だった。

フランクとの経験がこれらすべてからわたしを引き離した。自分に起きていることを家族に話せなかったし、その苦痛と恐怖と怒りを説明できなかったし、助けを求めることはできなかった。

両親は子どもたちに早くから自立心と自制心によって悪い感情に対処するように教えた。五歳か六歳のとき、裸足で丸太を渡ろうとしてすべったことがある。すべる寸前に、父が言った。「気をつけて。棘がある。」丸太の上を歩くときは靴を履きなさい」。父が言った通りに、二インチの棘が足の母指球にくいこんだ。恥ずかしくてそれを父に話せなかった。棘が刺さったのは自分の落ち度だ。わたしは靴を履いた。数日の内に足が腫れてヒリヒリして靴紐を結べず、歩くのが困難になった。しかしわたしは顔色を変えず、恥ずかしくて痛みを隠した。両親のうちのどちらかが、わたしの痛みに気づくのに長くはかからなかった。すぐに靴を脱がされ、針が消毒され、父のしっかりとして落ち着いた手が棘を抜いた。

フランクとの経験もわたしは同じように処理した。ドアをバタンと閉めることで母を傷つけ、ティーポットを壊してしまい、自分の癇癪の結果を深く恥じた。痛みに口をつぐみ、悟られることなく自分で始末しようとした。痛みを誰かに押しつけて、その人たちが傷つくようなことはしたくなかった。わたしは黙って耐え、父の模範に習おうとした。父は黙って耐え、自分が受けた痛みや苦しみを内面に受け入れ、仕返しをしたことはなかった。彼は痛みを受け入れる。

それはキリストに似た行いだった。完全な無私。父のように善い人間でありたかった。

フランクは、善くありたいというわたしの願いを利用し、ぞっとするような罰の脅しで補強した。「よい子になりたいんだね。そうだよねえ」。もちろん、そうなりたかった。よい子は、彼がしていることを誰にも話さないのだと教えた。両親はわたしのことをよい子だと言った。もしよい子でなければ——わたしは両親の子どもでなくなるのだ。わたしは口をつぐんだ。

よい子でないと何が起きるかをフランクは教えた。ある一家が牧師館の隣に住んでいたが、その家の父親は濃紺の制服を着てバイクに乗っていた。フランクは言った。「僕たちがしているゲームを君が親に話したら、君のパパはジムにバイクで来てもらうことにする。君は逮捕され、刑務所に入れられる。鉄格子の中に閉じ込められるんだよ。パパにもママにも会えなくなって、何も食べさせてもらえなくなる」

どこに刑務所があるかは知っていた。家から歩いて行くことができた。消防署の前を通って、漁船がドックに入っている川の方向に向かって歩くのだ。父とわたしはときどきボートを見に川に向かって歩いた。刑務所はどっしりした石の建物で、不透明の細い窓がついている大きな箱のように見えた。そこに子どもたちが閉じ込められ、家族にも会えず、飢えているのを想像した。

ジムは青い制服を着て、光沢のある黒のブーツを履き、大きなバイクで一日のうちに数回、巡回した。彼がバイクに乗るとき、子どもたちが駆け寄った。わたしを除いて近隣のすべての子どもがバイクを見るために集まった。わたしは彼から隠れようとした。

一度、食料品店で、わたしはガムボール・マシンに十セント硬貨を入れた。十セント硬貨は十ペニーと同じだと教わったのだ。ということは、十ペニー分のガムをマシンから手に入れることができるのだとわたしは考えた。しかしそうはいかなかった。マシンはつかえてしまい、ガムボールが出てこなくなった。恐怖に襲われた。この犯罪をしでかしたのはわたしだと店主は気づくに違いない。わたしは丸見えの状態だった。

次にジムが近所に来たとき、わたしは反対方向に走り出した。嵐よけの屋根付き玄関の下にドキドキしながら隠れた。ドアの隙間から、ジムが子どもたちと一緒に歩道の縁石にいるのを眺めた。ジムはわたしを探していて、見つけたら逮捕するのだと思った。

こんな具合に、助けてくれたかもしれない人々をわたしが恐れるようにフランクは仕向けた。フランクこそ民法と道徳律を破っていた犯罪者だ。しかしフランクはわたしが犯罪者だと思いこませ、わたしはそれを心底信じた。

フランクの家に何度も行った。そこにはほしいものがあった。わたしのために製作中のあやつり人形がほしかったのだ。だがいつまで経っても完成しなかった。「別の日にまた来ないといけないね。まだできてないんだ」。彼が製作中だという木製の像を見せてもらった。一つ一つの部分は彫刻されていたが、組み立てられていなかったし、塗装されてもいなかった。しかし単純にあやつり人形がほしかったのでもなかった。自分の内側の何かが激烈な感情と関心に応答した。わたしは強くフランクに執着し、離れたくなかった。

数年後、フランクがあやつり人形を完成させたと母が話した。彼はそれを包装紙で包んで、クリスマスにわたしが開けるプレゼントにと送ってきた。母が言うには、箱を開けたわたしはあやつり人形を押しやった。そのお手製のおもちゃに見向きもしなかった。母はわたしの反応にひどく困って、忘れられなかったが、どうしたらいいのか判断できなかった。今にしてみれば、我が子の押し黙った恐怖を理解するための枠組みさえ知らなかったことを母は嘆いた。

フランクは、わたしとトミーを笑わせる別のゲームをした。彼は黒い紙切れを自分の指の爪にはさんだ。

二羽の黒い小鳥、丘の上に座ってた、
ひとりはジャック、ひとりはジル。
飛んでけジャック、飛んでけジル。

彼は両腕を、背中に隠したり、わたしたちに見せたりした。黒い小鳥たちは去っていった。わたしたちは笑って言った。「もう一度、戻して」

戻っておいでジャック、戻っておいでジル。

小鳥たちが再び現れるとわたしたちは大喜びした。時折、ジャックとジルのどちらが戻ってくるかをわたしたちに当てさせた。言い当てたほうが、キャンディを一個渡されて家に帰された。間違えたほうは別のゲームのために残り、このようにして選別された。わたしたちはルールを理解し、従った。キャンディを一個渡されて、靴を履き、玄関のドアへとフランクがわたしを連れて行くときの感情を覚えている――トミーが家の奥で、怯えた様子でじっと座っているのを見ながら。逆に、わたしが残って、トミーが帰ったのも覚えている。トミーの後ろで玄関のドアが閉められ、フランクと二人きりで残され、とてつもない恐怖を感じた。

自分の痛みを父と母の家に持ち帰ることはできなかった。フランクの脅しはわたしを両親から引き離すのに成功した。たまに感情が爆発することを除いて、わたしはすでに、善い人とは、痛みと恐怖に対して口をつぐむのだと家で学び始めていた。自分のことは自分で面倒を見るべきだ。

フランクの家を出るとき、体の痛みと激しい感情に圧倒されて、芝生を三輪車で走った――三輪車はジェット・ロケットだ。黒い車体で、真っ赤なプラスチック製のヘッドライトとテールライトが付いていて、ジェット機のような形をしていた。三輪車にまたがり全力で疾走した。ペダルを踏んで、フランクの家からも牧師館からも走り去り、そのブロックとは逆の地域、子どもが一人で行ってはいけないほど遠くへ走った。全力でペダルをこいだ。ぐるぐると猛烈に三輪車が揺れて、首をへし折るほどのスピードで歩道を駆け抜けた。そのブロックを一周、二周、三周し、一陣の風と体の激しい動きと歩道のガタガタした揺れを感じた。これで解決する。何も起きなかった。現実のことではなかった。速く走ると体の中にエネルギーを感じた。走ることで力を感じた。それは魔法だった。体の上に置かれたフランクの手が消え、恥と恐怖を洗い流した。あのことを抹消したのだ、とわたしは確信した。

こうして家に帰ることができた。かくして二つの家が自己の内的な空間を形成したが、この二つの家を分離させておくのは重労働だった。牧師館のわたしは、善い両親を持った「祝福された子」だった。両親を失うことがないように、わたしは痛みを隠した。特に、父がどのように見ているかを反映させた完璧な子どもという自己像を形成することで、わたしは父を痛みから守ろうとした。フランクの家のわたしは「祝福されなかった子」で、欲求と欠乏にかき立てられ、彼の満足のために操られ、快感と痛みの中にいた。自己は二つに切断された。どこにもほんとうの家は無かった。家は、首の骨を折るくらいのスピードで走るジェット・ロケットだった。

大人になって初めて結婚したとき、夫との親密な関係に過去の二つの家がつきまとった。わたしは自分自身を善良で愛情あふれる人間だと見なし、善良な人間がどのようにふるまうかわかっていた。他者のために無私に生きること。自分自身の必要や欠乏は、愛のためには意味のないことだ。善い人は黙って痛みに耐える。プロテスタントのリベラルな神学は、そのような生き方を讃美歌にして称賛する。

我が心よ　静かに
主はあなたのそばに
忍耐強く、耐えよ
十字架の嘆きと痛みを

神学的な教育がこのことを強めた。牧会への献身と教会生活がわたしを善き家の主婦にした。しかしわたしという自己は不完全だった。「祝福されなかった子」がベッドの上で現れた。セックスの間、意識が粉砕され冷静さを保つことができなかった。世界中のあらゆる魔法陣でさえ、恐怖に打ちのめされた感覚を体からなくすことはできなかっただろう。意識を保つことができず、セックスは殲滅だった。

多くの年月、セックスのこの経験を自然発生的な神秘体験の類だとわたしは考えていた。「白い閃光」は、瞑想のあるパターンによって誘発され得ることを発見した。ただし恐怖の色合いなしに。わたしは西方と東方のキリスト教神秘主義者たちに興味を持つようになった――親交を求めて。六〇年代後半から七〇年代初頭の大衆文化は、意識の変性状態への関心に沸き返った。その状態は、ドラッグや西欧に輸入されたヒンズー教や仏教の瞑想のテクニックによって誘導された。西欧にやってきた著名な老師たちによって代表されるチベット仏教や禅は、多くの人にそうであるようにわたしにも魅力的に見えた。それらの伝統が自分の経験に説明を与えるのだと思った。わたしは仏教に改宗することを考えた――プロテスタントの様式で。

しかし何かが思いとどまらせた。アウグスティヌスの『告白』を読み、神に向けられたアウグスティヌスの自己開示の素晴らしさに深く心を動かされた。「全能の神よ、あらゆる心があなたに向けて開かれています。すべての願いが知られており、どのような秘密も隠されていません……」。この集祷文を父の教会では日曜日の朝毎に唱えた。アウグスティヌスの生は、この神の前にさらされていた。その親密な呼びかけと信頼が、心底うらやましかった。わたしはそのような関係を切望していた。「わたしたちの心はあなたのうちに安んじるまで落ち着くことがありません」と彼は書いた。アウグスティヌスの神学は詳細において多くの問題があると論じられていたが、あの時点では意味のないことだった。神の前での率直さ、秘密を隠さない関係を明言していることが大切だった。「汝」の御前に「わたし」が自由であることが、切望を呼び覚ました。わたしの内の何かが「汝」は実在すると信じた。

流れ出る水を鹿が焦がれるように
わたしの魂もあなたを慕う（「詩編」四二編二節）

その後わたしは、聖書的な信仰の人々の間に居場所を定め、有神論的な環境に生きることを意識的に選んだ。キリスト教は家族から継承しただけでなく、自分で選んだ信仰となった。アウグスティヌスがわたしを回心させた。

キリスト教は唯一の選択肢ではないし、唯一の真理ではないが、十全な真理を保持しているとわたしは思う。たとえ仏教に「回心」しても、わたしの無意識はキリスト教のものである。良くも悪くも、自分の魂は生涯をキリスト教文化の中で生きるように設定されていると感じる。

身体の隅々に保持されているものを言語化するという取り組みは終わっていなかった。フランクの家に残されたものがあった。虐待はダイニングルームで終了しなかった。フランクはわたしを家の奥に連れ込み、さらなる虐待がそこで起きた。わたしはそれを覚えていた。しかしベッドルームのドアを開けたくなかったし、この事実に語ってほしくなかった。

ジョージとの結婚が終わり、自分の人生の内的な苦悩からわたしを保護するものが消え去った。ジョージのあたたかい愛の避難所も、わたしを混乱させる彼への執着も無くなった。結果として個人的な危機が訪れた。親密な助けなしに耐えられるとは思えなかった。愛情を共有する人がいないことが心細く、手を握ってくれる人を必要とすることを自責の念なしで認めた。

その頃デーヴィッドがわたしの人生にやってきた。共通の友人が互いに紹介し合ったのだ。友人たちは、わたしが再び独身になったこと、デーヴィッドが善良な人であることを知っており、わたしたちが互いに気に入るだろうと考えた。そして、実際にそうなった。

デーヴィッドが結婚を前提としていることを知って、嬉しかった。彼の茶色の目には優しさが宿っていた。自身の体験から、彼は個人的なトラウマからの回復は可能だと確信していた。彼はシンプルなことを楽しんだ——自然保護区でキャンプをすること、上質な散文を読むこと、野球の観戦に行って気後れせず地元チームを応援すること。デーヴィッドは優れた法学の教師、作家であり、一度も結婚したことがなかった。中年となった今、信頼しあった献身的な関係がとても魅力的に彼には思えた。わたしは自分が真剣な交際の準備ができていないこと、またそれを告げなければならないことに悩んだ。しかし、新しい関係は早計だと内なる声が夜中に目覚めたわたしに釘を刺すのよりも、交際を求める気持ちのほうが強かった。

デーヴィッドがトラウマと恥を前にたじろがない力を持っていることに信頼し、自分のことを話した。過去をつなぎ合わせるのに役立った自分の絵も見せた。彼は思いやりのある立会人で、ショックで逃げ出すようなことはしなかった。彼は痛みと向き合うことができた。一緒にいて、何も隠さずにくつろぐことができると感じた。「秘密があるほど、人間は落ち込む」がデーヴィッドが人生の指針とした格言の一つである。彼は、秘密を隠すために手助けをすることには興味がなかった。健康であるためには逆のことが必要だと彼はわかっていた。

二人が出会った春、北カリフォルニアの緑に染められた丘を何時間もハイキングをして過ごした。七年の旱魃の後、その冬は雨がよく降り、多彩で可憐な野の花が咲き乱れていた。オークの林と密生したアカマツの林の保護区を散策した。その年の終わりにわたしたちは一緒に暮らすことを決めた。

自分に起きたすべてのことに向き合い、それらを統合するまで、過去が愛を壊すような仕方で現在につきまとうのだと知った。わたしはさらに治療に行く必要があった。十全に自分自身でいることができて初めて、自分という存在を十分に他者に与えることができる。真に完全に愛したいという願いが、恐れている家の部屋に入る動機となった。

愛に心を開きたいという希望と意志にもかかわらず、そうしていないことに痛いほど気がついていた。以前よりも性的な親密さを束縛なく受け入れることができたが、自由ではなかった。夜ベッドに横になり、相も変わらず、喜びと親密さであるべきひとときが恐怖の場所へと連れ戻した。亡霊にわたしは話しかけた。「ひとりにしてちょうだい。どこかに行って。あなたはここにいるべきじゃない」。しかし冷ややかさ、苦悩、恐怖がわたしを支配した。恐怖に引き裂かれ、取り憑かれ、つきまとわれ、虜となった。それらを名指しして追い払おうとしたが無駄だった。

デーヴィッドの愛情はありがたかった。わたしを抱き抱え、暖かで落ち着いた声で子守唄を歌ってくれた。その率直で飾らない配慮が、困難な夜を切り抜けさせた。しかしわたしにつきまとう亡霊が、愛情や意志の力に屈するということは起きなかった。祈っても、わたしを自由にすることについては、神は無力に見えた。ある夜、わたしの苦悩を見かねたデーヴィッドが言った。「祈ってごらんよ。よければ一緒に祈るよ」

「だめなの」とわたしは言った。「神様は助けてくれない。わたしは祈ってきたのよ」

デーヴィッドが言った。「このことで君の神様は助けてくれないの？」

「だめなの」。怒りに苛立つわたし。

「では、そうだな」とデーヴィッドが言った。「ここはカリフォルニアだ。別の神に乗り換えたまえ」

わたしは笑った。神を選ぶ力があることをデーヴィッドは示唆した。わたしは、何の秘密も隠されていない「汝」を探してきた。その探求において、フェミニスト神学者たちと一緒に、「全能の神」「児童虐待者としての聖なる神」「王なる神」を脱構築した。わたしは神を「女神」「いのちの霊」「あらゆる祝福の源」「いのちの中心にある愛」として再構築した。この神を礼拝と讃美において新しい言葉で呼んだ。しかしわたしは神に語ることを避けた。「わたしがいる」という超越の究極性において人間はこの御方を知らないという畏敬のゆえに。だが、わたしは「フランクという神」を脱構築したことがなかった。

これがわたしの人生における虐待者の力だった。彼は神の位置を占めていた。彼という存在、彼の意志、彼の行動がわたしの人生を支配した。彼のほかに、別の神を持たなかった。わたしの魂は彼に屈服していた。わたしが何者であるかを彼が定め、それを受け入れた。彼の魂がわたしの生を満たしたのだ。

わたしは、この闘いを偶像礼拝との闘いとして捉え始めた。フランクとの関係は、汚れた同盟で、その絆は今も破れていなかった。わたしが彼に払った畏敬の念は、聖別されていない礼拝だった。

偶像礼拝から解放されるためには、わたしの人生の核において別の関係が要求される――所有と従順と恐怖の関係ではなく、自己犠牲の要求と恐怖の命令に屈服しない関係である。わたしに必要な「汝」は、その御前に秘密が隠されていない以上の御方である。「汝」の御前に自己破壊的な奉仕は要求されない――「汝」はいつくしみに富み、自由な御方。わたしは、自分という存在の核において、そのようないつくしみや自由が実在すると思っていなかったという事実に直面した。実のところ、わたしはフランクだけを信じていた。

いつくしみなど実在しないという自分の確信を疑うことにした。人生とは逃れることができない残忍さと虐待によって規定されていると信じるのは間違いだ、という可能性を考えてみることにした。自分の絶望に対して懐疑的になった。しかし行くべき道は遠かった。

家族のサポートとサンディの同伴が、落ち着くための助けとなり、フランクのダイニングルームから寝室への廊下を通っていった。この家の最も奥深い場所で感じたこと、覚えていることに向き合った。

わたしの上に立っている彼を見ている。わたしはベッドに横になっている。左手にブラインドの黄色い光が射している。彼は鉄製のベッドの足元に立ち、肌着を着ている。ベルトを外して、ズボンのファスナーを下ろし、彼のものを見せる。わたしの上になり、ベルトをわたしの胸に渡し、身動きを取れなくする。両足をきつく揃えておくように命じる。彼がわたしの足の間へと押し込む。それから彼はわたしにバスルームに行かせる。いい子だ。よく洗え。

これは一回だけ起きたのではない。ただ一回だけ起きたのではない。

わたしの上に立っている彼を見ている。わたしはベッドに横になっている。左手にブラインドの黄色い光が射している。彼は鉄製のベッドの足元に立ち、肌着を着ている。ベルトを外して、ズボンのファスナーを下ろし、彼のものを見せる。わたしの上になり、ものはわたしの顔の中にある。わたしは息ができない。喉がつまる。息ができない。口が痛い。息ができない。死にそうだ。

「死んだものとして、その子を見捨てたわ」とサンディに言った。「わたしはその部屋からなんとか出たけれど、その子をベッドの上に置き去りにしたの。子どもは今もあの部屋にいるの」

死んだものとして見捨てられた子の絵を描いた。その子は真っ青で、ペニスがその口にある。両目は閉じて赤い涙が流れ出ていた。その頭上を黄金色の光が包んでいた。

フランクの顔をわたしは見上げている。何がほしいのか、わたしにはわかる。彼は恐怖がほしいのだ。わたしに恐怖に怯えてもらいたいのだ。わたしの絶望的な恐怖を所有し、支配したいのだ。そのとき最悪のことが起きたのを覚えている。恐怖に打ち砕かれるわたしをフランクが見る刹那に彼の顔を見た。そこには残忍で、苦悩し、欠乏する男がいた。

わたしは彼の顔を見ている。その顔は苦痛に満ちている。彼が自分自身の表情を取り戻そうとしているように見える。まるで、わたしの顔に恐怖をまとわせることで、わたしは彼の鏡となり、自分自身を取り戻せるかのようだ。彼はわたしを見ていない。彼はわたしを通して自分自身を見ている。そのような痛みに対してわたしの心に共感が芽生えた。

これが、この絆の強さだった。共感が接着剤だったのだ。わたしはこの顔から目を逸らすことができなかった。その顔が、わたしの顔を恐怖に陥れたが、共感という感情から離れることができなかった。彼のまなざしにとらえられたままだった。他者が痛みから解放されるために、わたしは自分自身が閉じ込められるにまかせた。

怒りについての随筆で、オードリー・ロードは怒りを訓練することを学ぶ必要について書いている――その力をいのちに反することなく、いのちのために使えるように調整すること。同じことが、共感にもなされるべきだと考える。痛みから解放されたいという他者のニーズを感じとり、その感情に背を向けるのではなく、自分が存在することを他者に示す能力を磨かなければならない。他者に共感することは、必ずしもいのちを吹き込んだり、救ったりするわけではない。共感の絆は、人を他者の不正な要求の虜にしてしまうことがある。他者を感じる力のために、かれら自身が感じるべき責任が無視され、汚れた関係になり得る。これがフランクの犯罪だった。彼は自分自身で感じることをしなかったか、できなかった。彼はわたしに、彼自身のために感じるように要求した。わたしの誤りはこの課題を引き受けてしまったことだ。子どもの心は、痛みに対する共感をどのように活用すべきかを理解するまでには磨かれていない。

関係を結ぶ能力と関係を断ち切る能力のどちらも、いのちを与え、持続させるような応答へと育くまれる必要がある。保つ力、手放す力、つなぐ力、ほどく力、そうした力は善悪どちらの目的にも活用することができる。倫理的に成熟することでその区別を学び、ふさわしいタイミングを知ることができる。どの力も絶対的な危害を与えるリスクなしに絶対的な善として評価されることはない。

　数世紀にわたり、キリスト教神学は神の優位性を分離の優位性として理解した。カール・バルトはこの世界に対する神の関係を円に対する接線の関係として説明した。キリストは地上的なものと神性が接する点である。神の自由はその無感覚性にある——神の力はこの世界から影響を受けない。神の根本的な他者性は多くの神学にとって揺るぎない教義である。それらの神学は、私情をはさまない平静さと自立という家父長的な価値を支えていると適切に批判された。二十世紀には、神学の振り子はもう一方に振れた。神学は神を、感情を持つ御方として説明した——関わりを持ち、つながりを持ち、共感する神、わたしたちと共に苦しむ神。神の人間に対する愛は、見捨てられ、苦しみの中にあるイエスと神が合一することのうちに表現された。しかしこの神学は、虐待を区別することなく、その共感的な合一の価値が評価される。

　子ども時代にレイプされてから四十年後、ユルゲン・モルトマンの『十字架につけられた神：キリスト教神学の批判的土台としてのキリストの十字架』を読みながら、自分が震えているのに気がついた。モルトマンが説明する神とイエスの交流は、恐ろしいまでになじみ深いものだった——父と子が結合し、それを愛と名づけ、その愛のうちに子に暴力を課し、自分自身が苦しみ、死にゆく者のように感じる。「神はイエスの内において苦しみ、神御自身が我々のためにイエスの内において死なれた。神は「我々のために」、イエスの十字架上で死なれた」。このカセクシスにおいて――その未分化なつながりは、同時に極端な人間疎外である――復活への道が準備された。いのちは救われた。「子の十字架は、最大級の敵意と区別において神を神から引き裂いた。神に見捨てられた子の復活は、最高の親密な交わりにおいて神を神と結びつける」

これは、虐待者が行うことである。虐待者は、他者に痛みを感じるように要求し、その他者を自分であるかのように想像する。自分の痛みを外部化することで虐待者はいのちを見出し、自分が虐待している者を抱きしめる。キリスト教神学は、神がこの類の取引を行っていると明瞭に説明する。そのように説き、犠牲者の痛みも加害者の犯罪も抹消した。ローマ帝国――必要とあらば恐怖を利用して人々を搾取する――が滅亡し、愛にあふれる父なる神に取って代わられた。悲しみの人は消し去られ、父と見分けがつかない従順な子に取って代わられた。

愛は超越的な合一でも、未分化な合一でもない。愛とは生きる知恵である。その知恵はつながりが癒やしをもたらす時を知っているし、別離がいのちを開花させる時も知っている。愛とは、いのちに仕えるために、保つ力と手放す力を用いることができる能力である。愛とは、孤立することも共感することもできる、分離も合一も、階層化も多様化も可能な力である。愛はそうした力の庇護者である。愛は具体的な状況において、いのちを創造し、持続させ、癒やすために、具体的な力の使用を指示する。あらゆる状況において愛は尋ねる。「何がいのちに仕えるのか？」。人間の愛とは、いのちそのものについての知恵が成長し、成熟した知恵から生まれる。愛したいと願うのであれば、いのちについて包括的に理解することを求められる。愛するとは、いのちを選ぶことである。

フランクのサディスティックな虐待という痛恨の経験から生き延びるために、わたしは自分の内に込み入った壁を構築した。分厚いしきりの片方で、精神的にバランスの取れたわたしが生きていた。有能で、向上心に燃え、創造的で、思慮深い——父の娘。もう一方には、入念に閉じられ、封じられた複数の内的な部屋に「祝福されなかった子」や死んだと見なされ、放置された子がいた。三輪車をこぐ少女が鍵を握っている。彼女が、猛烈な運動という魔法でフランクの家に鍵をかけた。少女は二つの家の間を行き来し、自分自身と家族を救うために二つの家が離れているように整理した。そうすることで、自分の人生の真実から特に父親を守ろうとした。少女は、父親が願う善良で幸福な娘になると決心した。だが彼女自身はそうではないのだ。少女は恥でいっぱいで、傷つけられ、怖がっていた。

この戦略はわたしに固有のものである。生き延びるために、子どもの手近にある材料で自分なりの創造性を発揮した。両親の生き方に忠実に具現化されたリベラルなプロテスタント主義の宗教的価値と知識は、わたし自身をコンパートメント化する［人のさまざまな側面を区別し、互いに影響を及ぼさないようにすること］のに見事に適していた。善良な自己は、そうした自己に適さない感情や生き方を内的に葬り去ることによって力強くなる。自己犠牲は、容易に内的な封鎖を生じさせる。わたしに起きていたことを両親が知っていたなら、愛のゆえに両親は助け出してくれたであろう。しかしのちに母がそう述べたように、「気づかなかったのはほんとうにひどいことだった。あの頃、誰も子どもへの性的虐待について話さなかった。そんなことが現実に起きているなんて想像さえしなかったわ」

わたしがつくり出した内面の沈黙は、世間の沈黙のコピーだった。共同体が名づけることができないものは可視化されない。さらに共同体の中で可視化されていないものを個人が統合することはできない。わたしが属する宗教的な共同体はほとんどの場合、子どもへの暴力を可視化できない。その理由は、イエスの身に起きた暴力をはっきりと名づけられないからだ。リベラルなプロテスタント主義でさえ、十字架のイエスの死を弟子たちが見習うべき愛の模範だと述べる。

師いわく、「我と共に十字架につけられ得るか？」
「はい」と揺るぎない夢想家は答えた
死に至るまで、あなたに従う、
聖なるあなたのように、我々をつくり変え給え
輝く御光が我らの上に、
いのちと愛と誠実さに導く御光が。

子ども時代を通して、わたしはこの讃美歌を心の底から熱情を込めて歌った。その果敢さが、

わたしの内なる生を構築した。十字架につけられることが内面化され、その力によって愛と誠実さを失わないようにと心がけた。不幸なことに、これは十字架につける力をも内面化したことを意味する。

十全な人間として生き抜くために、わたしは引き裂かれた二つの家を解体する必要があった。自分なりに構築し組織化した内面の生活は、結局、愛を育むことに成功しなかった。親密な関係の喪失の繰り返しは、わたしの生のほとんどが閉じており、手の届かないものであることを示している。わたしに愛を求めた人たちは、冷たい場所に捨て置かれてしまった。かれらは、愛がわたしに届かなかったと感じた。ジョージと離婚するとき、彼がつらそうに言った。「君を愛そうとものすごく努力した。でも君の内側の壁を越えることはできなかった」。デーヴィッドとわたしは六年間、一緒に暮らした。しかしわたしの善良な自己は、人間のあらゆる感情、特に自分自身の感情、人の全方位の感情を受け入れなかった。さらにわたしの傷ついた自己が、デーヴィッド自身の未解決の側面に触れて、彼をひどく悩ませた。

わたしは愛し愛されたかったので——人間の最も基本的な欲求として——自分の内側の家を解体する仕事に取りかかった。閉ざされていたドアの封印を解いた。長い間締め切られていた部屋に入った。わたしなりにうまくこしらえた家を解体し始めると、カオスが噴き出した。

それは、デーヴィッドと一緒に暮らしていた頃の、ある土曜日の午後に起きた。その週は教派の集会のためにほとんど家に戻れず、疲れていた。神学部の学長という責任が格別に重くのしかかった。サンディとの治療は、記憶の最もつらい部分に入った。自宅に治療用の画室を持つことをわたしがあきらめて、代わりにデーヴィッドが書斎を持つことのほうがもっと大切だと彼を説き伏せた。これらのストレスの真最中に何かの理由でデーヴィッドを傷つけた。何が理由だったかは今となっては問題ではない。彼を傷つけたことだけを覚えている。彼は傷つけられたと言った。わたしは言い返した。「どうしてこんなことで傷つくの？　傷つけるつもりはなかったわ。ほんの些細なことでしょう」。しかしそうではなかった。彼は傷つ、い、たのだ。わたしのしたことが気分を害し、悲しませ、嫌な気分にさせたことを理解してほしいと彼が詰め寄った。わたしは聞く耳を持たなかった。傷つくほうが悪いと思った。傷ついたと感じるべきではない。傷ついたと感じる彼に落度がある。傷ついたと感じることの責任をわたしに転嫁すべきではない。わたしが繰り返し内面の「祝福されなかった子」に送ってきたメッセージで彼をけなした。彼は、傷つけられたことにわたしも関わりがあることを認めようとしない事実を、わたしに突きつけた。

わたしの否認が崩れ去り、やっと自分を見つめなおした。確かにわたしは彼を傷つけるようなことをしたのだと理解した。愕然とし、ひどく恥じて謝った。彼はわたしがしてしまったことを正すように要求した。しかしどうして良いのかわからなかった。わたしはパニックに陥った。わたしと一緒にいることが不幸なことだと彼に思わないでほしかった。「ごめんなさい、ごめんなさい」と謝り続けた。喧嘩はここで終わった。彼は傷つき、わたしは謝った。後で二人とも冷静になって話しあえるだろう。

しかしわたしは冷静になれなかった。一人になるために台所に行って、後悔し続けた。どうしてそんな軽率なことをしてしまったのか？　自分が愛している人を傷つけたという考えに耐えられなくなった。埋め合わせができるとは思えなかった。被害を与えてしまったのだ。自分に対して怒り、泣き出した。この怒りが、何をなすべきなのか明瞭なメッセージをわたしの内に突き刺した。虐待者は殺されるべきだ。どんな処罰も十分ではない。ナイフが収納されている引き出しを開けて、パン切りナイフを選んだ。このナイフは両親が誕生日に贈ってくれたことを思い出した。右手で、左手の上腕の内側に鋸歯状のナイフを押しつけた。ナイフの小さなギザギザの刃の感触を感じて、それを引いた。深く切ることはできなかった。そこで、強く押しつけてもう一度試した。三度目に切ったとき、左肩でベルのように鋭く響く声がした。「やめて」。わたしはやめた。誰もいなかった。しかしその声が感覚を呼び戻した。わたしは落ち着き始め、水と石鹸で腕を洗った。切り傷から血が流れ、腫れて赤くなった。腕をガーゼの包帯とテープで巻いた。出血は止まり、寝室に行って長袖のシャツを探し、腕の切り傷を隠した。

その晩、デーヴィッドとわたしは神学校の資金集めのためのパーティーに出かけた。わたしの仕事は多くの人に挨拶し、かれらの支援に感謝の意を伝え、名誉ある賓客を記念してスピーチをすることだった。友好的で華やいだ素晴らしい夜会だった。美しい花々、美味しい食事、一緒にいて楽しい人たち。自分でつけた切り傷は、デーヴィッドにも、友人と同僚全員にも秘密にした。しかしその夜、家でデーヴィッドに自分から話した。自分が怖くなったのだ。何年も自殺の衝動に抗ってきたが、その日の午後のように自分をコントロールできなくなった経験はなかった。

デーヴィッドに話すと、ひどく驚いて心配し、サンディにその場で電話するようにと勧めた。わたしは気乗りしなかった。日曜の夜の十一時に彼女の邪魔をしたくなかった。結局、大事にはいたらなかったし、血を流して死にそうなわけではなかった。傷はふさがっていた。次の朝、一番に電話することを約束した。

サンディに電話した。彼女は、わたしが自傷衝動を持っているかどうかを確認し、もしそうであればそれを緩和する方法をクリエィティブに探すこと、それらの感情を身体を傷つける方向に向かわせないように導く必要があることを話してくれた。もしそのような感情を持ったときは、台所の流しを冷水と氷で満たし、そこに両腕をひたすようにと教えてくれた。「とても痛いと思いますよ」と彼女は言った。「でも身体的には緩和されます」。自分自身を切り刻むよりましである。自傷する前に、彼女に電話することを約束させられた。

セラピストが、自滅的衝動に対して「まあ、なんてこと、そんなことしてはいけません。絶対に」といった反応をしなかったことは良かった。そのような反応は、かえって内面の自制力を強めるか、あるいは、自分のことを気づかってくれる人に依存するか、だった。どちらも助けにはならない。意志の力で自分をコントロールしようと内的な機制を強化すると、人生が窒息してしまうだろう。いっぽう他の人に自分の力を預けると、自分で方向を定める力と選択する力を使えなくなるだろう。必要なのは、自分を破壊するのではなく、健やかな生活を支えるための、さらに強化された自分の核である。「やめて」と言葉をかけた内なる声がわたしの中心に来る必要があった。時間がかかるだろう。わたしの内なる家には、この破壊的で暴力的な人物が常に住んでいたが、今や彼女は公然と明るみに出た。何よりも彼女の怒りの矛先はわたしに向かった。

その激しい怒りと折り合いをつけるのは容易いことではなかった。来る朝、来る朝、「死にたい」と思いながら目覚めた。その感情は、麻痺させるドラッグが液体となって自分の中から滲み出るような感じだった。夜、ほとんど眠れなかったが、唯一の効果的な方法は自分の体の中心にゆっくりと深く手術用のメスを入れるところを想像することだった。

わたしはこのことを今も少し恥じながら書いている。しかし児童に対する性的虐待のサバイバーの苦闘の深さを正直に報告したい。暴力の状況も、子どもたちが生き延びるために活用した手立ても、一つとして同じ物語はない。だが自分の体験が例外なのでもない。自分の体験を集中的に記憶し、統合するあいだ、児童虐待に関する心理学また治療学上の文献を読むことを意図的に避けた。わたしは自分の体験を第一次文献とすることを選んだ。第二次文献は、すでに困難な自分の内的知覚をにぶらせると思ったのだ。その後、文献を読んでみると、わたしの自死の感情や行動は典型的だと発見した。それどころか自分の体験は、身体の痛みを緩和させ、身体に語らせるために繰り返し自傷する人たちに比べると穏健なものだった。他の人たちは自らの手で死んでいったが、わたしはその期間を過ごしながら、自分の人生について話している。実際、合衆国では殺人よりも自死で亡くなる人のほうが多い。他者に向かう暴力よりも、自分自身に向ける暴力のほうが頻繁に起きる。

フランクと闘っているのか、それとも自分自身と闘っているのか、自分でもよくわからなくなった。虐待者が自分の内部にいる。自分を傷つける衝動から解放される道を自分で見つけない限り、フランクの勝ち、ということは明白で、そうはさせないと決心した。

サンディはわたしの腕の傷を調べ、わたしの中には明らかに健康な人間が生き続けようとしていると見てとった。自分の危険な側面と折り合いをつける十分な力がわたしの内にあった。わたしが傷をつけた箇所は腱に損傷を与えたり、動脈を開いたりするものではなかった。わたしは笑った。

「だから、死のうとしたけど、チェロを弾けなくなる――それは行き過ぎだと思ったの！」

音楽は一度ならずわたしのいのちを救った。小さい子どもの頃、フランクの家から帰って来て眠りにつくとき、強制的な暴力の残忍さに勝ってピアノの音がわたしを母に結びつけてくれた。母が演奏してくれた音楽は豊かで複雑で、痛みと喜びが調和し、ゆっくりしたリズムは悲しみを、あるいは活気あふれるダンスを表すようだった。音色に耳を傾け、わたしを支えてくれる世界、すべてを支えてくれる世界があると感じた。音楽はこの世界の優美さを具体的に表現する。

文字を読むことを学ぶよりも前に、母はわたしに楽譜を読むことを教えた。小学生のあいだ、教会から家に戻ってきては、ピアノの前に座り、カノンの「ドナ・ノービス・パーチェム」を弾いた。この曲には世界に平和を与える力があると考え、頭の中で奇妙なメロドラマを作った。悲嘆にくれる乙女がレールに縛り付けられ、列車が迫ってくる。最後の瞬間にヒーローがやってくる。彼が「ドナ・ノービス・パーチェム」を歌うと、列車が止まり彼女は救われる。

十二歳のとき、パブロ・カザルスのバッハの無伴奏チェロ組曲の録音を聴いた。聴くことで、純粋な欲望を感じた。人生において一つのことを求めるようになった。あのような音色を奏で音楽を演奏するのだ。青春期の発達においてて危機を迎えたとき、音楽がわたしを支えた。性的なことへの恐怖を通り抜けるための手段を物理的に見つけられなかった代わりに、自分自身をまるごと――身も魂も――チェロを弾くことにささげた。

音楽は統合体験をもたらした――心、精神、身体、魂、苦悩と喜び――他には見いだせないものだ。左手の腱を切ることだけはできなかった。

古色蒼然たる神学によれば、秘蹟とは内的で霊的な恩寵の、外的で目に見えるしるしである。秘蹟は、救い、心の傷の慰め、一体性の到来を触知可能な経験として与える。触れて、味わい、見て、秘蹟の形としての身体を認め、恩寵が自己の内的な存在と関係性において十全に現実化される可能性のうちに保持される。わたしにとって音楽の秘蹟とは、世界のうちに感じ得るあらゆるものを、一体化された身体において聴けるようになることだ。ジョージと結婚したとき、わたしはこの祝福された一体性に到達せんばかりだった。陰府に降り、虜となっていた恋人を救い出した音楽の神オルフェウスを見つけたかのように。

虐待のサバイバーの多くと同じく、わたしの課題は、癒やしと一体性の可能性を超えて、それら可能性を現実に認識する方法を見つけることだった。過去の恐怖に直面するだけでは十分ではない。暴力はわたしの中にある。身体に、衝動に。どのようにその内的な領域を構築するかが課題だった。

夢の中の心象が、その難問を表現した。

わたしはかがんで泣いていた。苦悩のために両手で顔を摑んでいた。口の中に吐き気を感じた。喉の奥に手を入れて、何か丸くて滑るものを摑んだので、それを引っ張った。それはどろっとして、ぬるぬるしたゼラチン状の紐だった。最初、鼻水かと思ったがそれ以上で、ちょうど沖合に繁茂する海藻のようなものを撚ったロープだった。鼻水が凝固したようなそのロープを引っ張った。喉から出してしまいたくて、何度も手繰り寄せた。それは一フィート、二フィート、三フィートも引っ張り出された。わたしは引っ張り続けた。体の中いっぱいにグルグル巻きの紐があって、それを引っ張り続けるのだ。その紐が、体の外で山のように積み重なった。思いっきり引っ張り続けると、急にガタンと動きが止まった。行き詰まりの感覚。わたしがグイッと引っ張ると、ぬるぬるとした紐が体の中のどこかでちぎれ、その先端が口から飛び出し、落胆と恐怖に包まれた。わたしの中に残されている何かに手が届かないのだ。

一九九七年春半ばのこと、突然どうしても続けることができないと感じた。昼夜、絶望的な自死願望がつきまとい続けた。繰り返し自制ができなくなり、自分を傷つけたいという欲求に圧倒された。台所の流しに氷水を張るのが、自分への怒りを鎮めるための日課になった。少なくとも一度、再びナイフを握り、猛烈に自分の腕に切りつけた。デーヴィッドが一緒にいてくれて、自分を大切にするように、そして助けと癒やしのための支援を利用するようにと強く勧めた。しかしわたししたちの関係には耐え難いほどの緊張が続いた。わたしの自滅的な衝動が、デーヴィッドの過去のつらく困難な記憶に共振した。一緒にいれるようにと奮闘したが、過去の傷が持つ力がわたしたちをつなぐ絆をむしばんだ。

わたしは保養地か静養地での沈黙と静寂を望んだ。今、いる場所からどこかへ行きたかった。理事長アーリス・ウンガールに電話して、こう述べた。「休暇が必要なのです」。「いつでしょう?」と彼女が聞いた。「この学期が終わる前に」。「どれくらい?」と彼女が聞いた。「十日、いえ、二週間ほど」と答えた。「学校は大丈夫でしょう」という答えが返ってきた。「なんとかしましょう。今週末に出かける準備を始めてください」。神学校の長が職務離脱を諾るのは、好ましくは思えなかったが、学校の指導者層は仕事よりも霊的・身体的必要性を大切なものと考えた。アーリスは説明を求めなかった。理事長は、躊躇も疑問もなくわたしが健全であることを支援するために動いてくれた。同僚の教授陣も同じだった。

わたしはすべてを手放した。車を運転して、北の方角の万仏聖城へ向かった。前もって、そこにある大学の学長に電話してあった。その大学はうちの学校と友好関係にある。「庇護が必要なんです」とわたしは話した。「もちろん」と彼女は言った。「部屋を用意しましょう」。「私的な静養のための料金はいくらでしょうか?」「料金?　料金は課しません。そうしたお考えがあれば、献金をしてください」と彼女は言った。

仏教徒の教師が、森の中の小屋にわたしを案内した。「ここにお泊まりください。何か必要なものがありますか？」

「沈黙が必要です。誰とも話さない沈黙です」

「お安いご用です。これを」と言って、中国語で書かれた小さくて擦り切れたプラスティックのバッジを渡してくれた。その中国語には括弧がついていて「話さないこと」と書かれていた。

わたしは笑みを浮かべた。「ここでは話さないことに慣れているのですね？」

「もちろん」と彼女が答えた。「ここの修道僧たちと一緒にお食事をなさってください。食事はシンプルです。ご飯、野菜、豆腐。食事は正午に一回だけ。沈黙のうちに食べます。男性と女性の食堂は別です。女性の食堂で食べてください」

わたしはうなずいた。

「お望みであれば、ここでの共同体の儀式に参加できます。でもそのように期待されているのではありません。朝の三時に、万仏宝殿で読経があげられ、一時間の勤行と一時間の沈黙の瞑想、さらに一時間の経典の講話があります。その後、みな日々の仕事に出かけます。正午に祈りの時があります。夕方六時に、夕べの読経、講話、瞑想があります」

わたしは小屋に入り、持参したものを広げた。セラピーの最初から描き溜めた絵、画用紙、パステル、インク、色鉛筆、水彩絵の具。車からチェロを小屋に入れ、譜面台を立て、バッハのチェロ組曲の中のト長調組曲を開いた。親しい人たちの写真を小さな祭壇の上に並べた。父と母、兄弟のハワードとテッド、アーンスト家の祖母。祖母は苺を食べている。デーヴィッドはお気に入りの飛行機セスナ１７２のコックピットで満面の笑みを浮かべている。学生と教授陣と職員の写真は、その秋の最初の開講日に撮られたものだ。四歳の自分の写真では、黒いロケット三輪車に頑固そうにまたがっている。もう一つの写真では、アーンスト家の祖父の腕に抱かれた赤ん坊で、その両隣には若くてパリッとした両親が並んでいる。この写真はわたしの洗礼式の日にホーキアムの牧師館の前で撮られた。祭壇には、帰郷した折にフランクの庭から盗んだ土が入った瓶と人形ラガディ・アンも添えた。

祭壇に背の高い奉納用キャンドルを置いた。これは万仏聖城の入り口の外にあったメキシコの雑貨屋で買ったもので、たった一ドルだった。そのキャンドルの前面には、ステンドグラス調で、二人の子どもが荒れ狂う激流を渡るのを助ける天使の絵が描かれていた。わたしはキャンドルを灯し、散策をしに外に出た。

万仏聖城には十の道がある。それは、この仏教徒の共同体においてあらゆる道が浄土に通じることを意味する。それらの道には、教育、奉仕、親切なもてなし、日常の労働、儀式、瞑想が含まれる。先祖の安息のための広間と病人と悩みを持つ人たちの癒やしのための広間があり、その中心には観音菩薩——無限の慈悲を持つ女性——が座している。

万仏聖城は、精神障害者のための州立病院跡地の廃棄された建物で造られている。北カリフォルニアの海岸近くの青々とした丘の渓谷の一つ、ユカイア市の東で、都会を離れた田舎である。初春の頃で新しい草が、すらりとやわらかく明るい緑色をしていた。野原には水仙とチューリップが咲き乱れていた。ここには浄土の到来を告げる孔雀が生息している。ある孔雀は全身が白で、他のものはエメラルドグリーン、真紅、青色で、扇型に開いた尾は、宝石を散りばめたような光沢を放つ。建物の背後に丘があり、松林を抜けて、葡萄畑の端に沿って散策できる。遠方に急勾配の丘が、春の澄み切った青空の下に紺青色にそびえている。

わたしは深呼吸をして冷気を吸いこみ、小屋に戻り、絵を描き始めた。十日間の沈黙のうちに、自分の体が切り開かれている一連の光景を描いた。胴体の中に古ぼけて巨大な灰色のペニスがあって、ちょうど石の周りに木が生えるようにわたしの体があった。「手術道具」としてパステル、色鉛筆、水彩絵の具を使って、わたしの体から古ぼけたペニスを取り出し、その周囲に根のように成長していた血管をすべて切除した。がらんとした空洞が残された。患者は手術台の上で死んだように見えた。わたしは針と真紅の糸を取って、紙の上から絵の中の体を縫い合わせた。

午後にはいつも数時間、万仏聖城を越えて何マイルも続く野原や森を歩いた。ペニスが取り出された、体に空洞ができた日、わたしは最も遠くまで歩いた。思いきっていくつもの野原を横切り、小川に沿っていくつもの丘を越えた。夕方前に人影がなくなり、暖かい日の光がオークの木立に斜めに射しこみ、草原と小川にまだらな影をつくる場所に来た。やわらかい草の上に座って、土の暖かさをしばらく感じとった。「大地よ、癒やしてください」と言葉にし、起き上がり、服を脱いで、水の中に入った。小さな滝が水しぶきを上げて岩の上で砕け、渦を巻いて、しんとした淀みに流れこんでいた。身をかがめると、冷たい水が押し寄せてきた。淀みの底のやわらかい泥の上に歩を進めた。水の中でゆっくりと向きを変えて、体全体が水に浸かり、水底の泥の上に横たわった。頭を支える筋肉をリラックスさせ、顔を浮かせると、冷たくしんとした水がわたしをつつんだ。数分で勢いよく立ち上がった。長時間は耐えられない冷たさだった。

安らかな気持ちでわたしはほほえんだ。空に、木々に、緑の野に、静かな水辺に。「生きているかぎり、恵みと慈しみがわたしを導く」（「詩編」二三編六節）

毎夕に共同体の儀式がある。読経と礼拝が一時間ほど続き、木魚と鐘と銅鑼が鳴る中、歩きながらの瞑想で締めくくられる。儀式は中国語だが通訳がついた。数日すると何が起きているか感覚的にわかり始めた。夕刻、象徴的な食事が祭壇に置かれた。果物が美しく並べられて供え物とされ、それと花びらが漂う水盆も一緒に供えられる。この食事は、浄土——そこでは死と誕生の輪廻が終わり、美と喜びに満ちる究極の至福の地——に近づこうとする旅人に力と栄養を与えるべく供される。すべての魂が浄土に再生するようにと、この象徴的なテーブルの前で祈りが捧げられる。それから餓鬼——混乱と痛みに縛りつけられ、さまよう者たちのために祈りが捧げられる。儀式のこの時点で、僧の一人が祭壇の食事の一部をとって聖所の外に持っていく。食べ物は餓鬼のために庭の岩の上に置かれる。餓鬼たちも聖所の中の者たちと同様に、浄土への道を見出すための手助けが施される。

十日間の沈黙と描画と散策と儀式の最後に、わたしはそこを去る準備ができた。自分で行った儀式がフランクを体から追い出した。わたしの内側が、絶え間ない彼の侵略から解き放たれたと感じた。素のままの、がらんとした、しかし強く成長した自分を感じた。数年前に中絶をしたとき、生まれなかった子に誓った。あなたが生きられなかった分、生きようと思います、と。二つのいのちを失うわけにはいかなかった。自分の体がフランクから自由になったとき、生まれなかった子への誓いを果たした。わたしは生きる道を見つけた。

帰り支度をしている間、土砂降りだった。わたしは祭壇を解体して車につめこんだ。出発して門を車で出ようとしてふと気がついた。車を停めて、フランクの庭の土が入った瓶を探した。この瓶をもう五年も保存していた。長く持っていると瓶の中身が、フランクの灰のように思えてきた――死してなお、わたしにつきまとった男。瓶を握って、シャクナゲが咲く庭に歩き、そこでフランクの土を庭に放り出した。降りしきる雨のため、骨の髄までぐしょ濡れになった。車に戻る途中でガラス瓶はゴミ箱に捨てた。万仏聖城は、もう一人餓鬼のお世話をしてくれるだろう。毎日、僧が、悲惨と苦痛に縛られた餓鬼たちに食べ物を供し、家に帰る道を探す手助けをしている。つつしんでフランクのお世話をかれらに任せ、自分の手の汚れをはらった。

この後サンディは、フランクの家に死んだものとして残された子が、一人で見放されないようにフランクの家の寝室に戻る道を探すべきだと語った。セラピーの間に試みたが、わたしはその敷居を再びまたぐことができなかった。サンディの促しで、家から三輪車で出てきた、生きている小さな女の子と一緒にいると想像した。わたしたちの任務は、寝室のドアを開けて部屋に入り、死んだようになっている子どもを慰めることだ。しかしその場所はあまりにも恐ろしかった。

　わたしは治療の意味を理解していた。走り去ることで生き延びた強がりの小さな女の子と死んだように残された子どもの間の分裂を癒やす必要があった。わたしの一部がそこに、フランクの家に残されている限り、わたしは一体性を取り戻していない。自分の一部を永遠に虐待者に明け渡すことに甘んじていた。

　ついに、ある日の治療でサンディは急速眼球運動のテクニックを使用した――心的外傷後ストレス症候群に悩む人々のための治療法である。その治療法は、眼球を物理的にあちこちに動かし、治療士の誘導により痛ましい記憶の場所に降り立つものである。この療法は心的外傷の体験を取り除くのにしばしば役立ち、それを試すことにしたのだ。

　誘導されて、ひどく恐ろしい部屋に再び近づいた。今回、わたしはその敷居をまたいだ。わたしはベッドの上にいて再び恐怖を感じた。呼吸ができない場所に再び戻り、死ぬのではないかと感じて必死で耐えた。そのとき、母と祖母が一緒にそこにいるのを見た。母と祖母は、フランクがしているいることを見ていた。母と祖母のまなざしは力強かった。母と祖母はフランクが逃げ失せることを許さなかった。母と祖母がいてくれることがわたしを慰め力づけた。夜がゆっくりと明けるように、その空間が偉大な愛に包囲され、フランクと対峙しているのを感じた。その臨在が示す力の場は、フランクをも包みこんだ。たとえフランクがわたしを殺したとしても、何ものも、この臨在からわたしを引き離すものはないことをわたしは知っていた。わたしは、すべてを抱くこの御腕に引き上げられるだろう。

今という時間に戻ったわたしはサンディに驚きながら語り、涙がこぼれた。「死んだように取り残された子どもは――神を体験してきたわたしの一部でした！　その子は、フランクを止める力の臨在を知っていて、たとえフランクが成功しても、その力はフランクよりも偉大で、その子自身を抱きしめ、失われないようにつなぎとめていてくれることも知っていたのです。その子はわたしの信仰そのものです。その子こそ、決してあきらめなかったのです。長年にわたり人々に説教していたのは、その子です。人生には恩寵がはたらいていて、その恩寵がわたしたちを助けて苦難を切り抜けさせるとわたしが自分の深いところから説教できたのは、その子のおかげです。その子はいつもわたしと一緒にいてくれました。その子の持つ知恵がわたしを離れることはありませんでした。ときどき人がわたしのことを聡明だとか、光り輝いているとか言いました。言われたときはなんだかわかりませんでしたが、実はその子のことなのです。最初から、まばゆいばかりの月がわたしを庇護してくれていたのです。でもまったく頭にくる！　これが、わたしが神を知るに至る道だったなんて」

「だれもこのような仕方で神を知るべきではありません」とサンディが言った。「あなたの身に起きたことについて、神は手の内を明らかにする必要があったということです。子どもが天の力に直面すべきではありません。それを受け入れるのは手に余ります。聖書は多くの箇所で、神を見ることは人間にとって過剰なことだと語っています。預言者たちは、目撃したことから自分自身が救われるようにと懇願しています」

「わたしも同じ意見よ。でも、理解できて良かったわ」とわたしは言った。

二年後、この本を書くために万仏聖城に戻った。リタとわたしは、互いの物語を二十年ほど語り合ってきた。それぞれの神学的な思索は、仕事上、学生や教会員や若者と関わる中で発展していった。わたしたちはそれぞれに思いやりのある共同体の力を深く評価するようになり、戦争、レイシズム、同性愛嫌悪、セクシズム、親密な関係での身体的ならびに性的虐待や暴力によって倫理的な関係が壊されたとき、自分の能力を修復し、その全体性を回復するという困難な課題に関心を払うようになった。わたしたちは宗教的な言語と儀式に信頼を置く。それらは、人生の込み入った両義性と葛藤の中にあっても回復と幸福に向かう道を見つける上で、経験に名前を与え、折り合いをつけるためにとても重要である。わたしたちは個人的な癒やしの不完全性を感じた。それは、人間に暴力のサイクルをつくり出す、より大きな社会的文脈を無視するからだ。

同時に、わたしたちがそれぞれに闘ってきた大きな社会悪は、「例外的なもの」ではないことに気がついた。世界に横行する暴力はあらゆる者の魂に影響を及ぼす。内面化された暴力からできる限り解放されて、ひたむきに人生を生きるためには、世界に対して能動的に参与することと内的な魂を持続させることの両方に関心を払う必要がある。

わたしたちは互いに語り合ったのだが、生きるとは、臨在につきまとわれることだ。暴力に慣れるわたしたちに休息を与えない臨在、痛みに対して麻痺を起こさせない臨在、わたしたちの深みに内在する知に対して目を閉じさせない臨在である。いのちに対してありのままであるとは、たとえ内面で、また周囲で、いのちを危険にさらす暴力に直面しても、多様な経路を通していのちを与え続ける恩寵に対して率直な透明性を保持することだ。たとえいのちを脅かす暴力に直面したとしても、いのちに対して誠実であることは、わたしたちの内に、また周囲に与えられている多様な形でいのちを与える恩寵の透明性を保つということである。

わたしたちはこれらのテーマを探求する本を書くことにした。万仏聖城に戻ったわたしは、そこで一週間、文献を調べた。特に聖書学の分野の本を読み、数えきれないほどのメモをとった。週の終わりに、結果をまとめた電子メールをリタに送った。キリスト教がイエスの十字架についてどのように語っているか、その誤りのすべてを批判するだけでは不十分だとわたしは書いた。イエスの処刑では救われないと確信するのなら、そのように確信したのだが、何がい、い、い、いのちを救うのかを語る方法を見つける必要がある。セラピーでの経験を熟考し、次のように電子メールを締めくくった。

子どものときにレイプされて、確実に死ぬと思った瞬間の記憶があるの――事実、殺されかけた。

オーラル・レイプのために息ができなかったの。わたしは小さな子どもにすぎなかった。四歳で、上になっている男の重みでつぶされそうだった。その瞬間レイピストよりも「強い」

臨在がわたしと一緒にいて、恐怖を包みこんだことに気づいたの。この臨在は、わたしに無限のあわれみを示し、壊れることのないつながりをわたしとの間に保ち、抱擁し、さらに言えば、わたしをレイプしている男さえ包みこんでいた。わたしが死んだとしても、臨在と一緒にいて、臨在がわたしを「すくい上げる」と理解できたわ。臨在は、死「よりも偉大」で、レイプしている男「よりも偉大」な力を持っているの。

　臨在は、わたしを殺そうとする男を止めることはできなかった。しかし同時に臨在は止めることもできた。もし男がこの臨在に気づいたなら、男はやめさせられるとわたしにはわかってた。男は続けることができなくなる。だれにもできなかったはずだ。わたしにはわかってた。誰も臨在に気づけなかった。男がしていることは続いた。男は気づかず、わからないから、それができたにすぎないのよ。結局、臨在は死から救う力を持っていたし、そうしてくれたとわたしは信じている。わたしを殺す寸前のところで男はやめた。男はどこかで神をレイプしているという考えを究極には否定できなかったと思う。もちろんわたしは神じゃない。でも、臨在はそこにいたの。レイプすることで、男は臨在に逆らっていたのね。

　男は臨在によって止められた、とわたしは信じている。臨在がいのちを救った。止められなければ、男はわたしを殺せた。性的虐待者は殺人を行っているのよ。ナチは殺人を行なった。虐待者は、パートナーと子どもたちを殺す。もし男がわたしを殺してしまったとしたら、男が臨在をすっかり否定したからだわ。そのような否定は完全に可能で、ひっきりなしに起きていることだわ。

自分の経験からわかることだけど、危機的な状況は啓示的ね。臨死体験はどうやらそのようだわ。わたしの場合は暴力による臨死体験。でもね、なぜだかわからないだけど、イエスが殺されたことが、神の臨在の啓示だと称えられることにはゾッとする。たぶん啓示の経験を祝福だと受け取るのが、敬虔なことなのよね。子どものときにレイプされたので、わたしも神の啓示を経験して祝福されたのね。

そんなの最低。

暴力によって呪われて生きることを切望する人に、喜んでわたしの祝福をお譲りいたします。それに、神様は窮地に立たされた人の前に現れるが、それ以外の場合には臨在されないという発想もおかしいと思う。暴力にさらされたことがない人は、人生において神の臨在に畏敬の念を持つことから除外されている、あるいは、暴力に苦しんだ者だけが神の知識を得ることができる、と言っているようなものだわ。これは恐ろしいことよ。

わたしが、イエスの処刑は神的な啓示だとする神学の概念に反論する理由はおわかりでしょう。神がおられることをわたしたちが認めるために、イエスが死ぬ必要はなかったの。神の創造の力は、死よりも偉大であることを認めるために、イエスが死者の中から復活する必要はなかったの。ユダヤ教はすでにこれらすべてを証言し、認めていたわ。さらに、わたしたちがそれを知るために、誰も神のために苦しむ必要はないのよ。

このことについてリタと話すうちに、そのような臨在を自覚することは一瞬で、ぼんやりとしていて、混乱して断続的だと気づいた。暴力は臨在についての認識を粉砕できる。暴力は人生の崇高な質、正当に述べて臨在の光と表現できるものを破壊する。暴力を受けると、わたしたち自身の輝きが失われ、生き生きとした状態が散り散りとなって、消された炎の片鱗が炭と灰になる。臨在なしに、くすんだ灰色の生のうちに生きながらえることはできる。自己嫌悪という致命的な酸の中に溶解するか、あるいは理性のコントロールできる範囲内に身を隠すことで。夜のやわらかな輝きなしに、生は色褪せ、臨在は損なわれる。

破壊の種類はさまざまである――人種間の暴力、ヘイトクライム、戦争、レイプ、政治囚への拷問、経済的搾取、国家テロリズム、精神的ならびに身体的虐待――だが、すべて臨在の否定を含んでいる。この否定は個々の文脈で、異なる方法で配分され、異なる方法で抵抗を受ける。悪の行為に抵抗し、生が修復される機会を得るための普遍的な方策はない。ただどのようにして人間存在を回復し、臨在を持続させたかについて、諸々の記録が残されている。ガンディーが「サティーヤグラハ」［無抵抗不服従運動］と呼んだもの、あるいは魂の力、「ヨハネによる福音書」が「永遠の命」と呼んだもの、あるいは豊かな生命力。時として、回復は達成されてきた。

わたしたちが見たどの回復にも、損失の遺産が伴う。暴力をなかったことにはできない。しかし、時として臨在の力が吹き抜け、文字通りにわたしたちを生き続けさせ、癒やし、正義のために働くようへと救ってくれる。

性的虐待の記憶がよみがえるよりも前から、わたしは聖餐にあずかることをやめていた。ある日曜日、教会の後方に座っていて、聖餐式の言葉が朗読されたときのことを覚えている。礼拝堂の外に出なければならないという気持ちで押しつぶされそうになった。その場所を危険だと感じた。誰かが犠牲になるのは良いことだ、賞賛されるべきだという考えは、直接にわたしに対する脅迫だと突然、感じた。

数年も経たないうちに、わたしは犠牲として扱われたのだと意識的に理解した——自身の苦しみからの解放のために、わたしを苦しませるのが必要だという男にいのちを与えるようにと求められたのだ。聖餐式に参与しないことは重要な一歩だった。それは、自分の過去を直視する場所を頭の中で明確にするのを助けた。犠牲は良いものであるという考えから逃れなければならなかった。わたし自身が、認識している部分と認識できずにいる部分とに分裂するのを終わらせるためである。

わたしはまた、真実の共同体を見つける必要があった。愛する者がアルコールの影響下にある人たちのサポートグループに、友人たちがわたしを送り出したとき、仮面をつけていない人間が集まる場所があることを発見した。

自分を隠すことをしないグループだったため、わたしも隠さないでいることを学び始めた。長い時間がかかったが、自分の人生の真実を少しずつ話し始めた。話すことを一から学ぶようなものだった。隠すことと否定することは長年の習慣になっていたので、ある種の嘘をつかずに話すということができなかった。「傷ついている。怖い」という言い方を知らなかった。唯一知っていたのは「大丈夫です。問題ありません。万事、最高です」という表現だけだった。

ある晩、グループの一人の男が子どもたちとの関係性を修正する努力について語った。現在は禁酒しているが、酒を飲み続けた数年、自分の娘たちを性的に虐待した。彼は率直に過去の行状を話した。その悲しみは歴然としていたが、自分自身をあわれんではいなかったし、あわれみを請うものでもなかった。彼は自分の子どもたちにたいへんな危害を加えた。彼は、赦しも、理解も求めていなかった。子どもからの赦しを期待していなかったし、子どもたちが赦すか赦さないかは彼が決めることではないことも認めた。彼は真実を語ることだけをした。自分自身から、神から、自分の仲間である人間たちから隠れることなく——そして最も重要なこと——自分の子どもたちから。それだけだ。

その場を囲んでいたのは少数だった。その集会の場には七名くらいがいたと記憶する。家族が食卓を囲むような親密さがあった。その親密さは、四歳のときにフランクがわたしによい子だと言って、素晴らしいものを用意しているから一緒に寝室に行こうと語った、昔の状況に似ていた。あれは嘘だった。そしてまた、イエスが十字架につけられたのは良いことだと教会の儀式の中で語られるのも嘘だった。さらに、自分には何の問題もなく、また全員に何も問題がないかのように家族の食卓に座っているわたしの存在も嘘だった。

だがこの場は真実だ。単純明白に。その男は取り返しのつかない危害を与え、それを認めている。自分がしたことを知っている。してしまったことを彼は悲しんでいる。しかも彼はその損失を埋めることもできない。修復できないことを彼はやってしまった。しかも自分の愛する者たちに。

最初、その場から逃げ出したかった。わたしは性的虐待者と膝をつき合わせて座っていた。しかし次の瞬間、彼とわたしが同じ理由でそこにいることを思い出した。偽りの生を生きることからの回復を試みているのだ。否定と分裂と回避と不在の重圧の下で生きることからの回復を試みている。グループの全員が、互いのためにそこにいた。わたしたちは自分の人生の真実を語った。真実を語ることが、人間的な共同体を回復するからだ。それが人を死者から引き戻し、勝利のうちに、生きた者として戻るための方法である。それが人を自由にする道である。

その会合からほどなくして礼拝に出席し、聖餐式が祝われた。わたしは讃美歌の間に静かに退出する準備をしていたが、とどまることにした。礼拝の司式者を知っており、彼女を信頼していた。わたしたちは小さい礼拝堂で輪になって座り、蠟燭の光の中で互いの顔を見ることができた。イエスの十字架について語られた。それは悲嘆と嘆きの言葉で、賛美と感謝のそれではなかった。暴力と虐待の犠牲者、身体と心と魂において苦しむすべての者たちために祈りがささげられた。その後、パンとぶどう酒が希望のしるしとして、苦悩に対する滋養物があること、嘆きに対する慰めがあること、あらゆる民が一つのテーブルに平和のうちに集まる日が来ることを願う者すべてに供された。

意識が別の領域に入り、フランクの存在を感じた。輪のなかで真向かいにいる彼を見た。パンと杯が渡され、彼は食べて飲んだ。それから、同じようにわたしに配餐された。パンを食べ、その杯から飲んだ。わたしの深いところで何年も続いていたうなり声が静まり、古傷が石のように落ち始めた。わたしは正常な意識に戻った。周囲にはよく知っている友人たちの静かな声が響いていた。ついにわたしは、あらゆることにいつくしみがあることを認めた。約束は真実である。夜を徹して泣く者には喜びの朝が来る。

第六章　公現祭――リタの物語

主はわたしの羊飼い、
なにも欠けるものはない
主は緑の牧場に私を寝かせ
静かな水面のそばに私を導き
わたしの魂を生き返らせる
生きているかぎり
恵みと慈しみがわたしを導く

（「詩編」二三編一節―三節、六節）

私は汗ばんだ体ですがすがしい夜の空気の中へ出ていき、なめらかな湖へと滑り降りていった。イースト・テキサスの夏が水を温めたあとの秋には、穏やかな水の鏡にちらちらと光る月光の中でよく泳いだ。湖の真ん中の深いあたりでなめらかな水を浴び、体が冷えてくると岸に戻り、また汗ばむと熱いシャワーを浴びに家に戻った。

テキサスの松の森には小さな湖や林、起伏に富んだ丘や、熟したあんず色の柔らかい砂のような土がある。真夏の夜になると、元気のよいウシガエルの鳴き声が水面にこだまし、その競い合う鳴き声は何マイルも先まで届くほどに反響する。池のまわりの下草にはホタルが光っている。まるで星がこの古代両生類の求愛行動に喜び踊っているかのようだ。

舗装されていない道が何本も森を走っている。日中は、油井やぐらのべとべとした黒い宝物を集めにいくトラックが砂埃をあげて走っている。砂の脇道はジョギングに適した道だった。

私は一九八一年八月にクレアモントを去って、イースト・テキサスの田舎の小さな黒人大学で教え始めた。こんなにも人けのない場所に住んだことはなかった。美しい所だった。私は大学から二十マイル離れたリゾート地のコンドミニアムを借りた。夏のあいだは休暇を過ごす場所として人でごった返している。ところが、一年中そこに住む人はほとんどいなかった。

私はこの隠遁地で一人過ごすのを楽しんだ。朝はたいてい、デッキでコーヒーを飲んだり、カケスの鳴き声に耳をすませたり、木々と灰褐色のコンドミニアムのあいだに見え隠れする湖を眺めたりしていた。娯楽でできることはほとんどなく、しゃべる相手もいなかったので、ジョギングを始めた。

授業を終えると、運動靴のひもを締め、砂道に走り出た。息づかいと気持ちに合わせて、私の靴はパタパタと音を立てていた。六マイル走るうちの四マイル目で、西に向かってずっと下り坂が続く一本の田舎道へと曲がった。その曲がり角で、木々や道の表面を照らす夕暮れの金色の光に向かって、一マイルの全力疾走を始めた。太陽のオレンジ色の球体に向かって、その輝きにのみ込まれるかのようにスピードを上げていった。私の体と心は陽光を吸い、大喜びでそれをのみ込んだ。

Ｔ・Ｃは車で五時間離れたところにいた。その秋、テキサスに着いた私は、短い恋愛に終止符を打ったばかりだった。恋愛感情が強かっただけに、結婚がもたらしたむなしい気持ちが痛いほど身に染みた。恋人と別れると、光がなくなったと感じ、Ｔ・Ｃを裏切ったのは不誠実だと思った。テキサスでの初めの数か月、Ｔ・Ｃと私は二人の家のどちらかで週末を過ごした。これは苦痛だった。というのも、私は結婚から自由になりたかったからだ。Ｔ・Ｃがかたくなに結婚にしがみつこうとするのに驚き、自分の愛情がなくなっているのに、彼の感情が強いというのは悲しかった。ついに、私は離婚を申し出た。

テキサスでの生活が落ち着いてきたころ、面白い同僚と知り合った。イースト・テキサスのような田舎は大学と言えどもフェミニストはほとんどいなかったけれど。ランチをいっしょにする相手は、パーキーというディサイプル派の牧師で大学の開発センターの所員と、プリッチーという教育学部の学部長で、二人とも生粋のテキサス人だった。私たちは、チキン・フライド・ステーキやミートローフといった温かいランチ・メニューを出す地元の食事処へよく出かけた。

上手くいきそうにない愛

プリッチーとはまもなく、ランチの相手以上の仲になった。彼は想像する限りにおいて、T・Cとはまるで違っていた。T・Cは科学者で実験室向きのジーンズとTシャツを着て、薄くなりつつあるぼさぼさの髪をときどき髪型にこだわらず切っていた。靴はみすぼらしく、どことなく薄汚れていた。T・Cが持っていたスーツと言えば、結婚のために買った水色のスーツだけだった。

プリッチーはチャコールグレーやネイビー、チョコレート色のフレンチカットのカシミアやメリノやシルクのデザイナー・ジャケットが好みだった。短く刈った髪は細身の体を際立たせていた。カーキ色やネイビーやグレーのズボンにはしっかりと折り目がついていて、黒か茶色のイタリア製の革に房の付いたローファー靴がお気に入りだった。アイロンをしっかりかけたシャツのカフ・リンクは絹のネクタイとネクタイピンと合わせてあった。ジーンズやカウボーイブーツを履いているときでさえ、糊のきいたシャツを着ていた。ジーンズは前の折り目がきちんとついていた。彼が着ていたTシャツは下着だった。彼の目は青く、白髪交じりのあごひげはきちんと手入れされ、ダークブラウンの豊かな、波打つ、格好の良い髪には少し白髪が混じっていた。しゃべる言葉には母音をのばし、平たく発音するテキサス訛りがあり、ヘビー・スモーカーのハスキー・ヴォイスでしゃべった。

プリッチーのスニーカーはほとんどはかずに靴箱にしまってあった。「骨の折れる」活動はほとんど避けていた。ダンスが上手く、時には散歩も好んでいたけれど、おもに体を動かすといったら、新聞を片手にコーヒーカップを持ち上げるときか、タバコを口元へ運ぶときぐらいだった。

彼は私よりも十一歳年上で、離婚を経験していた。次男のパークは十歳で妻と、長男のデレクは十六歳で彼といっしょに住んでいた。高校の教員から大学の教授になるまでは美容師をしていた。高校の教員を辞めたのは、気に入っていたヒスパニックの生徒の一人がヴェトナム戦争で両足を失って戻り、小さな勲章を自慢げに彼に見せたことがきっかけだった。彼はそのような無駄な人生に悲しみを覚えることが我慢できず、教え子が遺体袋に入れられて帰還するのを見るよりは、人の髪を切っていたほうがましだと思ったからだった。しかし、やがて散髪の仕事に飽きて、教育学で博士号を取るために大学に戻った。

プリッチーの研究は民族的マイノリティについてだった。この研究が流行するずっと前のことで、教育の分野で白人男性が研究するというのも珍しかった。彼は同級生だった黒人のトーマス・ジェファソン・ジョンソン［T・J］のために人種的正義に関わるべきだと思っていたのだった。二人は一九五九年、テキサス大学大学院の夏季講座で出会った。T・Jはテキサス州アビリーンの分離高校でフランス語の教員をしていた。プリッチーはT・Jの語彙が自分よりもはるかに豊かなうえ、フランス語が流暢だったことが悔しかった。プリッチーはじきによく知るようになる初めての黒人男性に比べて自分が洗練されておらず、知的にも劣っていると感じた。

二人のあいだに友情が芽生えるようになると、T・Jはプリッチーに、オースティンの映画館を人種統合するための、平日に行う抵抗運動に参加しないかと誘った。プリッチーはこのときの政治的目覚めを次のように語っている。

ある夜、警官がトラックから飛び降りてきて、警棒を振り回した。警官がパニックになった群衆の中に飛び込んできて警棒を振り回し、男であろうが女であろうがその腹や頭を殴るのを見たのは初めてだった。抗議者たちの悲鳴や叫び声に怖くなったのはもちろんだが、警官が群衆を殴るにつれ、私も群衆に押されてどんどんビルの壁のほうに押され、血が自分に降りかかるのに恐怖を覚えた。この制服を着た警官たちが抵抗運動を止めに入っただけではないということがわかった。俺たちを殺したいと思っているのだ。その晩、初めて、警察が守ろうとしていたのは人種差別的社会秩序であって、憲法の平和的集会の権利を実践していた抗議者を守ろうとしているのではないということを認識した。(G. Pritchy Smith "Who Shall Have the Moral Courage to Heal Racism in America?" *Multicultural Education*, Spring 1998: 4–10.)

プリッチーとT・Jは一九五九年にテキサス大学オースティン校に入学した、普通ではない学生だった。T・Jは黒人だった。プリッチーは強い母親と女遊びばかりしている父親によって農場で育てられた「貧乏白人のくず」だった。プリッチーは負け犬とはどういうものかよくわかっていたので、大学ではマイノリティの教育を研究することにした。

プリッチーは私と初めて会った日に夕食に招いてくれた。彼はブルー系で統一された装飾を施されたすてきな家に住んでいた。壁には油絵がかかっていた。居間の中心には暖炉がどっしりと構え、その石の後ろには勾配天井のダイニングがあった。ダイニングは緑豊かな植物で縁どられ、一面ガラスの壁からは大きなデッキを臨むことができた。私は彼の家づくりのセンス、物の配置と美へのこだわりに感動した。プリッチーは、ステーキにベークド・ポテト、トウモロコシにアイスバーグレタス・サラダといったテキサスならではの食事を作ってくれた。食事中の会話で、大学の経営者たちの仰々しさについて冗談をかわし、彼のユーモアのセンスに触れた。

プリッチーは自身の人生を含めて、人生の愚かしさを楽しんでいた。息子のデレクはキリスト教原理主義者で、サザン・バプテイスト教会の活動にのめり込んでいた。パークは兄に従っていた。プリッチーはもちろん無神論者で、大学ではバートランド・ラッセルを読んで、神はいないと納得していた。父と息子の極端な違いを彼は面白がっていた。いずれ息子たちも思春期の宗教的反抗を経験するだろうと思っていた。

プリッチーはすばらしい笑い声の持ち主で、前触れもなく面白いことを考えつくのだった。ある金曜日のこと、めずらしい雪嵐のなか、車で四十分先の一番近い映画館タイラーで映画を見ることにした。冬の運転に慣れていた私がハンドルを握った。降りしきる雪の中をすべるように運転した。プリッチーは、むこうみずな私たちに降りかかるかもしれない、突拍子もない話を思いついた。私たちはタイラーまでの行き帰り、雪かきされていない道をドライブしながら、大笑いした。

プリッチーには自身を防御したり不安を感じたりすることがほとんどなかった。彼は率直で誠実だった。もし不確かなことや不安なことがあれば、そう言い、それについて話をした。プリッチーは自分の人生設計の中に無意識に私を入れていた。自分の家に私を招き、息子たちを紹介した。デレクには初めての訪問のときに、パークにはその週末、彼が訪ねてきたときに会った。

私たち四人はキャンプをしたり、サン・マルコス川をタイヤチューブで川下りしたり、シックス・フラッグズ遊園地を訪れたり、とその年ごろの男の子たちがしそうなことをした。デレクがレギュラーだった高校のバスケット試合を二シーズン、見に出かけた。息子たちと私は宗教に関わる関係を育んでいった。

息子たちのまじめな宗教的姿勢は、父親の皮肉の下に隠れた感性を思い起させた。プリッチーはその率直さのおかげで、ときに彼を落ち込ませる疲労感に屈せずにすんだ。彼には広い心、楽しむ能力、寛大さ、人生を生き生きと感情的に満たされるものとする喜びがあった。

Ｔ・Ｃや私が知っているリベラルな白人男性と違って、プリッチーには好い人間であろうとする思い入れが無かった。私を幸せにしようとしたりせず、自分の感情や限界について正直だった。結婚していたときには多くの火遊びがあったこともわかった。フェミニストの私にはそれが心配の種だった。彼は女性を性的な対象と思っているのだろうか、それを隠す習癖があるのだろうか、と思った。彼の密通の描写から、彼が女性に官能的で美的な喜びを感じ、女性を楽しませることに喜びを感じているとわかったので、判断を下すのはよした。私は彼の自分の行動に対する率直さに魅せられた。彼のてらいのないところに信頼を寄せていた。フェミニストが好むであろう男性のように振る舞うこともなかった。他方で、彼は人の話をよく聞き、寛大で、思いやりがあった。放蕩三昧の過去やダブルスタンダードに危惧はあったものの、私は彼といっしょにいるのが楽しかった。

先妻と別れたとき、先妻は二人の息子の養育費を受け取っていた。けれど、デレクはプリッチーといっしょに住むことにしたので、プリッチーはとても喜んでいた。彼は先妻が浮気をしたことを苦々しく思い、彼女の新しい夫を憎んでいた。結婚の忠実さについてのプリッチーのダブルスタンダードが矛盾していることを問うと、男と女は同じ理由で性行為に及ぶわけではない、女性が裏切るのは深刻なことだ、と彼は言い張った。「それじゃあ、一夜限りであなたと喜んで性行為に及んだ女性たちはどうなの？」と私は尋ねた。彼が女性に、自分ががまんできないような基準を押しつけるのは公平だとは思えなかった。

私たちがもっと時間をいっしょに過ごすようになり、感情的な絆も深まってきたとき、プリッチーは、私たちのあいだのルールはどんなものであるべきかを尋ねてきた。この厚かましい質問に私は唖然とした。愛をルールという言葉で考えたことはなかった。

私は正直でありたかった。私たち二人のうちの一方が知らずに他の異性と会うことへの懸念を説明しようとした。私はT・Cへの裏切りを繰り返したくなかった。あのような痛みを二度と味わいたくなかった。私の浮気はT・Cから自分を遠ざけただけでなく、自責の念と絶望にかられた。自分が嫌いになりたくなかったし、騙したり騙されたりしたくはなかった。プリッチーは単刀直入に、自分が他の女性といたらどう思うか、と訊いてきた。

「怖い」と私は言った。「それを考えると胃がむかつく。けれど、それを隠しておくのはもっと悪い。裏切られたと思い、怒ると思う。もしあなたが他の女性と関係を持つのなら、実際に何が起こっているかを知って、自分の人生設計をできるようにしておきたい。私たちのこの関係を続けるかどうかわからないけれど、知らないよりは知ったうえで決めたい。あなたが誰か他の女性と関係を持つことよりも、あなたが私に嘘をついたほうが二人の関係を清算する確率は高いと思う。だけど、このことについてルールを設けるなら、そのルールは私たち両方に適用したい。ダブルスタンダードはお断りよ」私の答えに彼は驚いた。彼は、私が他の男性と親しくするぐらいなら一夫一婦制を支持する、と決心した。

プリッチーは感情面で率直だった。おかげで、私はＮＣＣＪで発見した自分から完全に抜け出すことができた。自分が怒っているときやおびえているとき、あるいは傷ついているときには、はっきりそう言った。感情はほとばしり、私たちは時折、おおっぴらに口論した。感情が高ぶるというのは、Ｔ・Ｃの卑屈さを考えれば、歓迎すべき変化だった。

私たち二人の生活における、あけっぴろげで情熱的で愛情あふれる環境の中で、私は花開いた。親しい関係の中で初めて、私は恐怖や痛みについて語ることができて安堵した。感情的な結びつきに基づく肉体的な親しさが持つ力を発見した。疑うことのない愛を知った。

私たちの関係が十八か月経ったころ、私は不服従を理由に大学を解雇された。大学が私に参加しないように釘をさしていた、あるフェミニストの集会に参加するために町を出たのだった。私は失業手当をもらうと、お金を節約するためにプリッチーのところに転がり込んだ。

私の解雇はプリッチーとの交際を難しくした。大学は、まるで彼が逃亡奴隷をかくまっているかのように彼を扱った。大学は学問的な慣例や方針には無関心で、彼を正規雇用にしなかった。彼は他の仕事を探し始めたが、マイノリティ教育に携わる白人男性が大学のポストを得るのは難しかった。彼がどうなるか、私たちは心配だった。

私は大学に対する怒りと、自分が博士課程に投資した時間とお金とエネルギーを無駄にしたのではないかという絶望感のあいだで、動揺していた。マイノリティの女性でフェミニストの博士課程の学生には、教師の仕事はほとんど無かった。私は自分の分野で教職を募っている学校に片っ端から履歴書を送った。

一九八三年四月、その学期が終わるころ、辞職した女性の後釜を募集していたヴァルパライソ大学が、面接をするためにインディアナに私を呼んでくれた。その大学の学部長は二年契約で私を雇ってくれるというので、それを受け入れることにした。八月、プリッチーと私はトラックを借りて荷物をまとめ、私は北へ向かった。

私はプリッチーと会えず、さびしくてたまらなかった。私たちは毎日長い手紙を書き、週に数回、電話で話をした。ヴァルパライソでの最初の半年はとてもさびしかったが、T・Cと暮らしていたときに感じたのとは違うさびしさだった。

T・Cとの関係にあった道徳的素養は善だったけれど、彼の善は私を縛っていた。それに応えようとして、知らなければならない自分の苦しみを直視できなかった。自分を苦しめているものを隠し続け、そのせいで彼と私は疎遠になった。彼が私を愛してくれるに足る善人に自分はなれないと感じていた。秘密を知られるのではないかと恐れていた。私は自分自身に対し、またT・Cに対し孤独を感じ、親しさと愛という温かさという点でも孤独だった。

プリッチーとの関係にあった道徳的素養は正直さだった。いっしょにいるときにはお互いの感情の嵐の中で、以前は隠していた自分を表に出す勇気、プリッチーが折れないので自分の怒りを抑える勇気を見つけた。プリッチーは私たち二人の人生に深い情熱と結びつきを創るような、強い感情で応えてきた。私は自分が望むことを求め、自分の限界もはっきりした。正直であることを信頼し、傷を許し、失敗を認めることを学んだ。私たちの別れは、その日々の温かさを私から奪った。プリッチーの存在があったがゆえに孤独感が増した。

発見

一九八三年の九月初旬、電話がかかってきた。妹のジョー・アンが早口でこう言った、「お母さんが昏睡状態なの。お医者さんが言うには、もう長くないって。今すぐ帰ってきたほうがいいわ」。

私はどうしよう、と思った。授業は翌週から始まることになっていた。

学科長に電話をし、説明した。授業を一週間先に始めたらどうかと提案された。翌日、シカゴからロサンジェルスへの第一便に乗った。南カリフォルニアのもやに包まれた秋の暑さの中、ジョー・アンが空港で出迎えてくれた。カホン峠からバーストーへと、焼けつくような砂漠の中を車は走った。

母の枕元に辿り着くと、母は半ば昏睡状態で目を閉じていたけれど、体を震わせ、かすかに動いていた。ジョー・アンがしっかりした声で言った、「お母さん、リタよ。聞こえてる？　リタが今ここにいるのよ」母は震える頭でうなずいたかと思うと、また昏睡状態に戻った。

ジョー・アンは、ベッドの反対側の壁に貼ってあった一通の手紙を見せてくれた。母は起きているときはいつもそれを見ていたのだという。それは母が最後に入院したときに私が送った手紙だった。すばらしい母でいてくれてありがとう、愛している、という内容だった。

私はやっとのことでその手紙を書いた。少し正直ではなかったけれど、部分的にはほんとうのことだった。見捨てられたという思いは書かなかった。やりすぎなくらいに、嘘でも感謝の気持ちを表した——日本では非礼なことだけれども。今、横たわっている母を見ると、それでよかったと思った。母を幸せにし、きっと旅立ちを楽にしただろう。もっとあとになって、どんなに母が自分のためにしてくれていたか、どんなに自分が書いたことがほんとうだったかを、その真実を生きるようになって知ることになるのだった。

翌朝、ジョー・アンとレイがシャワーと着替えができるようにと、私が母のそばにいることにした。テレビの昼メロは、国連でジーン・カークパトリックが、韓国の飛行機をソ連が撃墜したことに抗議するために中断された。ジーンの重々しい怒りに満ちた言葉が沈黙を破り、浅く、やっとのことで息をしている母の寝息を聞こえなくしていた。私は母の冷たい、しわだらけの手を握りしめた。

母の体は顔の半分、背骨の一部、肺の大部分が癌に侵されていた。そんな体の苦痛から解放してあげたかった。規則正しい深い呼吸とともに、母の魂が体から去って、私の手を通って私の中に入ってくるのを想像した。母の唯一の動きは、ゆっくりと、かろうじてわかる波打つ胸だった。

ジョー・アンとレイが戻ってきた。その日のお昼過ぎ、私たちはずっとアヤコを見ていた。彼女の息は途切れ途切れになり、静かで悲しげなため息から徐々に死んでいくのが見て取れた。医者と私がベッドの足元に立ち、ベッドの両脇にそれぞれジョー・アンとレイが立った。数分後、ついに母が最期の息を引き取ったのがわかった。医者が、人工呼吸器を装着させたいかと訊いてきた。「いいえ」と私たちは言った。「そのまま逝かせてください」。母は午後四時に息を引き取った。

私たちは母の日本人の友人たちが到着するのを待った。友人たちは毎晩数人ずつ、かわるがわる見舞いに訪れていた。四時半ごろ、五人の友人が廊下を歩いてきた。妹が、母が死んだと告げると、皆その知らせを聞いて泣いた。

そのうちの一人が、何年も母の親友だった隣人で今はハワイに住んでいるヒデコからの手紙を持ってきた。友人たちは母の遺体のまわりに集まって、その手紙を読んだ。ヒデコは、じきにいっしょにビーチを歩くことができますように、と書いていた。女性たちは泣き、それから母が好きだった日本の民謡や讃美歌を歌った。

お祝いの席では音楽が女性の結びつきを強くした。母は移民の女性コミュニティのなかで重要なメンバーだった。夕食会を催したり、日本語の日曜学校で教えたり、外国からの交換留学生のために、募金活動の一環で、年に一度のフード・フェアにブースを出したりしていた。照り焼きチキンウィングや揚げワンタンで毎年一番募金を集めていることに母と友人たちは鼻高々だった。

アヤコのベッドの脇にいる女性たちを見て、母が私にとってよりも女性たちにとって重要だったということに気づいた。彼女は私の母親であったが、友人としての母を知らなかった。私は母とのあいだの距離を悲しく思うと同時に、母にはすてきな友人たちがいてよかったと思った。

翌朝、窓からくっきりとした砂漠の日差しが、母の緑色のベッドスプレッドに注いでいた。ジョー・アンとレイと私は母の寝室で、埋葬のための墓地区画番号を探していた。ジョー・アンが、大事な書類が入っているグレーの金属製の箱を持ち上げて、「番号はここにあるわ」と言った。二か月ほど前にこの箱を見たときに見たもの。霊安室の書類もいっしょにあるわ。ジョー・アンは私とレイにそれぞれ、マニラ紙の封筒を渡し、中身を調べるようにと言った。私が手に取ったのは、年月がたって消えかけた、ボロボロになりかけた封筒だった。それを開けてみると、一枚の紙が入っていたので、開いてみた。

ページの頭には、リタ・ナカシマの養子縁組証書、と書かれていた。いったい誰のことだろうかと思った。名前は私と同じだけれど、姓は母の結婚前の姓だった。その名前の下に、こう書かれていた。

一九五八年九月十五日
産みの母：アヤコ・ナカシマ
養父：ロイ・グレイディ・ブロック
子：リタ・ナカシマ
出生地：福岡、日本

私は自分の養子縁組証書を見ていたのだった。その事実がだんだんとわかってくると、「私、養子だったんだ！」と口走った。

ジョー・アンが顔をあげ、「何ですって？」と言った。

「私、養子だったのよ！　ほら！」私は彼女にその証書を手渡した。

「なんてこと、お姉ちゃんが養子だったなんて！」とジョー・アンは言った。レイも同じように驚いていた。彼女は、その証書は前には箱の中になかった、と断言した。この二か月のあいだに母がそこに入れたのだ。

母はどうしてそんなことをしたのだろうか？　母が死んだら私が見つけるだろうとわかっていながら、ショッキングなニュースを私に残したのはなぜなのか？　母に会いにいったときにいくらでも話せたはずだし、電話で話すこともできただろうに。私がロイを全面的に拒絶するのを恐れたのか、それとも自分に怒りをぶつけられるのが怖かったのだろうか？　今更知ったからといってどうなるのか？

「私は自分のほうが養子だと思っていた」と大きな薄茶色の目をした、赤褐色の髪をした妹が言った。「あなたはお母さんにそっくりで、私に似たレイが生まれるまで、私のほうが養子なんだと思ってた」。五フィート四インチの私は母より二インチ背が高く、母と同じく、髪は黒く、目は茶色で、皮膚はオリーブ色だった。ジョー・アンはそれより背が高く、アーモンドの形の目を除けば、白人に見えた。ジョー・アンとレイはロイに似て太っていたが、母は細身だった。

私は自分が養子だとは微塵も思っていなかった。私の体型も髪や目や皮膚の色も母の子どもとわかるものだったし、ジョー・アンと違って、日本の記憶があったけれど、ニキビは父親譲りで、ロイが父親でないとは思ってもみなかった。今、三十三歳にして、自分が父の継子で、ジョー・アンとレイの異父姉だと知った。両親はいつも私のことをリタ・ブロックと呼んでいたが、それは法的には一九五八年に養子縁組が交わされてからのことだった。私の人生の意味合いは変化した。隠れていた家の基礎部分が動かされて、その下の古い石があらわになったようだった。

「私のほんとうの父親は誰？」と私は思った。金属の箱の中にはそれとわかる証書はなかった。

その手がかりを見つけようと、証書を一つ一つ丹念に調べてみた。両親の友人のボブとブラッサム・アレンが葬式に参列することになっている。ボブは医者で、母と同じ看護師をしていたブラッサムと出会った。二人が福岡の米軍病院で私の両親といっしょに働いていたときのことだ。二人に訊いてみようと思った。

その夜、寝床で考えていた。私は自分がどうやって生まれてきたのかを知ろうとして、タイムカプセルの中を浮遊していた。ほんとうの父は私がいることを知っていたんだろうか？　私を拒否したんだろうか？　私はほんとうに半分白人なんだろうか？

半分白人であるということに私はいつも違和感をおぼえていた。自分で感じ、知るべきアイデンティティでありながら、摑みきれないでいた。百パーセントの日本人には見えないが、たぶん半分黒人でもなかった。しかし、戦後の日本で、日本人の女性がヒスパニックの男性と出会う確率はどのくらいあっただろうか？　いや、私は思った、ヒスパニックであるわけがない、じゃあ何？　フィリピン人？

母の家の裏庭で葬式が終ると、ボブとブラッサムが座っているピクニックテーブルの向かいの席に座った。会話が途切れたところで、私は言った、「変な質問なんですけど」二人は目を合わせて、きょとんとした。「わたしのお父さんが誰だかご存知？」

二人は驚いたようだった。「お母さんから聞いていないのかい？」とボブが訊いてきた。

「いいえ」

「アヤコはいつも君に言おうとしてたんだと思うよ。君のお父さんの名前は憶えていない。けれど、好い人だった。米軍の医者で、小柄で屈強な男だったよ」。ボブは少し考えてから言った、「ロドリゲスとかマリオとかいう名前だった。プエルトリコ人だった。兵役義務が終ったんで、君のお母さんを置いていかなければならなかった」

「ええ」ブラッサムがさらに言った、「お母さん、あなたに言おうとしてたんだと思うわ。一度も言わなかったのには驚いたわ。それ以上のことは覚えていなくてごめんなさい。ずっと昔のことだから」

「私が白人じゃないことはわかってました！」私は安堵でいっぱいになっていた。

ボブは私の強い調子に驚いたようだった。そして、私を慰めるように言った、「プエルトリコ人は白人種だよ」

私は受け流した。たぶん私が白人でなかったことに感情を害していると思ったのだろう。自分が半分白人だと思うことにためらいがあったことを説明するのは難しかった。それは、私の見かけと遺伝子のせいで、人種差別から守られなかったことや、それとわかるアイデンティティがあるようには感じられなかったことが関係していた。でも、私のジレンマははっきりした。自分の感じ方と見た目が、自分が誰かということと一致した——それがわかって安心した。でも、それだけで十分ではなかった。自分の父親はプエルトリコ人の兵士だったというだけでなく、いったい誰なのか？

私はずっと日本人のミドルネームが欲しかった。リタ・ブロックでは、自分の民族性がわからなかった。シスター・サークルでそのことを発言したとき、日本の名前を加えたらよいのでは、と助言された。私の中の何かがそれを拒んだ。私は日本の名前に関係性、つまり私に理由を与えてくれる何かを求めていた。ふさわしい名前のほうから自分を見つけてくれるのを待とうと決めた。ナカシマが八歳までの法的な姓だったということが今はっきりした。私は名前を取り戻した。私には日本名があったのだ。

ロサンジェルスへの飛行機に乗った一週間後、混迷のさなかの人生とともにヴァルパライソに戻った。母は死んだ。父は継父だった。自分には会ったことのない別の父親がいた。

私の人生は打ち砕かれた。元に戻すことはできなかった。私は夢遊病者のように授業に臨み、かろうじて教えることができていた。水曜日の夜、シャワーを浴び、裸のまま布団の上に座り、暗い寝室でろうそくをともした。体を揺すりながら、シスター・サークルの歌を何度も何度も歌った。

「すべてはよくなる、すべてはよくなる、物事はすべてよくなる」と葬送歌のように歌った。

母に言わなければ。父親について教えてくれた母のやり方に私が怒っていると。どんなに母がいなくなって寂しい思いをしているかを言わなければ。ろうそくの明りの中で手紙を書き始めた。興奮し、泣きながら書いた。一時間後、体がほてり、疲れて布団に横たわると、涙が両目から流れ落ちた。

ちらちらと揺れるろうそくの炎を見つめていると、吹いてくるはずのないそよ風が廊下のほうから吹いてきた。入口のドアのほうを見ると、ほの暗い中に、若く、癌に侵されていない母の姿が見えた。母は裸で床と並行に空中を浮いて部屋に入ってきた。私の体の四フィートほどのところで止まり、私のまわりを舞っていた。母の目が私の目と会った。「だいじょうぶよ」と母は言った。母の両足がお尻からゆっくりと下に降りて、私たちのつま先どうしが交わった。母のつま先は暖かかった。母の体が私の体にすべるように入り、暖かい穏やかさが自分の中に入ってきたように感じた。

私はもう一度シャワーを浴び、床に入るとすぐに寝息をたて、新鮮な、生きた気持ちで目覚めた。死んだあとの生命がどうなるのか私は知らない。死んだあとにどうなるかを考えて生きてはいない。意識のある自分の命が私の肉体を超越するのなら、そのときが来たらどうするかを見極める準備はできている。

生き残っている者にとって、季節外れの霜が死ぬ思いをさせるとき、生き続けるのは骨が折れる。母は五十五歳になったばかりだった。私は自分の核の部分で愛していた人を失った。死ぬことはわかっていたけれど、母を失う心の準備はできていなかった。とりわけ、母が父親について、唯一の知識の源であることを思うと。母の死後、窒息をおぼえるほど悲しみが襲ってきた。私の核の部分は灰だった。

変わることなく日々の生活を過ごそうとする気持ちの中に悲しみが入り込んだ。苦痛が悲しみを切り開き、私を自由にした。人生は続いていくだろう、以前のようではないけれど、続いていくだろう。このことはわかった。生き残った者に死んだあとの命があるということがよくわかった。

悲しみが私を日常に引き戻した。

　私が母を見たとき、何が起こっているのかさっぱりわからなかった。私は眠っていなかった——大きく目を見開いていた。そよ風を感じた。母の声を聞いた。母のつま先が自分のつま先に触れるのを感じた。体が暖かくなった。悲しみが強いあまりに幻覚を見たのかもしれない。けれど、自分が経験したことはそう簡単に説明できるものではない。私の魂は平穏に戻り、日常に戻った。悲しみだけがそのような恩寵、そのような炎を生むのかどうか私にはわからない。

　私は、保護、慰安、幸運を呼ぶために、朝の儀式で死んだ人の魂が日常的に現れる人たちと幼年時代を過ごした。死者は存在の遺産を残す。生きている者同士の関係が継続する世界——絶え間ない生存の連鎖——へと悲しみを包み込む。母の魂はその遺産と私を結びつけてくれた。

神の顕現

　私は多忙な授業の予定をこなし、学期を終えることに集中した。遠くからプリッチーのサポートを受けていた。次の学期に休暇をとって、ほんとうの父親を探す決心をした。まずは国会議員と陸軍省の記録文書から調べてみようと思った。

　母の寝室から持ってきた金属の箱には封筒がたくさん入っていて、中には通信簿や市民証明書や旅券などが入っていた。一つの袋の中には、父が移民帰化局とやり取りをした手紙が入っていて、沖縄での滞在の様子やロイが私の米国入国審査に通るまで何度も申請をしているさまが見て取れた。そこには、ジョン・ステニス上院議員からの手紙とロイが署名した宣誓供述書が入っていた。

ハロウィーンのころ、ジョー・アンが古い証書が入っている別の箱を見つけた、と電話で知らせてきた。その中には薄い上質紙の日本語の証書が入っているという。彼女は、発見したとでもいうような興奮と好奇心の入り混じった声で、「この証書の真ん中に、——英語で！——「クレメンテ・モラレス・トレス」と書いてあるの。これはきっとあなたの出生証明書で、クレメンテがあなたのお父さんよ！」と言った。

感謝祭のころに、ジョー・アンはまた電話をしてきた。「お母さんの遺品の別の箱を探していたらね。古ーい住所録を見つけたの。これまで見たことがなかったけど、日本の住所がたくさん書いてあるの。その中に、ミギュエルとマリア・モラレス・トレスって名前があってね。その住所は、私書箱五十一C、ドラド、プエルトリコ。たぶんクレメンテの親族、兄弟姉妹か両親よ」

私は驚き、声が出なかった。ようやく、「ドラドですって⁉　今年のクリスマス過ぎにそこへ行くことになってる！　二月に神学学会に招待されてね。パークとデレクとテキサスでクリスマスを過ごしたあと、プリッチーもいっしょに行くの。ドラドの住所を見つけたなんて信じられない！　まさかプエルトリコに自分のつながりがあるなんて知るずっと前に計画していたのよ」と口走った。

私はドラドの住所のクレメンテ・モレス・トレス宛てに配達証明書付きの手紙を送った。父親かもしれないので会ってほしいと状況を説明した手紙だ。配達証明書は届かなかった。謎が解けないまま、私はテキサスへ飛んだ。私の父親は誰だったのか？　なぜ秘密にされていたのか？　娘がいることを知らなかったのか？　私が生まれたのを恥じていたのか？　私が探し出したことに怒るだろうか？　生きているのだろうか？　ドラドにいるのだろうか？　ミギュエルとマリアとは誰なのか？

学会に参加した私は、心ここにあらずだった。プリッチーはビーチでくつろいだり、探偵ごっこをしたりして過ごしていた。彼はホテルのスタッフに、どうやったらドラドのクレメンテにたどりつくか尋ねてみた。スタッフは誰もその人物を知らなかったが、見つけるならこうしたらいい、と提案してくれた。学会が終るや、私たちは町へ繰り出した。

ホテルのウェイターが、町の古い、有名なレストランに行けばクレメンテを知っているかもしれないと助言してくれた。ホテルの車はドラドのメイン・ストリートにあるそのレストランの前で私たちを降ろした。レストランに入ると、一人のウェイターに、クレメンテ・モラレス・トレスを知らないかと尋ねてみた。知らない、でも料理人なら知っているかもしれない、とウェイターは言い、調理場へ消えていった。若い男が出てきて、「弟のミギュエルなら知ってるよ。ちょっと待って」と言い、レストランを出ていった。プリッチーと私が次にどうしようと思いながら入り口付近に立っていると、ウェイターが、若い女性と腕を組んでパナマ帽をかぶった、小柄できびきびした男を連れて現れた。

「この人はニュージャージー出身のいとこのエラウテリオです」とウェイターが言った。エラウテリオは英語が話せないと言い、ドラド出身の姪が通訳してくれるとのことだった。私は、クレメンテ・モラレス・トレスを知っているかと尋ねると、「知っています。彼は僕のいとこです」とエラウテリオは英語で答えた。「彼は何歳ですか?」と私は尋ねた。

「五十五歳ぐらいかな」

「日本に占領時代、いましたか?」

「ええ」

「なら、私の父親かもしれません」

エラウテリオは思いやりを込めてうなずき、当然だというように、「ええ、そう思います」と言った。

エラウテリオに応える前に、料理人が息せき切って、紙一枚を手に戻ってきた。「弟のミギュエルは店にいないけど、四時過ぎに家に戻るそうだ。そのころ、この紙に書いてある電話番号に電話してください」

エラウテリオはその紙を受け取り、言葉を継いだ。「君たちを彼の家に連れていってあげるから、来なさい」

プリッチーと私はエラウテリオと姪のあとをついて、カンカン照りの通りを歩き、角の食料品屋に入った。カウンターの後ろには年のいった男が立っていた。「この人が、君のおじさんのエルネストです」とエラウテリオが言った。エルネストと私は当惑しながら握手をした。それからプリッチーと私は店を出て、裏に停めてあったエラウテリオの白いトヨタに乗った。

プリッチーと私が後ろの席に座ると、私は一瞬、「私たちがカモにされていたらどうしよう」と思った。私は世界中を旅行して、アメリカ人観光客がいいカモにされているのを知っていた。私が話したとおりに受け取る他人に身を委ねるのを、プリッチーと私が特に用心していなかったわけではない。父親探しはそう簡単なことではないと思っていたが、これまでのところ、怪しみたくなるほどスムーズに事が運んでいた。だが、私の好奇心と希望が用心深さに勝っていた。プリッチーと私はエラウテリオと姪よりも体が大きかったので、何かあってもなんとかなると思った。

私たちは、町のはずれの、防犯ゲートのある白い壁に囲まれた地区へと約一マイル、車を走らせた。エラウテリオが門衛にスペイン語で何か言うと、入るように手招きされた。その地区を車で走ると、大きな白い漆喰づくりの家の私道へと曲がった。窓という窓、入り口という入り口、テラスの入り口にも鉄格子がはめられていた。中年の、短い黒髪の朗らかそうな女性が、私道に水をまいていた。彼女はエラウテリオのほうに歩いてきて、彼の説明を聞いていた。後部座席の私を見た。一瞬気まずい空気が流れたあと、お互いに相手を見つめた。プリッチーが、「クレメンテが彼女の父親かもしれないと思いまして」と口をはさんだ。

その女性の英語の答えは単調だった。「私もそう思います。私はあなたのおばのローザです。

家の中へどうぞ」

　私たちが後部座席から降りると、私たちの後ろで黄色のトヨタが音を立ててカーブのところで止まった。女性が一人、飛び出し、私道を走ってきた。長いカールの黒髪が後ろにたなびいていた。彼女は私をぎゅっと抱きしめ、泣いた。「わたしたちの祈りが通じたんだわ！　来てくれたのね！神様、わたしたちの祈りが通じたんだ！」

　私は驚いて後ろにのけぞった。「私のことをご存知で？」

「ええ、もちろん！　私はあなたのおばのビルマよ！　あなたが来るようにって祈っていたのよ！」

　私は思った、「このおかしな、ヒステリックな女性は誰？　なぜ泣いているの？　彼女が私のおばだなんてありえる？　どうしてこんなに早くここに来たの？　一体ここで何が起こっているの？」

　プリッチーが言葉をはさんだ、「彼女のお母さんの結婚する前の名前は何ですか？」

「ナカシマ、アヤコ・ナカシマ――図星ね!!」ビルマは答えながら、バッグから財布を引っ張り出した。財布をあけると、ビニールの小袋を取り出し、持ち上げた。私は自分の赤ん坊の時の写真に釘付けになった。私の母が家族写真のアルバムに貼っていたのと同じ写真だ。この写真の意味をかみしめるあいだ、私の心臓は高鳴った。

「あらまあ！　あなたがたこそほんとうの家族ね！」と私は言った。

「ええ、もちろんよ!!!」ビルマは高い声をあげ、再び私を抱きしめた。「あなたが来てくれるよう、いっていっていっていっていって、ずっと祈っていたのよ！」

私の父の弟ミギュエルの妻のローザが、私たちを家の中へ案内してくれた。いとこやおばやおじたちが次々にやってきた。「日本の姪」がやってきたと、電話でたちまち広まったのだ。ビルマは、クレメンテはマンハッタンでタクシーの運転手をしていて、明朝まで帰宅しないと言った。彼女はクレメンテに留守電を残しておいた、「あなたの娘のリタを見つけた。電話してちょうだい」と。

ビルマによると、クレメンテは私が六か月になるまで母といっしょに住んでいた。彼が朝鮮に送られてからの二年間、母はプエルトリコの家族と手紙を交わしていた。だから、赤ん坊の時の写真があったわけだ。ビルマと当時末っ子だった十一歳のカルメンは、私が生まれたとき、まだ同じ屋根の下で暮らしていた。彼女たちは、母が古いドラドの住所に送っていた手紙や写真をとっておいたのだ。彼女たちは私や母にとても親しみを感じていて、母が会うことなく亡くなったことを悲しんでいた。

次から次へと親戚が集まってくるあいだ中大騒ぎが続き、私の身の上話を皆聞きたがった。ついにビルマが、「おじいちゃんとおばあちゃんに会わなくちゃね」と言った。

「まだお元気なんですか?」と私は驚いて言った。

「そうよ、おじいちゃんは八十三歳で、初孫に会うまでは絶対に死ねないって、毎晩、寝る前に祈っていたの」。ビルマは涙ぐんでこう言った、「車で半時間ぐらいのところにあるサン・フアン近くに住んでいるの。おばあちゃんも元気だけど、動脈硬化なのと記憶があんまりなくてね。連れていってあげるわ。電話して、今から行くって伝えるから」

トヨタの列がサン・フアンのはずれにあるレビットタウンへの海岸沿いの道を走っていった。私たちは、プエルトリコの家によく見られる鉄格子付きの小さなライム・グリーンの漆喰の家に着いた。入口で、年をとった、小柄で茶色くひきしまった皮膚、薄い白髪の、ぶ厚いメガネをかけた男性が私たちに挨拶をした。「あなたのおじいちゃんのミギュエルよ」とビルマは静かに言った。「目がよく見えないの。でも、あなたが誰だか伝えてあるからね」。ミギュエルは私をぎゅっと抱きしめ、数分間静かに泣いた。

ミギュエルが私の体を離すと、ビルマは私たちを家の中に入れ、居間のカウチに座らせた。私たちが腰を下ろすと、ビルマが、小柄で背の曲がった、白髪のしみだらけの老女を連れてきた。「あなたのおばあちゃんのマリアよ。認知症で、あなたをあなたのお母さんと思っているわ」。マリアおばあちゃんの目は焦点が合わないらしく、ぼんやりと遠くを見ているようだった。「少なくともちゃんと話せるはず。一世代間違えてるだけ」と私は思った。マリアおばあちゃんは私を見て、ほとんど歯がない口を大きくあけて笑みを浮かべ、スペイン語で何か言った。そのとき、強烈なニンニクの匂いが漂ってきた。

私はカウチの上で、祖父母に挟まれ、両手は二人の手を握っていた。皆、スペイン語で興奮したように話をしていた。私は何も理解できなかった。当惑し、理解できないもの、分かち合えない強烈な感情の渦の中にのみ込まれていた。

ビルマが玄関のほうへ消えていった。数分後、衣装だんすから外してきた鏡を持って家の奥から現れた。「見て、これはおばあちゃんの鏡よ。おばあちゃんはあなたが絶対に来るからって、祈ろうとしなかった。この鏡にあなたの写真を貼りつけて、あなたのことを忘れないように毎日見ていたの」。鏡の縁に、生まれたときから二歳になるまでの私の赤ん坊の時の写真が何枚も飾ってあった。母がアルバムに貼っていたのと同じ写真が。

私は思った、神とはこんなものかもしれない、と。つまり、見たことのない、存在しているかどうかもわからない、それでいながら、最初から愛してくれている人。鏡に、最もか弱いときの私たちの肖像を飾り付け、丈夫になりますように、ちゃんと育ちますようにと願い、傷つくことのないように守ってくれる人。私たちをじっと見て、覚えていてくれる、愛してくれる、よいことを願ってくれる、喜びと心配の入り混じった、お互いに知る必要のない視線を注いでくれているおばあちゃんのしわとしみだらけの顔を見て、私は神を想像したくなった。その瞬間の神は、遠方から来た私を歓迎している、おばあちゃんの笑みだった。

私は疑うことなく、直接に私のことを知らなくても、私を抱いてくれる人々の中に自分がいるのだと気がついた。彼女たちは、私が存在し、気にかけてやるべきだということをそのまま受け入れていた。巨大な愛の海に包み込まれたような感じがした。愛は大きく、無形で、私を直接につなぎとめ、私が現れた時に私を包み込むことができた。

洋服だんすの鏡に飾り付けれた写真を見て、自分自身のものよりもずっと大きな人生を垣間見た。それが何であるかはわからなかったけれど。何が起ころうと、すべてのものの根底にある、識別できる、元気をくれる、創造的な存在が私を抱き、私のためを思っていてくれていると感じた。これまでそれをかすかに感じたことはあったが、疑いのほうが深かった。けれど、私はすべての理性を越えて、それを信じていた。母が私のところにやってきて、新たな人生を運んできてくれた、あの悲しみの瞬間を信じたときと同じように、それを信じた。そういう存在に確信は持てなかったけれど。それを摑もうとすることは、暗闇の中の物体をまっすぐ見つめることのようなものだ――それは消えてしまう。それは目をそむけると、視界の端にぼんやりと映る。思いがけない瞬間に、私の意識の端にその存在を感じ、それが私の人生を支えているとわかる。

私はこの存在をいつも、物心がついたころから感じてきた。じっと見つめる、気にかけてくれる、そよ風のように穏やかな存在を。それは私を自然な世界へと開いてくれ、私の夢の中を舞い、相手を思いやる瞬間に現れる。愛や身体的な交わりの中や、孤独の中で私はそれを知った。儀式や礼拝のときにそれを感じた瞬間もある。私と人生を結びつけてきたこの存在以外に、聖霊と呼べるものを私は知らない。「恵みと慈しみが生きているかぎり、私を導くだろう」

私の人生はなぜか、この存在という伝統、私を知らないのに私のことを祈ってくれている人々の伝統に縁どられている。神をどう語ればよいかとはこういうことなのだ。つまり、豊かさや悲劇の中の、ひどい喪失感やあふれる喜びの中の人生によって徐々に開かれた存在。私たちを満ち足りた人生に導いてくださる力。人生の良きことにも悪しきことにも注がれる情熱。光と影の中で明滅する、人生の核にある、消すことのできない炎。

私のプエルトリコの家族はずっと何年も私のことを祈っていてくれていた。私が健やかであることを祈ってくれていたその誠実さと歓迎に胸打たれた。私の両親の愛とその献身が私の人生に影響を与えた。私が異なる文化に身を置き、人種差別に耐えなければならなかったときにも、おびえていたときにも、絶望に打ちひしがれていたときにも、そんなことで自暴自棄にはならなかった。その自信は、私の能力や学力といった仮面の一部ではなく、もっと深く、静かな何かだった。そうした瞬間、ひとりぼっちだと感じ、おびえていたときはたくさんあったけれど、私の他の部分の何かが、自分は大丈夫だと言っていた。

しかし、私の人生と家族の物語には、失敗の痕も刻まれていた。クレメンテは母と私に連絡をするのを怠っていた。米軍は故意に私たちを引き離した。私の祖父は晩年、プロテスタント福音派に改宗するまで、不義を働き、祖母と子どもたちに暴力を振るっていた。暴力の遺産が、関わりをもたないようにする姿勢から、移ろいやすい心理的な不安定まで、すべてを表していた。ロイは私への暴力の結果を理解できなかった。私の両親は、死ぬ前に私の人生の真実を告げようとはしなかったため、私は答えのない疑問が渦巻く、苦しい虚しさに苛まれた。私の打ち砕かれた人生はけっしてまとまることがなかった。けっして知ることのないことがたくさんあった。真実はけっして私を立ち直らせることはなく、悲しみが軽くなることもなかった。

祖父母に会ったあと、親戚一同は、私をデリアおばさんとその夫モデストの家まで送ってくれた。彼らはプリッチーと私に、翌日のホテルをキャンセルして自分たちの家に泊ったらいい、としきりに勧めた。ビルマとカルメンが私たちをホテルに送ってくれたときには真夜中になっていて、興奮と疲労感でいっぱいだった。

翌朝十時に彼らは私たちを迎えにきた。私にニューヨークにいるクレメンテにコレクトコールをするようにと言った。一時間ほどの電話のあいだ、クレメンテは泣いて、どんなに私を大切に思っているか、どうして母と私を置いていかなければならなかったか、どんなに手紙を書こうと思っていたかを語った。私が帰国したらすぐ私を訪問すると約束した。

この四か月のあいだ、この男はどんな人間なのだろうかと思っていた。あまり期待しないようにしていたし、きっとがっかりするだろうと思っていた。三十三年間も自分を待ってくれていたうえ、自分の人生のもとに戻ってきてほしいと思ってくれていたとは思ってもみなかった。彼は私を見つけるために私立探偵を雇おうかと思った、とも言った。それも会うためではなく、私が元気でいるかを確かめるために。私の人生を台無しにするかもしれないので、会うのが怖かったという。そんな気遣いをしてくれていた彼に心打たれ、すべてが夢のようで非現実に思われた。見も知らぬ相手に自分の家族や人生の話をしているのは妙な感じがした。ほとんど絆を感じていない相手なのに、私に対して強い感情を抱いている男性に話をしているというのは奇妙だった。プリッチーと私がチェックアウトし、鞄を持って車へ歩いていったときには、頭がぼうっとしていた。

プエルトリコでの残りの数日間、ビルマとカルメンは大旅行を計画してくれた。旅はドラドの海辺の高台に立つ大きな廃屋から始まった。インダストリア通り三十七番地私書箱五十一C、祖父の昔の家だった。私が送った、開封されず、引き取り手のいない、見つけてほしいという小さな期待と希望に満ちた手紙が郵便箱にまだ残されていた。私はそれをバッグに入れた。

別の日には、島の南部の乾いた土地へ行き、新月の下で暗くなってからボートに乗って、流れ星のように海を照らしている小さな燐光を発する生物を見た。光り輝くダイヤモンドの航跡が、海面下を泳ぐ魚を際立たせていた。手で海水をすくうと、夜空の星が手のひらの水に映り込み、驚いたことに小さな閃光を一瞬捉えた。

翌日は熱帯雨林に出かけ、青々とした群葉やせせらぎのある道伝いにハイキングをした。エルネストおじさんの十六歳の娘も同行した。ビルマが先頭を行き、プリッチーが最後部についた。険しい道の休憩地点で、小さな滝を望むベンチでプリッチーを待った。彼は座ると、「ああ、君は間違いなく、この家族の一員だ。君たちが僕の前を登っていくのを見たら、皆同じ形の尻をしていたからね」と言った。

プエルトリコでの最後の晩は、公現祭の日だった。デリアとモデストは裏庭で豚の丸焼きを作り、台所からは料理を盛った大皿がいくつも運ばれてきた。マリアッチの楽団が演奏をした。私は祖父やおじやプリッチーやいとこたちと踊った。私たちは数時間祝い、私は主賓だった。

翌朝、ビルマとカルメンが私たちを空港まで送り届けてくれた。またすぐに戻ってくるようにと約束させられた。ダラスへの飛行機の中で、プリッチーと私はこの一週間の出来事を振り返った。二人とも、起きたこと全部を消化しきれずにいた。たまたまドラドにいたこと、私の家族が待っていた腕の中に気づかず歩いていたこと、三十三年間の祈りに突如応えたこと、私の親戚の感情、たゆまぬ希望と大きな喜び。公現の季節は私たち全員を圧倒した。

クレメンテとの出会い

春学期が始まるため、私はインディアナに戻り、クレメンテからの連絡を待ったが、いつごろ来るのかさっぱりわからなかった。私は彼の訪問を心待ちにしていた。それだけに、母の落胆の味を感じていた。三か月後、ニューヨークで学会に参加することになっていた。そこで、クレメンテと二、三日いっしょに過ごすことにした。彼は空港に迎えにきた。

乗降口を出ると、背の低い、白髪の男性が私を待っていた。手に写真を持って、私のほうへ歩いてきた。私たちは互いに見つめ合った。私は自分が彼の目を継いでいるとわかった。

私は見知らぬ人物の顔をじっと見た。その顔は私とそっくりだった。どうして似ているのか、それでどういうことになるのかを考えた。クレメンテのまなざしは悲しげで、おずおずとしていたが、希望にあふれていた。私のほうは、自分を愛してくれていながら、関わろうとしてこなかった父への落胆から、用心し警戒していた。彼の目は涙であふれていた。真実は理解できた。彼はほんとうの血のつながった私の父親だった。

「リタかい？」と彼は訊いてきた。私はうなずいた。彼は私を抱きしめ、泣いた。

それは、プエルトリコでの歓迎に比べると控えめで、約束を守ってくれなかった落胆でくじかれた私にとっては、あっけない出会いだった。この出会いが今後どうなっていくのか見当がつかなかった。

クレメンテは、クイーンズ地区にある、四番目の妻ビアトリスのアパートへ連れていってくれた。彼は自分のイエロー・キャブでマンハッタンを案内してくれた。そして自分の人生について話してくれた。冷静で現実的かと思えば、とても誇張して話した。復員兵援護法で、マディソンのウィスコンシン大学のロースクールに入り、そこで最初の妻に出会った。彼女は彼が言うには、迷信深いドイツ系カトリック信者だった。彼女は車で彼をひいて殺そうとしたという。クレメンテは無神論者なので、この結婚は最初から破滅的だった。十五年間の感情的に不安定な結婚のあと、彼女と四人の子どもを置いて、プエルトリコに戻った。

サン・フアンで刑法の法律事務所を開き、美しい二人の女性と立て続けに結婚した。肉体の関係を罪だと思っていたわけではないが、彼女たちと結婚すべきだと思ってしまったのだった。故郷に戻って十年ののち、三番目の妻と離婚し、法律事務所を畳んで、ニューヨークに移り住んだ。

精神疾患の娘に乱暴を働いたとされる男の弁護を引き受けたのち、弁護士業を辞めた。その娘は証言を求められた。証言台に立って、父親を見るや否や、金切り声を上げ始めた。彼女はしゃべることができなかったため、男は無罪放免となった。クレメンテは翌日、廊下の先の人物に事務所を売った。彼は悪夢を見ないで済む仕事を探そうと決めた。

彼とビアトリスはマンハッタンで出会い、結婚した。タンゴで有名なアルゼンチン料理のレストランで、私たちはビアトリスといっしょに食事をした。私はすぐに彼女が気に入った。コロンビア出身で、美しく、温かく、上品だった。食事中、父がトイレに立った。

二人きりになると、ビアトリスが言った、「私はあなたのお父さんとずっといっしょにいるつもりはないとわかっててほしいの。私たちが出会ったとき、私は三人の子どもの母親で、一人で子育てをしていたの。困ってはいなかった。今、うちには息子が一人いるだけ。十五歳でね。クレメンテは彼にはいい父親なので、息子が大学に行くまでは家にいさせるつもり。でも、クレメンテはいい夫ではないの。初めて出会ったときには、たくさん話をしたし、ダンスにも行った。でも今は私に話しかけないし、私と何かをするってこともない。私は面倒を見てもらいたくて結婚したんじゃないし、愛し合える伴侶が欲しくて結婚したの。お父さんは伴侶になることも愛することも苦手でね。こんなことをあなたに言うのは、あなたのお父さんにうちから出て行ってほしいと願っていても、あなたのことはいつでも歓迎するってわかっていてほしいから。私の家は、あなたが来たいときに来られるあなたの家よ。あなたはいつだって私の家族の一員よ」

「このレストランでの最初のデートで、お父さんは自分の失った娘の話をしてくれたの。彼ったら泣いちゃって。あなたの話とあなたへの彼の愛情に心打たれて彼が好きになった。それなら、他の人だって愛せるだろうって思った。でも、夫としては失格だった。娘を知らなくても、娘の父親には向いていいるんだと思う」

私を見つけ出すという希望が、クレメンテの感情的な想像力を蝕んでいたようだった。そのような強烈な感情を受けとめるには、自分がはるかにつまらない人間だと感じた。同じ感情を返すことはできそうになかったからだ。長い年月を経て、私たちはゆっくり、断続的にお互いを少しずつ知ることとなったが、それは気楽な関係ではなかった。私たちはほとんどしゃべることがなかった。

彼が子どもへの責任を果たし、信頼を保つことができなかったのは、二年間の朝鮮戦争にいたせいなのか、暴力的な家族の中で育ったせいなのか、彼の文化におけるジェンダーの期待のせいなのか、私にはわからなかった。彼の弟のミギュエルは妻ローザと安定した家庭を築いている。一番上の姉は、一生では足りないほどみじめで不安定な体験をしている。父親でありながら、子どもと妻への責任を果たさなかったのは、兄弟の中で彼だけではない。この世代では私が最初だったというだけだ。

秘密を守る最善の方法

一九八四年のクリスマスの直前、プリッチーと私は、詰めすぎのスーツケース三つと、アイロンがけをしてハンガーにかけたシャツ、お土産の入った大きな箱を、彼の青いダットサンに載せて、テキサス州ホーキンズからミシシッピ州トムビッグビー川へ向かった。プエルトリコでの冒険を撮ったアルバムも持って、声に出して読むための本といっしょにテキサスから車に乗った。

南部に住む私の親戚が、ロイは私のほんとうの父親ではないということをどう受け止めるかわからなかった。私は十六歳のとき以来、エーモリーに行っていなかった。その訪問は楽しみだった。クリスマス・ディナーに、ロイの姉のアニー・パールとその娘のベティ・ジョーとリンダ・フェイが南部のご馳走を用意してくれていた。フロント・ポーチに座って、ペカン・パイといっしょに、プリッチーと私がお土産に持ってきたグルメ・コーヒーを飲み終えると、私はみんなと分かち合いたい情報がある、と言った。私がドラドで自分の家族を見つけた話をすると、アニー・パールは驚いたように私を見て、「あなたが養女だってこと、知らなかったの？」と言った。

「知らなかった」と私は言い、彼女の質問が理解できなかった。

「私たちは皆、あなたが養女で、グレイディの子どもじゃないって知ってたわ。あなたは知らなかったの？」彼女は答えた。彼女はいつも、ロイが嫌っていたミドル・ネームで呼んでいた。私が首を横に振ると、彼女はこう説明した、「グレイディは、自分とあなたのお父さんは仲間なんだって言ってた。私たちは、二人は友だちだと思っていた。グレイディは、朝鮮であなたのお父さんにどんなことがあっても、あなたとお母さんの面倒を見ると約束したそうよ。グレイディは、あなたのお父さんは朝鮮で死んだんだって言ってたわ。約束を守るために、アヤコと結婚したんだって。で、あなたの面倒も見ることにした」

私は彼女に、二人の父親はお互いに相手を知らなかった、クレメンテは生きていた、ロイがほんとうの父親じゃないって聞いたことはなかった、という事実を伝えた。

「あなたが養女だってことは皆知っていた。だけど、あなたのお父さんは死んでいるのだから、敢えて話すこともないと思ってた。おかしいわね？　あなたが小さいときからずっと私たちのところへ来ていたし、ここに住んでいたこともあったのに、誰もあなたが養女だって言わなかったなんて。驚きね」。アニー・パールは一瞬考えてから、こう言った、「ってことはこういうことね――もし、あなたが秘密にしておきたいというなら、皆にそう言ったらいいわ。でも、秘密だって言わなくても、誰もその話はしないわよ！」プリッチーが突然、大声で笑い出したので、私たちは息ができないほど笑いこけた。

ロイの家族は第二次大戦直後に、日本人の子どもと母親を愛し、受け入れた。六年間の夏ごとの訪問で一九六二年から一九六三年にかけての一年間、母とジョー・アンとレイと私はそこに住んでいたけれど、私は自分が彼らと血がつながっていないとはこれっぽっちも思わなかった。いとことと私は当たり前のように、口喧嘩したり、遊んだり、庭からメロンや人参を盗んだり、小川で泳いだり、ミスター・ボブのハンバーガーをいっしょに食べたりした。最も不幸せだった瞬間でも、私はこの一族の一員だと感じていた。彼らはためらうことなく、私を抱擁した。

父のお気に入りのいとこのヴァージニア・アンとその家族は、私の誕生の詳細をそれほどよくは知らなかった。そんなことは重要ではなかった。私はグレイディとアヤコの娘であるだけで十分だった。彼らは私のプエルトリコでの冒険話や写真を楽しんでくれた。とくに彼女の兄弟のロバートは、おもしろおかしく私が親戚の話をするのを喜んでくれた。私は何年もロバートにぞっこんだった。彼とプリッチーは夕食のあいだ、冗談や辛辣な意見を言い合った。プリッチーはブロック一族の飾らない、温かいところに魅かれた。彼は彼らを「ほんとうの郷里」と呼んだ。彼らはテキサス州ダブリンにルーツのある自分の親族を思い出させたようだ。

テキサスに戻るあいだ、私たちはプエルトリコで起きたことを解き明かそうとした。私はプエルトリコの家族にとって、暗号の役割を果たした。祖父の人生にあった暴力という現実を回避するための暗号。クレメンテが現実を生きることなく、戦争のトラウマのあとで希望にしがみつくための暗号。ビルマとカルメンはきょうだいの下のほうだっただけに、最初から私が健やかであるようにと願うように育てられてきた。祈ることによって私が元気で帰郷してくれたら、暴力のある家庭という現実を超えた何らかの証拠が得られるのだと信じていたようだった。

私はこういった感情には免疫がなかった。プエルトリコに家族を見つけたことが、ロイに感じていた疎外感の記憶からの小休止となった。ロイが私をたたこうとしたことを思い出しながら、私が知らないうちに、どこかで誰かが自分を愛し、ずっと自分のために祈っていてくれていると思って安堵した。彼らの愛情と気遣いが暴力に抵抗して生きていく能力の一部だと感じた。ロイとは血がつながっていないと知って、自分を彼のコントロールから離れさせる決意をし、安全な距離が生まれた。私は別の父親がいると知って、それがどんな欠点を持った人物であっても、嬉しかった。そして、二つの人種のアイデンティティが新たにくっきりとしてきた。ミズーリ州コロンビアに帰宅すると、新しい仕事の後期の授業を始めた。

ミズーリに移って八か月後、プリッチーはコロンビアに引っ越してきて一緒に暮らしたいと言った。彼は仕事を辞めるつもりでいた。別の仕事を探すことに意気消沈してもいた。彼は自分の人生で自分を幸せにできるのは私だけだと確信していた。彼の皮肉屋のところと厭世的なところのせいで、私はひどく孤独感にさいなまれていた。彼がどんどん感情的に私を頼るようになってきて、怖くなってきた。私の教師としてのわずかな給与では二人を養っていくことはできなかった。彼が仕事を辞めて私と一緒にいたいと願っているときに、どうしたら彼を幸せにしながらキャリアを追求できるか、私にはわからなかった。彼に強く必要とされて、自分が押しやられると感じ、他者へそのような責任を持つことにパニックさえ覚えた。

彼を傷つけることはわかっていたが、私は彼に、他の男性と付き合いたいと告げた。私たちの関係には一息つけるスペースが必要だった。苦悶する手紙と電話が数か月続いたあと、私は二人の関係に終止符を打とうと決めた。プリッチーはその後、フロリダで良い仕事を見つけた。私たちは友人となった。

プリッチーと私が別れてから三年後、パークが高校を卒業するという報告をしてきた。私が送った卒業祝いに感謝する手紙の中で、彼は言った、「お父さんに内緒だけど、別れたことを残念に思ってる。お父さんのガールフレンドの中で僕は一番好きだったから」。父親同様、魅力のある子だった。

更生した父

一九八七年の冬、日が暮れるころ、ダイニングルームで座って、通りに雪が降る様子を見ていた。ジョー・アンと私は電話で、家族の話をしていた。

ロイの軍隊での経歴の話になった。ヴェトナムが彼を破滅させたと思う、と私は言った。ジョー・アンは、「たぶんね、でもナチスの収容所にいたこともある」と言った。

「何の収容所ですって?」と私は尋ねた。

「戦時中に入っていた収容所よ」

「いいえ、知らないわ」と私は答えた。

「お父さん、話してなかったの?」妹は驚いていた。

「いいえ」

「あのね、お父さんは第二次大戦が始まったとき、軍隊に入るために年齢をごまかしたの。一九四三年に北アフリカへ送られたときには二十歳にもなっていなかった。負傷して捕まったの。ドイツの捕虜収容所に入れられてね。戦争が終るってときに、電気ショック治療を受けるためにウォルター・リード軍病院に送られた。帰国したときはかなり状態が悪かったんだと思う。すごく震えてたって。パールおばさんはどうしたらいいかわからなかった。ヴァージニア・アンの家族が二年間、面倒を見てくれて。お父さんがあなたにこの話をしなかったってほんとう？」

「ほんとうよ、お父さんが金曜の夜になると、ポーカーをしにきていた友人たちに戦争の話をよくしていたことは覚えてるわ。戦場の話はしてたけど、話すたびに話は変わってたから、嘘をしゃべってるんだと思ってた。友人たちに感心してもらいたくて作り話をしてるんだって。北アフリカの話は覚えてない。たいていはフランスの話だった」

「あまり覚えていないから作り話をしていたのかも。電気ショックは記憶障害を起こすんだと思う。収容所や、ヴァージニア・アンのところでのことをしゃべってた。椅子に座って、ときどきコントロールできないほど震えてたんだと思う。座るよりほかなくて。約二年間、普通にふるまえなかった。その収容所に長くいたんだと思う」

「それは妙ね」と私は言った、「第二次大戦中のことはほとんど聞いていない。ヴェトナムにいたときのことはよく話してた。負傷した指令官を炭鉱に引っ張っていったときのこととか、戦争の話はしていた。まわりに医者がいなくて、戦場で緊急を要する虫垂切除をしたって話もしてた。うちに送ってきたテープの中では、お母さんを心配させたくないから、お母さんには話さないようにって言っていた」

「それに、いっしょに働いていた十六歳のヴェトナム人ガイドの話もたくさんしてた。彼女は通訳をしてくれてたって。野営地の医療援護所の所長をしていて、ガイドに付いて田舎に出るときには、医療を他の人に任せたんだって。彼女はヴェトナム人が住む丘の上にお父さんを連れて行って、薬や治療を施したそうよ。軍の医療品をあげるのはときには問題視されることもあったけれど、とにかくあげたんだって。指令官の命を救ったから、お父さんの不服従は見逃してたそうよ。お父さんはそのガイドはすばらしいと思ってた。頭が良くて、勇敢で、ヴェトナム人の命を救うことに専念してて。お父さんは彼女を尊敬してたんだと思う。でもお父さんが帰国する寸前に、彼女は撃たれて亡くなった」

「お父さんは私にはヴェトナムの話をしたことがなかった」とジョー・アンが言った。

「だけどね」私は答えた、「ヴェトナムにいたあいだも、帰ってからも、ずっとその話をしようとしなかった。テープは私が聞いたら消すようにって頼まれたの。お母さんが見つけるといけないから、私は同じテープにお父さんへのメッセージを録音しておいたの。お父さんは帰還すると、ひどい状態だった。だから、私たちはほとんど話をしなかった」

私は電話を切ると、悲しみが押し寄せた。父親と思っていた男は、自分が思っていた悪印象よりもずっと偉大だった。英雄になれると思っていた物語が大人になるかならないうちに壊れてしまったことを彼は隠していた。私たちは二人とも痛みと悲劇を隠していた。お互いの傷つきやすさを表現する言語に欠けていた。

彼の秘密のベールが見えてきた。一九七六年の彼の死の際には欠けていた悲しみが、突然あふれてきた。窓から雪片が街灯に静かに落ちるのを見ながら私は泣いた。

子どものときには友だちで、青春時代には親友で、最も関わりの深い支援者だった父のために悲しんだ。私を信じ、危険を冒すことも勧め、慎みのある、愛情深い父のために悲しんだ。私の中の怒りは消え、ずっと抱えてきたブロンズの肉体も溶解した。代わりに、父への思慕、いなくなったことへの悲しみ、父親の人生の再評価が生まれた。父が生きてきたことをすべて考慮すると、良い父親だったと思い始めた。彼は母や私につねに関わろうとしてきた。

ヴァージニア・アンのような家族に恵まれた父は幸運だった。彼女の母ローラの癲癇は、痙攣とは何かを、機能しない体を持つ人の面倒を見ながら普通の生活を続けるにはどうしたらよいかを教えてくれた。彼女たちは情熱やユーモア、知性や沸き立つ喜びを持って生きていた。ロイを人間らしく扱う、普通の生活と愛情あふれる人々のおかげで、彼は平静さを取り戻すことができた。だからこそ、彼は彼女たちと深い絆で結ばれていたのだ。

これこそが、暴力で壊された人生における恩恵の瞬間だった。つまり、トラウマに襲われた人をたじろがずにきちんと面倒を見て、つねに目をかけること。この恩恵が父の魂を復活させたのだ。

他の人と同じように生活しようとすること以外に、そのような愛情からくる寛大さに見合うほどありがたいことはなかった。

父は兵役に再び応じると決めたあと、占領下の日本へ送られた。彼は八年生までの教育しか受けていなかった。精神に障害を抱えていた。だから、軍隊生活という家父長的な治療が最良の選択肢だった。けれど、軍隊は彼にとっては肌の合わないキャリアだった。出世するのに必要な服従を嫌っていたし、昇進のために何かをするということも拒んでいた。私は父から、権威というものに対する深い懐疑の念を教えてもらった。彼は一度だけ、二等軍曹に昇進した。ずっと同じ階級にいたため、兵役が終わるまでに軍が彼を昇進させることにしたのだ。

一九六三年から一九六六年まで、私たち家族がドイツのランドスツールに住んでいた三年間、父は基地を離れることを拒んだ。春や秋にときどき田舎の風景を見に午後のドライブをすることはあったが、ドイツの大都市の美術館や近郊の古代遺跡を見に連れていってもらうことはなかった。私は授業での社会科見学が好きだった。私は彼が退屈で腰の重い、人種差別的アメリカ人だと思った。彼がドイツ人を嫌悪するのに深い理由があったとはこれっぽちも考えなかった。

事あるごとに、私は父のふるまいを誤解し、彼に対して最も度量の狭い結論を引き出していた。私は父の人生をもっと明確に知る瞬間を得たことに感謝した。けれど、私の感謝の念は悲しみを帯びたものだった。父の人生の再評価は彼の死から十年を経過してからのことだった。私たちの壊れた関係を修復し、古傷を癒すには遅すぎた。そのうえ、ほんとうの父親ではないと知って、私の人生はひっくり返っていた。彼は他人の娘に情けを与えていたのだ。

ついに

一九八七年の春、三度にわたる最後の延長期間が終わるころ、私は博士課程を終えるために、博士論文の下書きを提出した。休学することもできたが、授業料を払うのをやめたら、課程を終えるという目標を失ってしまうと思った。山あり谷あり、思いがけない新事実、死、個人的な危機に続き、一九七六年から一九八六年のあいだ、仕事が次々に変わり、自分でもよくやっているなと思っていたぐらいだから、博士論文を終えるのはなおさら大変に思えた。この間、国中のあちらこちらに散らばっている友人たちから、「書き終った？」と訊かれた。こうした声掛けが助けになった。でなければ、失望のあまり、論文を書き終えることができなかったかもしれない。

一九八七年の晩春に私は口頭試問を終え、一九八八年の一月に博士号を授与された。一九八八年五月の卒業式は、プエルトリコの親戚を見つけてから初めての、人生の主要な出来事だった。私はこの親戚を式に招待した。クレメンテは式服の背のたれ布を買ってくれた。ビアトリスは自分が働いているニューヨークのガーメント地区で博士用の服を仕立てる生地をいっしょに探してくれた。芝居用の衣装を手掛けたことのあるジョー・アンは、美しいガウンをデザインして縫ってくれた。大学院の友人でスキー仲間でもあるノルウェー人のダグフィンは、パーティの用意をするのを手伝ってくれた。

ビルマの夫ホハネスは、フレスノの大学に通っている三人の息子フランキーとジョニーとジミーといっしょに来てくれた。クレメンテはニューヨークから飛行機で飛んできた。南カリフォルニアの友人たちは、私が壇上に歩いていくと、拍手喝采してくれた。とくに、私が気に入っていたロサンジェルスの、オール・ピープル・クリスチャン教会の仲間たちは大きく拍手をしてくれた。

翌日、クレメンテと私は車でヘメットへ行き、ボブとブラッサムに会った。二人は、母の葬式に来てくれたカップルで、プエルトリコ人の父について最初に話してくれた人たちだ。二人は父のことを父の友人のラモスと間違えたようだった。ラモスは日本に滞在し、母と私の友人となった人物だ。私たちはその午後に、温かい喜びに満ちた思い出を分かち合った。

クレメンテは南カリフォルニアでの最後の日、バーストーにある母の墓に連れて行ってほしいと言った。途中、花屋に寄ってほしいと言い、鉢植えの赤紫色のツツジを買った。私たちはカホン峠を、ゆっくり時間をかけて登った。ここを通るのはこれが最後になった。サン・バーナーディーノの茶色いもやをゆっくりと抜けると、頂上付近の峠を曲がった。砂漠の紺碧の空が目の前に広がっていた。

ロイとアヤコの墓は、前回お参りしたときよりも成長した木の陰になっていた。クレメンテは車からツツジの鉢を一つ取り出し、ロイの墓のそばに置いた。「私の娘の面倒を見てくれてどうもありがとう」とささやいた。それからもう一つのツツジの鉢を取り、母の墓のそばに置いた。クレメンテは黙って一礼し、しばらく何も言わなかった。見上げるその目には涙があふれていた。私たちは花と墓石のそばに立って写真を撮った。

ランチのあと、私たちはロサンジェルスに向かった。ヨシュアの木々に打たれ、明るい緑の木々に囲まれたモハーヴェ川を渡った。道路は私たちの目の前にあるカホン峠の山々の中へ消えていった。それから、ロサンジェルスの盆地特有の茶色い空気の中へ入った。空港に着くと、私たちはそれぞれの飛行機に乗った。

私の人生の写真

二〇〇〇年の夏、古い写真の箱を整理していると、卒業式のパーティでダグフィンが撮った私の家族写真を一枚見つけた。長椅子にホハネス、フランキー、ジョニー、ジミー、クレメンテと座っている写真だ。肌の色はそれぞれベージュ、茶色、白で、目は茶色、髪は黒。私は半分クレメンテの膝の上に、もう半分は椅子のひじ掛けの上に座って、微笑んでいる。しばらく、そのときの安堵の気持ちと嬉しさをかみしめていた。

私の目から涙があふれ出た。この写真は違う。これは私が覚えていたい写真じゃない。私が想像している写真は違う。私は手に卒業証書を持って博士のガウンを着て立っている。ガウンの前ボタンははずしてあって、中の赤いドレスが見える。赤い靴は、立っている芝生に似合わず、派手だ。私の左にはロイが、右にはアヤコが、私のほうを少し向いて、それぞれ腕を私の体に回して両脇に立っている。ジョー・アンとレイがその両脇に立っている。ロイは白いシャツにダーク・ブラウンのスーツをまとい、茶色の靴は軍人らしくぴかぴかに磨いてある。アヤコはライラック色の復活祭用のドレスに白いパンプスという装いで、日本人女性にしては派手な色、私が子どものときに母が好きだった色をまとっている。私のすぐうしろには、両手を私の肩に置いているデンヴァー、ジョイ、リリアン・クラークが立っている。私たちを囲んで、ネルやプリッチーや、パーティに出席した友人が全員写っている。誰もが歓喜に酔いしれている。私の両親は誇らしげで嬉しそうだ。

驚愕の十七年後、プエルトリコ人の家族の話を何度もした後、この新しい家族を持ってから十七年後、クレメンテを知ってから十七年後、私は喪失感を味わった。自分が二人の父親のあいだで引き裂かれ、何かを失ったように感じた。私の人生の写真は分裂と痛みを伴う喪失感を帯び始めた。それは、誰かが写真の一部を切り取って、それをテープで貼り戻したかのようだ。それは私が覚えている人生ではない。ロイだけが私が子どものときから知っている父親で、私の情熱と冒険心をわかってくれ、私のために尽くし、よく育つように尽くしてくれた。

ロイが間違いを犯したからと言って、彼が私のためにしてくれたすべてを打ち消せるものではない。私は彼のような父親を持てて運が良かった。一九七二年の四月八日、母の最初の癌の手術のすぐあと、私が日本に戻る直前に私宛てに送ってくれた手紙にこう書いている——

お姉ちゃんへ

この手紙は君が香港、極東で最も大きな魔窟にいるころに着くはずだ。見たり聞いたりすることはたくさんあるだろうが、何を見たらいいかと言えと言われたら困るね。

リタ、お母さんはすばらしくうまくやっている。手紙を送る港を間違えていたらごめん。心配してるだろうね。でも、お母さんが手術を受けてすぐに知らせなかったのは僕の判断だ。だから、君が誰かのせいだと怒るのだったら、それは僕のせいだ。でも、僕が君を愛していること、僕には理由があるということは覚えておいてほしい。

もうすぐ君の誕生日だ。二十二歳になる。年月が経つのは早いもんだね。ここ最近は時間が矢のように過ぎていく。でも言えるのは、僕は見たいところはすべて見たし、したいことはすべてした。したことの中には後悔していることもあるけれど、もう一度やり直せと言われたら、同じようにするだろうと思う。人生は密度が濃く、あっという間だった。僕はせっかちだった。いつも新しい場所があり、別の戦う場所があった。死はいつも間近にあった。僕には親友ができなかった。そいつは明日、死んでいるかもしれなかったし、親友を亡くすのはすごく辛いことだったから、一匹狼でいたんだ。だけど、浮気癖はあった。ありすぎるぐらい。それは、思いやりのある人間との深い、意味のある関係だった。話し相手が欲しかっただけのときもあるけれど、そうじゃないときは愛を告白し合う関係を求めていた。性欲を満たすために売春宿に通ったことは一度もない。それが問題だったわけじゃない。情欲に支配されて判断を見失うようなことはなかった。そんな恥さらしはしない。女を置いてきぼりにしてしまっていないか慎重にしなければならなかった。これだけは我慢がならなかった。それに性病も怖かった。

リタ、僕が言いたいのは、僕も人間だってこと。もう十分に生きた。瞬間瞬間を喜んで生きた。君の手紙から、君も人生を喜んでいるとわかった。君のアフリカ旅行の手紙やセイロンからの知らせがその証拠だ。君がやっと人間を理解し、人間の弱さと強さゆえに人間を愛していると僕は感じたい。

裸で泳ぐ？　この言葉はまだ同じ意味なのかな？　君は裸で泳ぐことができるかい？　できるなら、君はかなり勇敢になったってことだ。僕は、眠るのが好きで、裸で泳ぐのが好きな、家族でたった一人の人間だと思ってきた。

リタ、お母さんが手術を受けてから、僕たちは今までよりももっと親密になった。僕たちの強い愛情は今、明らかになった。それはすばらしいことだ。それによって君は生きたいと思うはずだ。

リタ、君に訊きたいことがある。できれば、日本、君が生まれ、僕が君のことを知るようになった場所を発ってすぐに君に答えてほしい。クリスマス以来、僕の心が変化している。今はもっと変化を感じている。僕は父と娘の関係から変わってほしいんだ。そうあってほしいが、今は前ほどではない。僕はそれを今までよりも高い次元に置きたいんだ。君がやっていることに対する僕の感情が大きな要因ではない。君への愛がとても強くて、君をたじろがせてしまいそうだ。僕たちの関係がどうあってほしいか、クリスマスにはわからなくて説明できなかった。今はわかる。

君が恋愛をし、それを僕に言いたいと感じたのだから、君は二十二歳の頭と心を持った成熟した女性になったと僕は信じている。君のGとの恋愛は、僕と君のお母さんの恋愛とは違う。僕たちの愛は優しすぎて、意見するにも相手に押しつけることがなかった。僕が君に求めているのもこれだ。僕は聞き上手になって、君が尋ねるときだけ意見を言うと約束する。君はそうしてくれるかい？　僕は君を娘として、そして二十二歳の友人として心を摑み、ハグし、キスをしたい、薄汚いおやじと思われないようにね。生きていることに喜びを感じたい。喜びを押し殺すのではなく。ときには座って、おしゃべりをしてほしい。昔よくしてたみたいに僕たちの寝室に来て、人生の抱負について話してほしい。お母さんも喜ぶと思うよ。考えてみてほしい。僕にチャンスをくれ。同意してくれるね？

愛を込めて、君の父、ロイより

私は父とこの手紙について話をかわすことは一度もなかった。私は大学院に行き、ロイの求めに応えることなく、スイスへ発った。私はできるときに、彼が求めてきたときに応えなかったことを後悔した。私は彼にチャンスを与えなかった。敗北は私の側にあった。

白人であることのあいまいさがどれほど、私のロイへの感情に結びついていただろうかと考えた。アメリカの黒人と白人の人種の区分けが、一つ以上の人種的アイデンティティを持つ私たちのような者に一つの人種だけを選ぶよう強制している。にもかかわらず、私はヒスパニックでアジア系だと主張するのは簡単だと思った。どちらも、区分けの片側に当てはまるからだ。私は自分には白人の部分もあるとしぶしぶ受け入れていた。白人は優越を、私が経験した人種的抑圧の源、私とロイとの困った関係を表していた。しかし今、掘り起こされた私の人生の基礎は、三つの異なる色の石だと明らかになった。それをつなぐモルタルは愛だ。

じいちゃんは、人間の心をよくわかっていた。じいちゃんのロイの評価は正しかった。ロイは責任感の強い人だった。良い心の持ち主だった。私の母と私の面倒をよく見た。

それでもなお、私が想像する写真はまだ、自分の感じていることを捉えきれずにいた。その写真が完成するには、背中の曲がったじいちゃんとばあちゃんが私といっしょに立っていてほしかった。その近くにはシズエおばちゃんとカツミおじちゃんがいてほしかった。クレメンテとビルマ、カルメンとミギュエル、マリアもまた、今では私の人生の一部だ。彼女たちは私が知るようになるずっと前から私のことを愛してくれていた。今では、彼女たちはいつも私の人生の一部だ。その人生は、三つの文化、言語、場所から集まった人々、聖人の広い交わりに長い間支えられてきた。

したがって、わたしたちは目撃者たちという大きな雲に囲まれているので、重荷とからまり合う罪をわきに退けて、私たちの前にある競走を、我慢して走ろうではないか（「ヘブライ人への手紙」一二章一節）

最終章

あなたの心にしるしとして
あなたの腕にしるしとして
私を刻印してください
というのも、愛は死と同じくらい強く
情熱は陰府のように強いからです
その光は炎の光
猛威をふるう炎です
どんなに水を撒いても愛を消すことはできません
洪水をもってしても掻き消すことはできません
金持ちが愛のために家じゅうの富すべてをなげうっても
軽蔑されるのが関の山です

「雅歌」八章六―七節

私たちは人生で経験し、自分たちの側に立って見守ってくれた思いやりに到達した、痛みと暴力という遺産をふるいにかけてきた。人生を切り開く努力の中で、神の臨在を見つけた。

暴力は人生を破壊する。夫に殺された母は戻らなかった。彼女の四人の幼子たちは母を知らずに育った。その喪失は子どもたちの一生に影響を及ぼす。暴力は一生、付きまとう。暴力がなかったころに戻してくれるものは何もない。元の生活というものはなく、冬が完全に過去になって春が訪れるということもない。花が咲くときも果実がなるときも寒さが長居し続け、その木を倒そうと脅かす。

神の臨在は轟轟と燃え上がるけれども、暴力の加害者が決めたことを覆すことはできない。暴力の手を止めるのは人間の行為だ。人生を選べるのは私たちである。

暴力の余波を癒すのも人間の行為だ。癒しは孤独な旅でもなければ簡単な旅でもない。神の恵みには相乗効果がある。打ちひしがれた人は、愛が与えるものに応えなければならない。頼れるつながりと、自分の脆弱な皮膚膜を侵害しない愛に応えなければならない。傷ついた魂が力を保持するのは、神の恵みを受け入れるか否かにかかっている。

極端な経験を通して、神は私たちと共にいる。焼けつくような痛みや、剣で突き刺されたような悲しみや喪失感に襲われる――そのとき、他のどんな経験よりはっきりと神が現れる。同時に、神を隠してしまうこともある。レベッカが強姦をやめさせる手段を持っていなかったとき、トラウマと神の臨在の両方を知ることを覆い隠して自身を守ろうとした。神の臨在は、恐怖の真っ只中で、はっきりと現れたけれど、忘れ去られもした。三十年以上、レベッカは神の顕現に気づくことから閉め出された。この記憶の喪失は彼女の人生を脅かしていた。自殺したいと願っていた。暴力を自分に向けたのだ。

回復するのは不可能だった。暴力という遺産は、自分だけが苦しんでいるという孤独感、痛みの否定、他者への怒りの行為、辛辣な皮肉、魂の断片化、受け身と絶望という無力さ、死にたいという願望を残した。自分自身と神の下に戻る旅は、友人や家族のサポートがあっても、地獄へ下ることに思えた。地獄へ下ることができず、中途半端に生きるしかない者もたくさんいる。地獄に下り、完全に破壊され、戻ってこられない者もいる。その人たちは、最も優しい慈悲に対しても応えることができない。

社会システムが暴力で私たちを罠にかけるとき、システムは私たちを裏切っている。イエスは自身の伝統によって裏切られてきた。軍事帝国が彼を殺害した。彼の人生と仕事は、彼の死によって進められたのではない。彼の死刑執行はその共同体を破壊した。ばらまかれた灰を火に戻すのは難しかった。

イエスの弟子たちは回復する道を求めた。悲しみの中で神の臨在を経験した。庭で泣きながらマリアが見たのは、庭師の恰好をした師だった。道で出会った見知らぬ人と話しながら、二人の弟子たちは心が燃えたぎるのを感じ、死は終りではないと悟った。喪に暮れる中で、死者に気づく瞬間、驚きの、思いもかけない恵みの瞬間が訪れた。

死者は、悲劇を生きること——絶えることのない存在の鎖として存在することを織り込んだ神の臨在という遺産を与えてくれる。イエスの魂はその遺産に弟子たちを結びつけたのである。弟子たちはその運動の火を消さなかった。犠牲を払ってでも、暴力という遺産を黙認することを拒んだ。神の臨在という遺産を記憶に刻んだ。

しかし、西洋のキリスト教は、イエスの死刑執行によって、暴力と恐怖が神の恵みをもたらしたと主張する。この主張は、暴力がその犠牲者を孤立させるように、イエスを孤立させている。暴力の被害者が単一の、一人の、前例のない痛みに苛まれているかぎり、暴力の力は残る。

イエスの死は特異なものではない。イエスを苦しめた拷問はたくさんの人に加えられた。それは、「高潔な苦しみ」、「自己犠牲的な愛」といった言葉の隠れ蓑を着て、世界中で続いている。

イエスがもし殺されなかったとしたらどうなっていたのかわからないが、不公正で暴力的な死はトラウマを与える。イエスの共同体は暴力を乗り越えた人々の傷と限界をそのままにしていた。キリスト教は解決できないトラウマのしるしを抱えている。イエスの復活と運動の持続は偉業ではなく、生き残る力、大洪水を生きのびた燃えさしを垣間見せるものだ。

神の臨在と顕現は暴力に耐え抜くことがわかると、いのちは破壊を上回ることがわかる。いのちの力は強い。救済もときには可能だ。

救済は、まなざしが揺らぐことのない目撃者の勇気と共に始まる。揺らぐことのない目撃者は、恐れおののいて逃げたり、目をふさいだりはしないし、「そんなに悪いことじゃない。これには何か良いことも意図されている」などという甘い言葉で慰めたりもしない。暴力はさらけ出されることで明るみに出る。揺らぐことのない目撃者は、暴力に見舞われた隠れた経験を公にすることによって終らせることができる。暴力によってズタズタにされた魂を回復させることができる。癒しへの旅へ付き添ってくれる。

第二次世界大戦からライルが帰還したとき、マキシンは揺らぐことのない目撃者だった。彼女は彼のそばにいて、元の生活を取り戻せるようにした。ロイには、捕虜から解放された後、ミシシッピに帰還したとき、揺らぐことのない目撃者の家族がいた。これら二人の男性は、世話を焼いてくれる人がそばにいたおかげで、戦争の傷跡から普通の生活に戻ることができた。二人とも、他者に寛大な助けを施すようになった。

サンディはレベッカにとって揺らぐことのない目撃者で、祝福されない子どもに付きまとった恐怖と苦悩を思い起こし、神の臨在が最初から共にあることを再発見するように説いた。家族、友人、共同体がレベッカの癒しへの旅を可能にした。思い起こすことがレベッカの孤立を終らせた。そして彼女は自分の人生を統合し始めた。

救済は愛を必要とする。意気地のない愛、理想化された愛、性急な愛は、死の陰の谷を歩くことはできない。癒しの愛は、強姦という隠れた傷に触れ、眠っていたトラウマを切り開き、魂を回復させる。そのような愛を与えてくれる世界はほとんどない。暴力は続く。

救済はまた弔いを必要とする。私たちは怒りに満ちた悲しみの川を渡らなければならない。祝福の静かな水を得て休めるまでは。悲しみの中で喪失を知ることは、悲しみをはっきりさせることだ。リタが何年も経ってから父親のロイを失ったことを自覚できたとき、彼女は初めて彼の死を悼んだ。悲しみによって、人生が決定的に変わったことがわかる。悲しみとは、存在の欠如によって存在を知ることだ。それは悲劇の重さを測る。それは、そうだったかもしれないことを記憶する。悲しみの光は、おとしめられた人生、失った顔、破れた写真を照らし出す。死を悼む気持ちは、大切だったもの、すでに壊れてしまったもの、強い決意、永遠なる忠誠心をもって抱かれるはずのものへの敬愛の念を深くする。

悲しむことのできない者は、人生の危機に気づかない。たとえ悲しみという痛みが私たちを破滅に導くようなことがあったとしても、人の死を悼むことによって、人生の道を選ぶ能力、それを守る能力は強くなる。喪に服すものは、すべてを失ったわけではない、自分の人生を変えるような優しさと力を持って生きることに付き添う、存在の謎を経験する。世界は変わる。うわべの仮面は薄くなり、人生は炎で明るくなる。心はゆったりとして広くなる。愛は死と同じくらい強くなる。

悲しみはけっして乗り越えられず、除去することはできないけれど、それも人生の一部である。死んだ者がいなくなってからずっと後に、戻ってほしいと願うことは、愛が死とともに死なず、遺された者の中に生き続けるしるしである。私たちは自分たちを支えている関係の中で愛を知る。私たちの人生の中で最も長く、最も重要な友情、揺らぐことのない目撃者との関係の中で。

悲しみの中で、イエスの弟子たちは炎の出現、よどみない言葉、勇気の到来を見つけた。愛が苦痛に耐えているのを知ると、私たちの心がもっと開け放たれ、喪失と後悔が心の留め金をかけていないことを知る瞬間に出くわす。回復と希望を求めて、心のかんぬきを外す。私たちが幸運ならば、私たちの人生に入ってくる新しい愛の中に、不正な世界を変えようと主張する行動の中に、この心の広い空間を見つけることができる。

神の愛と私たちを分かつものは何もない。私たちはこの主張を、同じように主張する無数の目撃者たちとともに貫く。私たちにとって、この主張は新しいものではない。ただ、その真実を自らの人生の中で知るようになったという点で新しいのだ。私たちに伝えられてきたメッセージとしてではなく、生きていながらの発見として新しいのである。私たちはヨブとともに、生きていながら真実を目撃している。

私をあがなう御方が生きていることを私は知っている
そうすれば、私の肉で神を見るだろう
（「ヨブ記」一九章二五―二六節）

愛は人生を取り囲んでいる。夜空をよぎる流れ星のように、神の顕現はそれを待つ者を祝福する。神の顕現を感じとって、私たちは人生への情熱を抱きかかえる。愛は心に刻むしるし、人生を作り出したい、まっとうしたい、守りたい、栄えるのを見たいと思う気持ちのことだ。

生きることへのこの情熱は激しく燃え盛り、どんなに水があっても消すことはできない。それは暴力や死と同じくらい強い。光の奥底をもっと深く見ると、物事の核心にあるその驚くべき炎に近づくことができる。
以下のときに、神は私たちとともにある。

陽光に照らされた午後いっしょにコーヒーを飲む友人たちと互いに発見する静かな瞬間
涙が凍った顔を伝っている
暴力に抵抗するコミュニティのミーティング
夜の恐怖の中で他者を抱きしめる
かくまってくれる月が祝福されていない子どもを見守っている
老女は鏡の上に貼られた、色あせた写真を大事にしている
暗い海はダイヤモンドできらきら光っている

人生はほんの一瞬だけ、神の顔を私たちに見せてくれる。夜の星の光によって、踊っている影の中に、去り行く亡霊の中で、真摯な恋愛の思い出の中で。これで十分、私たちが自分の前に置かれた競争を耐え抜いて走るのは。私たちが暴力に抵抗するのは。私たちが互いを祝福して抱き合うのはこれで十分と言わせてほしい。

参考文献

さらに読みたいという方には、以下の本を推奨します。

Violence Against Women and Children: A Christian Theological Sourcebook edited by Carol J. Adams and Marie M. Fortune.

Making Waves by Asian Women United.

Facing the Abusing God: A Theology of Protest by David R. Blumenthal.

Christianity, Patriarchy and Abuse: A Feminist Critique edited by Joanne Carlson Brown and Carolyn R. Bohn.

Constantine's Sword: The Church and the Jews by James Carroll.

Who Killed Jesus? Exposing the Roots of Anti-Semitism in the Gospel Story of the Death of Jesus by John Dominic Crossan. （ジョン・ドミニク・クロッサン『誰がイエスを殺したのか――反ユダヤ主義の起源とイエスの死』松田和也訳、青土社、二〇〇一年）

Is Nothing Sacred? When Sex Invades the Pastoral Relationship, *Love Does No Harm*, and *Sexual Violence: The Unmentionable Sin: An Ethical and Pastoral Perspective* by Marie Fortune.

Pornography and Silence: Culture's Revenge Against Nature and *A Chorus of Stones: The Private Life of War* by Susan Griffin.

Crucifixion: In the Ancient World and the Folly of the Message of the Cross by Martin Hengel.（マルティン・ヘンゲル『十字架――その歴史的探求』土岐正策・土岐健治訳、ヨルダン社、一九八三年）

Trauma and Recovery: The Aftermath of Violence— From Domestic Abuse to Political Terror by Judith Lewis Herman.（ジュディス・L・ハーマン『心的外傷と回復（増補新版）』中井久夫・阿部大樹訳、みすず書房、二〇二三年）

Jesus and the Spiral of Violence: Popular Jewish Resistance in Roman Palestine by Richard A. Horsley.

Mujerista Theology: A Theology for the 21st Century by Ada Maria Isasi-Diaz.

Christianity and Incest by Annie Imbens and Jonker Ineke.

Is God a White Racist: A Preamble to Black Theology by William R. Jones.

Redeeming Memories: A Theology of Healing and Transformation by Flora Keshgegian.

Sister Outsider by Audre Lorde.

Women Resisting Violence: Spirituality for Life edited by Mary John Ma- nanzan, et al..

Thou Shalt Not Be Aware: Society's Betrayal of the Child and *For Your Own Good: Hidden Cruelty in Child-Rearing and the Roots of Violence* by Alice Miller.（アリス・ミラー『禁じられた知——精神分析と子どもの真実』山下公子訳、新曜社、一九八五年）

The Journey Is Home by Nelle Morton.

The Wounded Heart of God: The Asian Concept of Han and the Christian Doctrine of Sin by Andrew Sung Park.

The Abuse of Power: A Theological Problem by James Poling.

Why They Kill by Richard Rhodes.

Suffering and *Beyond Mere Obedience* by Dorothee Soelle.

Religion Is a Queer Thing by Elizabeth Stuart.

Strangers from a Different Shore: A History of Asian Americans by Ronald Takaki.（ロナルド・タカキ『もう一つのアメリカン・ドリーム——アジア系アメリカ人の挑戦』阿部紀子・石松久幸訳、岩波書店、一九九六年）

A Troubling in My Soul: Womanist Perspectives on Evil and Suffering edited by Emilie M. Townes.

The Asian American Movement by William Wei.

Battered Love: Marriage, Sex, and Violence in the Hebrew Prophets by Renita Weems.

Wounds of the Spirit: Black Women, Violence, and Resistance Ethics by Traci West.

Sisters in the Wilderness: The Challenge of Womanist God-Talk by Delores S. Williams.

アジア系アメリカ人の映画については、*Slaying the Dragon*、アジア系アメリカ人女性のステレオタイプについては、*Who Killed Vincent Chinn*（「誰がビンセント・チンを殺したか?」クリスティン・チョイ監督、一九九一年日本公開）、*My America*、*Honk If You Love Buddha*、ドキュメンタリーとしてはRenee Tajimaによるアジア系アメリカ人を扱ったもの、また*Kayo Hatta*による*Picture Bride*（「ピクチャー・ブライド」カヨ・マタノ・ハッタ監督、一九九六年日本公開）。

謝辞

友情がこの本を可能にし、たくさんの人たちが助けてくれた。まず一九九四年、マイケル・ウォストがリタに贖罪についてのフェミニスト批評を書くように勧め、それがこの共同プロジェクトに変容するアイデアとなった。一九八九年にピュジェット・サウンド大学がわたしたちを共同講演に招いてくれたが、それが贖罪についての最初の共同作業だった。一九九九年、リタがこのプロジェクトに関する別の講演を行った。二〇〇〇年のクリスマスと二〇〇一年の顕現節に、わたしたちはウォロケット湾のピュジェット・サウンド大学に戻った。出版のための原稿を編集するためである。レベッカの両親ブルースとグレッチェン・パーカーが改装された快適なログキャビンへとわたしたちを迎え入れた。かれらは揺るぎない寛容さで、毎晩のディナーと音楽、ときおりの映画、尽きることのない励ましの言葉で歓待してくれた。

わたしたちの人生は多くの人たちの人生と交差する。本書で、わたしたちの物語と一緒に登場する人々に感謝する。適切と思われた場合、名前を示したが、可能な限りその許可を得た。故人や公的な書類に記載された人の名前も本書では使用された。だが、イニシャルを使ったり、名前を変えたり、あるいは特定されることを避けて物語を変えたりした場合もある。名前を記さなかったが、そうした人たちにも感謝する。裁判記録を調べるにあたっては、ワシントン、サウスベンドのパシフィック・カントリー裁判所の職員に感謝する。物語を見直し、その意味を一緒に内省してくれた人たちに感謝する。ヴァージニア・アンドルーズ、ハントリー・ベヤー、ジョ・アンとレイ・ブロック、ジョイ・クラーク、ジェイムス・ドッティ、サンディ・ヘドランド、ビル・ホーベルツ、レスリー・ナイト、リック・コイル、カーメン・モラルズ、ブルースとグレッチェン・パーカー、ジョージ・シャングロー、パトリシア・シンプソン、プリッチー・スミス、一九七九―八六年のウォリンフォード・ユナイテッド・メソジスト教会（シアトル）の人たち、特にウィルとメアリー・ブラウン、シャロン・モー、チャック・リチャード、コリーン・シンプソン、カルメンとセシル・テイラー、またグレン・ポーリン、ダレン、ノーマ、ジム、ネイル、バーニス、それに一九七四年、一九七八―八八年の米国ブラザーフッド／シスターフッド（ロサンジェルス）の若者たちと職員たちに感謝する。

友人たちの支えによって、わたしたちはこの旅を持ちこたえた。レベッカは、数えきれないほどの励ましと執筆の助言を与えてくれたリック・コイルに特別の感謝を送る。またニュージーランドのパパコーファイで与えられた六週間の安らぎと集中と元気の回復にも感謝する。多くの草稿を重ねる間、クラウディア・ハイバウ、ベルバ・ブラウン・ジョーダンとトニー・ジョーダンがリタの猫の世話と共に中身の濃い会話と助言を与えてくれた。ジョアン・ブラウンとローズマリー・ブレイ・マクナットが励ましと助言を与えてくれた。

スター・キング神学校の理事会はレベッカに一九九九年の春の研究期間を認め、教職員が彼女の仕事を担ってくれた。ラドクリフ・カレッジの理事長リンダ・ウィルソンと学長メアリー・メイプルは、リタに執筆のための夏の数週間を認め、バンティング・フェローシップ・プログラムの職員たちが実際に執筆できるように彼女を守ってくれた。ローズマリー・キンニーチ、エリヤフー・フラジャジェ、クレア・フィッシャー、アリシア・マックナリ・フォーシー、パティ・ローレンス、イェルボンジー・チャールズ・ジョンソンに感謝する。それにスター・キングのベッキー・レイザー、バンティングのジュリー・バーバ、リン・オコナー、ジャニス・ランドル、ベス・シルバーマン、ポーラ・ソアレス、ペギー・トゥイ、ジャンヌ・ウィナーに感謝する。

いろんな人たちが疑問と有益な意見を投げかけてくれた。ポーレット・ベイツ・アルデンとミネソタのダルースでのスプリット・ロック・ライティングセミナーの一九九七年のメンバーたち、一九九七年七月のシーベックでのキャンプに参加したシアトルの大学会衆派教会のメンバー、聖公会神学校のクワク・プイ・ラン、ジョアン・マーティン、ゲイル・イー、学問的洞察と示唆を与えてくれたローズマリー・キンニーチ、ジョアンナ・デューイ、マリー・フォーチューン、リチャード・ホースレー、アンとヒュー・ワイヤーに感謝する。契約に関する賢明な助言をくれたリンディ・ヘス。バンティング・フェローズのタマル・ディーゼンドラック、プムラ・ゴボド・マディキゼラ、レイチェル・マンリー、セシル・マックハーディ、ロリー・ロージズに感謝する。二〇〇〇年春にリタの講演を聞いてくれたウェイク・フォレストとファーマン大学の聴衆、特に、ケラー・フリーマン、リン・ローデスに感謝する。米国宗教学会のニューイングランド支部、二〇〇〇年十月のハーヴァード神学部でのわたしたちの講演を聞いてくれた聴衆、一九九九年七月、ニュージーランドとオーストラリアでのリタの講演に出席してくれた人たち、特に、主催者となってくれたスーザン・アダムス、ジェマ・アレン、グウェンとマークス・ベンジャミン、ジョージー・ドラン、コラリー・リン、ジュディス・マッキンレー、キャスリーン・マックフィリップス、ジル・マクレー、ローズマリー・ニーブ、ジョン・サーモン、ダイアン・ストレブンズ、スーザン・サリヴァン、ソフィア・センターの職員たち、最後に、エレーヌ・ウェインライトに感謝する。

読者と編集者の計り知れない支援によってこのプロジェクトは改善された。批判的な取り組みとアイデアが、スター・キング神学校での二〇〇〇年春のレベッカのゼミ、暴力と贖罪の受講者によって与えられた。クリスタル・ベネット、レベッカ・ブルックス、サンドラ・ハート、ジュリー・カイン、サンドラ・ミラー、アリッサ・J・モロー、クラウディア・ノルテ、キャスリーン・ライス、エヴァ・シュルテ、バーバラ・スリアット、ジュリア・ワッツ、ナンシー・カイ・ヨーント、キンガ＝レカ・ジグモンドに感謝する。クリスティーナ・ロブは原稿を再構成し、焦点を定めるのを助けてくれた。ダン・モーズリーは、神学が感情的な洞察と一致するように励まし、物語の弱い部分を指摘してくれた。ビーコン出版社の常に勇気を与える鋭敏な編集者エミー・カルドウェルという心強い協力者を得ることができた。ジョスリン・スッターが出版のための原稿を整えてくれたことに深く感謝する。最後に、大胆に冒険することを教えてくれた三名の良き師、ジョン・カブ、バーナード・ルーマー、ネル・モートンに感謝する。優秀な編集者アネッサ・M・ギャレットを失望させるべく、本書全体にわたり読者であるあなたが発見するかもしれない不備を仕込んでおいた。読者諸氏からの応答と感想を請う。

二〇〇一年二月　顕現節

訳者あとがき

神学とは何か

本書は、二人の女性リタ・ナカシマ・ブロックとレベッカ・アン・パーカーが、自分たちが受けた暴力による痛みと傷また家族との葛藤からの回復を語ることで、キリスト教における救いの意味を問い直した稀有な作品である。まるでドキュメンタリー小説のように読むこともできるが、本書は神学書、信仰告白の書でもある。神学を教会の教えを擁護する学問と理解する向きもあるが、神学とは、人が社会と文化の中で誠実に生きる意味を見つめ、自分の言葉で神と自身の生のありようを模索する営みと言うこともできる。

リタは、合衆国で、アジア系アメリカ人の女性で初めて神学博士号を修得し、学者として活躍してきた。彼女のルーツは日本にあり、六歳まで福岡と沖縄で過ごした。戦後の傷跡が残る日本で、純朴な祖父母の手で大事に育てられた。しかし、その幸福な時間は、米兵である父親の転勤によって奪い去られる。日本人としての自分を消すようにして、アメリカ社会で生きようとする母親は、その苦悩を娘と共有することはなかった。さらにヴェトナム戦争に従軍した父親が、後に心的外傷と呼ばれる病に苦しむようになる。

ヨーロッパのエリート白人男性があらゆる物事の基準とされるアメリカ社会で、若いリタは、故郷の喪失、人種差別、両親との確執に苦しむ。だが次第に個人の身に起きたことを社会システムの中で理解する重要性に気づかされていく。大学生になったリタは、単に政治的な活動によって心の傷を癒やすのではなく、真実に自分が何を求めているのかを探究し始める。たまたま友人たちに勧められた講義で、知的に聖書を読むことの面白さを味わう。教会ではイエスを救世主と信じることが求められる。だが、大学の授業ではイエスを「正義の預言者」として理解する視点を与えられたのだ。

聖書での「預言」とは、単純に将来を予言することではない。預言者とは、社会全体に伝えたい神からのメッセージを、なんらかの仕方で預かり、それを伝える人々を指す。預言者たちは、神が指し示す正義と慈しみを具体的に表現し、その実現に向けて行動する。イエスの教えも行動も正義の問いに深く関係していた。その意味でイエスも、預言者の系譜に連なる。

リタは、自身の出自にまつわる沈黙と喪失を原動力にして、社会や政治や宗教について批判的に、自由に論じる神学に強く惹かれていく。時代は、女性のアイデンティティがフェミニズムという思想によって揺れ動き始めていた。フェミニズムにはさまざまな定義の仕方がある。本書で、リタは、フェミニズムとは女性の正義を求めることだと述べている（第四章）。だが、まずもって「女性の」という部分がつねに議論の的になる。リタ自身、アジア人の女性、日本人の女性、名誉白人の女性、アジア系アメリカ人の女性という区分の間で動揺する。フェミニズムの基本に戻れば、「女性」という言葉で想定されているのは「人間とは何か」という問いを、既存社会の中で「女性」とみなされてきた人々の経験から考察することだと言える。その意味で「女性」とは、広く多様で、曖昧なカテゴリーであり続ける。「女性」には、さまざまな理由で社会の周縁にいることを強いられ、なんらかの社会的・政治的・経済的な抑圧を受けてきたすべての人が含まれ得る。

リタが博士課程の学生だったとき、フェミニスト神学の先行研究と言えるまとまった著作は皆無だった。リタは、自分の具体的な経験から過去の神学を分析するしかなかった。だが、自らの経験を内省する作業は優れた神学者たちが行ってきたことでもある。たまたまカウンセラーのひとりとして参加した、高校生のためのサマー・キャンプ「ブラザーフッド／シスターフッド」では、同性愛嫌悪、性差別、暴力といった深刻な課題が扱われた。実に困難で個人的な内容をディスカッションの場に持ち込むことになるが、自身の恐怖と不安に向き合った青年たちは成長と変容を遂げる。リタ自身も、「男権主義者」だと言う同僚の前で、勇気をふりしぼって自分の怒りと悲しみをあらわにした。対立を招くかもしれない感情をさらけ出すことで、逆に信頼関係を築くことができた。

誠実に話すことと静かに観察することが、フェミニスト神学を構築する上でも重要なスキルになったとリタは述懐する。

リタはサマー・キャンプで暴力の犠牲者が抱えるトラウマの現実を目の当たりにし、従来のキリスト教の教えが、そうした傷からの回復に対して無力であること、むしろ被害者に加害者を赦すように求めることで、加害者側の暴力を増長させかねないことに気づいていく。フェミニズムと伝統的なキリスト教思想の葛藤について、リタは熟考し、人を罪から救うために神がイエスへの暴力を要求したという概念を拒否するに至った。

レベッカ・パーカーは、合衆国の田舎町で、個人の自律と良心を尊ぶ牧師の家に生まれた。少女時代のリタがあからさまな人種差別に苦しんだのに比べると、レベッカは両親や祖父母の思慮深い気遣いを受け、何の問題もなかったように見える。だが、彼女は、三歳から五歳の間、近所に住む男性によってレイプされた記憶を押し殺して成長した。レベッカとリタはクレアモント大学の神学部で出会った。神学生の間、レベッカはフェミニストの主張に興味を示さなかったが、牧師として教会員に接する中で、暴力、特に性暴力の現実に直面し、解決策を探す中でフェミニズムに邂逅する。

痛みを語ること、聴くこと

本書は、フェミニスト神学を観念として理解するためのハンディな書物ではない。むしろ、これまでの優れた神学書がそうであったように、現実の社会の中で、自分の感情と批判的な思考を頼りに、自分に正直であることの試みであり、その軌跡を描いている。リタには、言ってみれば生まれたときから秘密があった。プエルトリコ人の実父の存在である。レベッカは、教会に赴任して初めて、性暴力のサバイバーや戦争のトラウマを引きずる人々の声を直に聞く。また自身の結婚の崩壊を通して、蓋をしてきた過去の痛みと向き合うことになった。リタやレベッカのようではなくても、だれもが胸の奥に生きることの謎を抱えているのではなかろうか。本書でリタとレベッカは、両親や親しい人々との間に起きたこと、またパートナーとの出会いや別れをつぶさに描く。語るだけでも、勇気と慎重な配慮が要請される。だが、そうした私的な物語を読むことで、たとえ内容はまったく違っても、だれもが、本来ならば信頼と愛に満ちた関係にあるべき近しい人によって傷つけられた過去を思い出すのではなかろうか。つらい体験に向き合った人々の存在を知ることで、自分を見つめ直すチャンスが読者に与えられる。

過去を誠実に見つめるとき、ひとりの人間の行動と思考に多大な影響を及ぼす社会的・文化的枠組みに気づくことがある。さらにその大きな枠組みの中でも一段と深い場所にある宗教的な思想に触れ、そこで率直な問いを発すること、それが神学であり、リタとレベッカが試みたことだ。彼女たちにとって、その文化的・宗教的な枠組みが、たまたまキリスト教だった。なかでも贖罪の教えが、結果として現実に暴力を神が要求した、あるいは神が人に定めたものとして肯定することに二人は気づいた。多くの人にとって贖罪とは、キリスト教の心臓部に当たる。この概念を批判的に考察し、新たな意義を見出すためには相当の覚悟が必要である。リタもレベッカも自分たちが出した結論が決定的なものだとは、主張していない。

贖罪思想を一言で表すと、十字架上でのイエスの苦しみと死が人間にとっての救いを象徴する、という考えである。それがキリスト教の核心だと長年にわたり教会が教えてきたことである。だが、レベッカとリタは、伝統的な十字架理解を徹底的に批判した。単にその教えを批評するのではない。命を絶つことを願うほどのトラウマを抱え、そうせざるを得なかった十字架の神学の否定である。生きることを願い、いのちを選ぶ以上、別の神学を必要とする。それは自分と周囲の人々の経験を素地として、正直な自分の言葉で語られる神学である。個人の経験には偏りがあるという意見もあるだろう。私的な経験がどれだけ普遍的な思考へと昇華されたかは、読者の判断にゆだねる。レベッカもリタも、十字架をあらかじめ定められた神の意志とは捉えない。イエスの十字架は、帝国の陰惨な暴力にすぎない。暴力に抵抗し、サバイバーの声に耳を傾け、平和と正義を求める人々にとって、彼女たちの見解は考察に値する。

十字架による救いを徹底的に否定した説教

キリスト教になじみのない人には、礼拝での説教はわかりづらいかもしれない。どれほどの手助けになるかは心許ないのだが、要約とごく簡単な解説を添える。パーカーの説教は、六週にわたる受難節の礼拝の中でなされた。受難節とは教会暦で定められた期間（復活祭前の四十六日間）で、イエス・キリストがローマ帝国とユダヤ地方の権力者たちの謀議によって捕らえられ、裁判を受け、無実にもかかわらず十字架刑に処せられた記憶を聖書にたどり、イエスの受けた苦しみと人間の罪について思いめぐらす時である。

そもそもなぜ人間は、神に救われる必要がある罪人なのか。パーカーは受難節、第一主日の説教の冒頭で、その理由を聖書の「創世記」の物語から説き始める。原初、神は人間アダムとエバを創造し、二人はエデンの園で暮らした。しかしアダムとエバは、食べてはならないと命じられていた知識の木の実を食べ、エデンの園から追放された。この聖書の物語の伝統的な解釈では、アダムとエバが神の命令に背き、楽園から追放されたことが「堕落」と呼ばれ、その罪は「原罪」としてすべての人に受け継がれるようになった、という。アダムとエバの背きが罪の始まりであり、その罪が生殖によって次世代に受け継がれるという考えは、四世紀のアウグスティヌスの聖書の解釈に負うところが大きい。このようにして古代末期に誕生した原罪についての教えを土台として、中世になると、人間の罪を肩代わりしてくださるのがキリストの死であるとみなされるようになった。

そうしたキリストの身代わり説を強固にしたのがカンタベリーのアンセルムスである。

第一週の説教で、十二世紀のカンタベリーのアンセルムスによって理論立てられ、十六世紀の宗教改革者たちによって先鋭化された十字架理解について考察がなされる。アンセルムスは、人間の不従順によって神の名誉が侮辱されたため、その代価としてイエスの十字架の死が要求されたと説く。これが人の罪を贖うキリストの身代わり説の骨子だが、神のイメージにその時代の封建君主の影が色濃く反映されている。さらに時代をくだった十六世紀の宗教改革者の多くは「原罪」の教理を否定したが、人間が罪深いことに変わりはなかった。神は人の罪に激怒し、人間の身代わりとしてキリストを報復の対象にした。キリストは、神が与える、あらゆる激烈な痛苦を従順な態度で受けたと、カルヴァンは十字架上のイエスを讃える。

だが神とは、キリストの死と苦痛を要求する残酷な虐待者なのだろうか。アンセルムスから一世代後の神学者アベラールは、そのように疑問を呈する。ご自身が侮辱されたからと言って、その代価に罪なきキリストの血を神が要求するのだろうか、と。むしろ、慈愛に満ちた神が創造した人間には無限の価値が秘められている。信仰者が自分を価値なき者とみなすこと自体が不信仰である。たとえ神に愛されているという確信を失う事態が生じたとしても、そこで、自分の身代わりに苦痛を味わったイエスを信じることで立ち直るのではなく、別の方法で神の愛を受け入れることが可能ではないだろうか、と疑問形で説教は結ばれる。

第二週の説教の冒頭、十九世紀の神学者ウォルター・ラウシェンブッシュの十字架理解をとりあげ、いわゆるリベラルな社会派の神学についてパーカーは考察を始める。この種の神学は、地上での社会や共同体の救いに関心を寄せる。人間相互の関係性に重きを置くタイプの神学において、罪とは、神への不服従ではなくて、利己心だと考えられた。他者を思いやることなく自分中心にふるまうことが罪であり、その克服のために、十字架のキリストに倣って自己犠牲の精神を発揮する必要がある。十字架とは自己犠牲の象徴なのである。しかしパーカーは、文化的に女性が他者へのケアのために自己犠牲を強いられ、結果として、女性たちは自己を確立することなく、従属者の地位に自ら甘んじ、性暴力の被害に遭っても沈黙を通してきたと指摘する。自分の人生を生きていない者が、他者と健全な関係を結べるわけがない。

「創世記」三章の物語で、神の戒めを破ったエバに神がかけた言葉「あなたは苦しんで子を産む、あなたは夫を求め、夫はあなたを治める」をパーカーは神の呪いだと述べる。だが、正確には、呪われたのは蛇と大地で、女にかけられた神の言葉に「呪い」の文字は聖書にはない。肝心なのは、創造の初めにあったジェンダーの対等性が喪失してしまったことである。パーカーが、罪の中心に支配と従属の力関係があると述べたように、男の支配と女の従属はこの聖書箇所のテーマである。

では何が救いなのか。この時点でパーカーは明瞭には語らない。ただ、この説教に対する女性たちの応答が示唆的である。教会に通い続ける女たちは、教会の運営を支え、貧困地域に必要物資を送り、募金活動に精を出しながらも自身の私的な苦しみや痛みを口にしたことはなかった。パーカーの批判的な説教をやめさせようとして、彼女たちは朴訥に自分の考えを話しだした。自分のか。

言葉で自分の経験を語り、しかも相手の話に耳を傾けたことで、思いもよらず自分と他者を新しく受けとめ直せた。救いとは、個人が手に入れる天国への切符ではない。そうではなくて、互いをありのままに受け入れ、自分らしく生きることができる共同体の中に実現される関係性ではなかろうか。

第三週の説教において、パーカーは解放の神学における十字架の理解をとりあげる。解放の神学は、二十世紀後半の南米で不正に満ちた社会構造に対して声をあげる神学者たちによって構築され始めた。宗教者による社会革命の先駆けを十五世紀のドイツで小作人たちの反乱を率いた神学者トーマス・ミュンツァーに見ることもできる。ミュンツァーは武器を用いて抵抗することを肯定した。解放の神学者たちは武装蜂起には否定的だが、南米の過酷な政治状況では抑圧者に抵抗することが文字通りの死を意味することがあった。そんな中で解放の神学者ジョン・ソブリノは、独裁的な支配体制に抵抗して殺された者たちは、十字架につけられたイエスのようだとその死を賞賛する。犠牲者は、この世界の罪を担い、すべての者に救いを与える存在だと述べた。しかしパーカーは、人々が暴力によって殺された事実に変わりはなく、加害者が殺された人々を悼んで抑圧を控えるようになることなどないと反論する。権力の前に無力な人々に残された救いは、不正と暴力によって殺された者のために嘆くことから始まる。

嘆くという行為は、現実の社会を変革させるほどの力がないと評価されがちである。しかし、虐待を受けた者、サバイバーがその苦しみの重さをつぶやくことさえできたら、変容が起き始める。

どこに向かうともわからずにただ悲嘆の声をあげることから、変革は始まる。実際、解放の神学には、抑圧された人々が自分の中にある力に気づき、社会の束縛から自分自身を意識的に解放するという側面がある。

第四週、パーカーは、解放の神学やキング牧師の非暴力による公民権運動に潜む自己犠牲の罠に正面から疑義を呈する。平和のうちに不正の体系を明らかにするという非暴力による運動の目的は崇高だが、つねに有効とは限らない。運動の推進者が、抑圧者の暴力を受け入れるという戦略には、加害者が自責の念を持ち、悔い改めに導かれることが期待されている。だが、加害者が変わるという保証はどこにもない。解放の神学者レオナルド・ボフは、キリストの生と死、そのすべてが他者への犠牲、譲渡、贈り物だったように、人間のいのちは根源的には他者のためにあると説く。しかし虐待された子ども、暴力に打ちのめされた女たちまた男たちをキリストのような存在だと賞賛できるだろうか。無防備で無力な者が強者によって蹂躙されるとき、それを犠牲だと言って済ますわけにはいかない。自分と他者のいのちの両方が、等しく無限の価値を持つことを認める必要がある。

第五週の説教において、キリストの十字架への道を同じように人がたどることで、信仰者の人格と霊性が高められるという見解をパーカーは取り上げる。予期しない悲痛なできごとを経験する、あるいは死を待つばかりの人々のケアを自発的に引き受けることにより、自己のプライドや執着が捨て去られ、人間として成長するというのである。十字架上でのキリストの苦しみに神秘的な意味を見出し、現実の苦難を意図的に我が身に引き受け、忍耐し、克服するという霊的な鍛錬には有効性があるように見える。だが、そこにも落とし穴があるとパーカーは考える。暴力のゆえに苦しむ場合、その痛みは聖なるものでも、神の御心でもないのだから、神の名のもとに暴力を正当化してはならない。自分の痛みにつり合う祝福が神からいつか与えられるといった淡い期待を持つことなく、嘆くことで、前に進む道を見つけなければならない。これはかなり厳しい要求である。実際、この説教を聞いた教会員の中には強い反発もあった。

説教者、牧師にとっての誘惑とは、聴衆を奮起させるような話で満足させることだ。そこまで扇情的でなくとも、多くの説教が、十字架による救いを思い起こすことで、聴衆に慰めが与えられ、気高く、忍耐強くあるようにと励ます傾向にある。パーカーの説教は、十字架の暴力の現実を見ないようにさせるタイプのものではない。イエスの死は、強者の暴虐によるものだという姿勢に貫かれている。

第六週の説教で、パーカーは「十字架につけられた神の神学」をとりあげる。父なる神と子なるキリストが一体となって十字架につけられたのだから、神は人間の身体的・精神的な苦痛のすべてを経験され、知り尽くされた。神が、暴力と虐待にあえぐ者と共にいてくださるという認識は、信仰者に深い慰めを与える。これに対してパーカーは、神が人間への愛ゆえに十字架上で、イエスと共に御自身を完全に滅ぼし尽くされたとするなら、どこに救いがあるのかと疑問を発する。いささか屁理屈的な感もある。おそらく「十字架の神学」を体系的に、かつ緻密に論じる組織神学の専門家であるなら、反論を並べることもできるのであろう。

だがパーカーは、権力者が無力な者たちを怯えさせるための見せしめとしてイエスを十字架につけたことを凝視する。イエスがどれほど政治的な革命家だったのか、または、どれほど政治的な煽動者に見えたのか。この点について聖書学者の間で合意はない。だが、少なくもローマ帝国側からすると、イエスとその周囲に集まる人々が、当時の支配者層に対して従順であるようには見えなかったであろう。イエスは、時の権力に抵抗する者として殺された。贖罪思想は、イエスの死の政治的な側面を削ぎ落とし、帝国による暴力を宗教的な意味づけで覆い隠してしまう。

キリストの十字架の死は、唯一の、ユニークな、特別の意味を持つ、神の愛の表現ではない。イエスの死は、支配され、侮辱され、黙らされ、殺されていった無数の人々の死となんら変わらない。そんな人たちはこの世界に山ほどいる。受難節の最後の金曜日は、イエスが十字架につけられた日として覚えられ、特別の礼拝が夕方に挙行される。通常なら、十字架上に死んで救いを成就してくださったキリストへの感謝の祈りがささげられる。だが暴力に蹂躙された人間の死に感謝するのは、おかしなことである。倫理的に奇妙なだけでなく、宗教における救いという魅惑的なヴェール、覆いで虐待の現実を見えなくさせてしまう。

嘆き続けるその先に何が待っているのだろうか。絶望。暗い夜。

トラウマからの回復のための神学

二度目の結婚が破綻しかける頃、レベッカの友人たちは彼女自身が助けを必要とすることに気がつく。アルコール依存症の家族を持つ人の自助会にレベッカを送り出す。同時にレベッカ自身が望んで、個人的なカウンセリングを受け始めた。公的には神学校の学長になり、学会でも論文を発表し、ある程度の成功をおさめていた。そんな中で自分の傷に向き合い始めたのだ。だれしも傷を持っている。トラウマを隠しながらまたは、うまく抑え込みながらリーダー的な職務をこなす人は大勢いるのではないだろうか。だが、レベッカは外側の権威に固執することなく、正直に自他に向き合うことを学び始めた。

その先にあったのは再度の離婚、恐怖の記憶。彼女が闇の中に閉じ込められることなく、抜け出せたのは、セラピストや良き友人たちの同伴があったからであろう。同伴者たちが彼女の傷を癒してくれたのではないし、レベッカもそんな期待はしていない。同伴者の役割は、トラウマに苦しむ者の声を、言葉を、断片的な物語を否定することなく聴くことにある。

レベッカにとって、回復のためのいくつかの高い絶壁をよじ登る手助けになったのは神学の言葉だったと思われる。特に、虐待者フランクを自分の神にして偶像崇拝をしていたという説明は、神学的にものを考える習慣があるからこそ出てきたものである。レベッカは、苦しむことが愛であるというキリスト教的な観念によって虐待者の罠にはまり、抜け出せなくなった。虐待者自身が持っている負の感情、その痛みに、犠牲者が強く共感してしまうことがある。虐待者は、自分こそが感じるべき痛みを受けている犠牲者ののたうちまわる姿を見て安心し、その傷つけられた身体を抱きしめることで、生き延びようとする。その倒錯した関係性は、伝統的なキリスト教が十字架を説明する際に使用してきたものだ、とレベッカは考える。父なる神が、我が子キリストの命を要求し、キリストは神への愛のゆえに従順にその求めに応じる。しかも父なる神は、十字架上で死に行く子なるキリストに、一体化し苦しみを共にする。それは虐待者が行っていることと変わりがない。伝統的なキリスト教が、十字架が暴力であることを率直に認めない限り、その内部に巣くうこの宗教特有の暴力的な攻撃性を消すことができない。

キリストの十字架の死が救いにならないとしたら、キリスト教に存在意義はあるのだろうか？ それとも、レベッカのような凄まじい暴力の犠牲者は少数で、特別だと割り切るのだろうか？ その最終的な判断は読者にゆだねられている。ただ、聖書学という分野に少しばかり関わってきた者からすると、後のキリスト教思想家たちが展開させた贖罪の教えに類することは、新約聖書にはほんのわずか、曖昧な形でしか記されていない、という事実を指摘したい。ただし、そのことから、すぐさま直線的に現在のキリスト教が唱える贖罪思想は間違いだとは言い切れない。これまでの伝統に敬意を払う必要もある。しかし、なぜキリスト教が暴力に対して、特に児童虐待を始めとする私的な領域での身近な暴力に対して鈍感であるのかは、よくよく考えられるべきことである。

イエス自身が文字を書いて文書を残したわけではないが、たしかに新約聖書にはイエスの言葉と行いが記されている。だがイエスひとりのおかげで、キリスト教が一瞬にして成立したのではない。イエスの生と死を見つめ、記憶し、その言葉と行いを熟考した人々が新約聖書を書き記した。さらに言えば、イエスの教えには膨大な旧約聖書の知恵が凝縮されている。聖書自体が、深く広い解放と救いの歴史を内蔵している。その聖書の言葉を、キリスト教は、つねにその時代の中で解釈してきた。アウグスティヌス、アンセルムス、アベラール、宗教改革者たち、解放の神学者たちが、それぞれの時代状況の中で真摯に神学を構築した。そうした神学の言葉はその時代の限界を内包する。フェミニスト神学もそうである。リタもレベッカも神学の言葉で自分たちの経験に意味を与え、生きる意味を模索した。彼女たちがある時代に見たこと、聞いたこと、触れたこと、語ったことが、女性の経験として特別扱いされることなく、人間の経験としてキリスト教文化の一端を形作り、キリスト教が変革されることを願う。ちなみに、この本の出版後、二人は、その時代ごとの十字架と帝国の概念を古代から現代に至るまで俯瞰した分厚い著作（注まで入れると原書で五百頁以上）を二〇〇八年に共著で出している（*Saving Paradise: How Christianity Traded Love of This World for Crucifixion and Empire*）。時代はさらに変わりつつある。罪について、復活について、また愛について、自分の本来の研究領域である新約聖書学から考えることはあるのだが、このことはまた別の機会に譲りたい。

出版に際して、青山学院大学ジェンダー研究センター二〇二二年度研究プロジェクト「フェミニスト神学を通して考える思想と実践の総合研究」（研究者代表　福嶋裕子）から助成を受けた。共に翻訳の労をとってくださった堀真理子氏、また同プロジェクトメンバーとして趣旨をご理解してくださった大森秀子氏、後藤千織氏に感謝する。翻訳の担当は、「序章」「レベッカの物語」「謝辞」が福嶋、「リタの物語」と「最終章」が堀氏である。また、出版社を紹介してくださったカンナ社の石橋幸子氏、根気よく編集の労をとってくださった松籟社の夏目裕介氏に感謝する。

福嶋裕子

著者略歴

リタ・ナカシマ・ブロック（Rita Nakashima Brock）
1950 年生まれ、神学博士、ボランティアズ・オブ・アメリカ副理事長、神学書の受賞作家。
著者に、*Journeys by Heart*：*Christology of Erotic Power*. (Wipf & Stock Publishers, 2008 [1988]. 未 邦 訳); *Soul Repair: Recovering from Moral Injury After War*. Co-authored with Gabriella Lettini, (Beacon Press, 2013. 未邦訳). など。

レベッカ・アン・パーカー（Rebecca Ann Parker）
1953 年生まれ、神学博士、スター・キング神学校名誉教授。
著書に、*Saving Paradise: How Christianity Traded Love of This World for Crucifixion and Empire*. co-authored with Rita Nakashima Brock, (Beacon Press, 2009. 未邦訳); *A House for Hope: The Promise of Progressive Religion for the 21st Century*. Co-authored with John Buehrens, (Beacon Press, 2010. 未邦訳). など。

訳者略歴
福嶋裕子（ふくしま・ゆうこ）
青山学院大学　大学宗教主任・理工学部教授
主な業績に『ヒロインたちの聖書ものがたり：キリスト教は女性をどう語ってきたか』（単著、ヘウレーカ図書出版、2020年）、『3.11以降の世界と聖書：言葉の回復をめぐって』（共著、日本キリスト教団出版局、2016年）、ウォルター・ブルッゲマン著『叫び声は神に届いた：旧約聖書の祈り』（翻訳、日本キリスト教団出版局、2014年）など。

堀真理子（ほり・まりこ）
青山学院大学　経済学部教授
主な業績に『反逆者たちのアメリカ文化史』（単著、春風社、2019年）、『改訂を重ねる『ゴドーを待ちながら』』（単著、藤原書店、2017年、吉田秀和賞・演劇学会河竹賞奨励賞）、『ベケット巡礼』（単著、三省堂、2007年、青山学院大学学術褒章）など。

灰《はい》の箴言《しんげん》
——暴力《ぼうりょく》、贖罪《しょくざい》における苦《くる》しみ、救済《きゅうさい》の探究《たんきゅう》

2025年3月15日初版発行

定価はカバーに
表示しています

著　者　リタ・ナカシマ・ブロック
　　　　レベッカ・アン・パーカー
訳　者　福嶋裕子
　　　　堀真理子
発行者　相坂　一

〒612-0801　京都市伏見区深草正覚町1－34

発行所　㈱ **松　籟　社**
SHORAISHA（しょうらいしゃ）

電話　075-531-2878
FAX　075-532-2309
振替　01040-3-13030
URL：http://shoraisha.com

装丁　安藤紫野（こゆるぎデザイン）
印刷・製本　モリモト印刷株式会社

Printed in Japan

ISBN 978-4-87984-462-0